답사여행 1번지
경주

초판발행: 2016년 5월 11일

지은이: 최동군 ● **펴낸이**: 서경원 ● **디자인**: 윤도영 ● **편집**: 나진연
펴낸곳: 도서출판 담디 ● **등록일**: 2002년 9월 16일 ● **등록번호**: 제9-00102호
주소: 01036 서울특별시 강북구 삼각산로79 2층 ● **전화**: 02)900-0652 ● **팩스**: 02)900-0657
이메일: damdi_book@naver.com ● **홈페이지**: www.damdi.co.kr

ⓒ 2016 최동군, 도서출판 담디
지은이와 출판사의 허락 없이 책 내용 및 사진, 드로잉 등의 무단 복제와 전재를 금합니다.

정가: 18,000원

ISBN: 978-89-6801-047-7 ● **Printed in Korea**
이 도서의 국립중앙도서관 출판예정도서목록(CIP)은 서지정보유통지원시스템
홈페이지(http://seoji.nl.go.kr)와 국가자료공동목록시스템(http://www.nl.go.kr/kolisnet)
에서 이용하실 수 있습니다. (CIP제어번호: CIP2016010271)

답사여행 1번지 경주

글 · 최동군

담디
DAMDI

머리말

이미 2012년과 2014년에 출간된 〈나도 문화해설사가 될 수 있다〉 사찰편, 능묘편을 통해 전반적인 불교문화재와 경주의 사찰 및 신라고분에 대한 내용을 충분히 다루었다고 저는 생각하고 있었습니다. 그러던 차에 평소 안면이 있던 김구석 경주 남산연구소 소장님으로부터 저에게 친히 전화가 왔습니다.

김: 오랜만입니다, 최선생. 잘 지내죠? 한가지 제안이 있는데 선생의 사찰편과 능묘편을 묶어서 한권으로 만들고, 또한 제목도 경주편으로 하면 좋은 책이 될 수 있을 것 같습니다.
최: 경주를 소개한 책이라면 기존에도 많이 나와 있지 않습니까?
김: 아, 책은 많지요. 하지만 쓸만한 책이 별로 없어요. 대부분 내용이 너무 오래되었고, 부실합니다. 최선생의 기존 책 내용에 조금만 더 보완하면 훌륭한 경주답사 해설서가 될 수 있을 것 같다는 생각이 듭니다.

이렇게 해서 〈답사여행 1번지 경주〉의 기획이 시작되었습니다. 그런데 〈답사여행 1번지 경주〉는 앞서 나온 〈나도 문화해설사가 될 수 있다〉시리즈들과 비교해서 약간 차이나는 점이 있습니다. 기존 시리즈물이 모두 답사현장에서 일어나는 대화체로 100% 구성된 것과는 달리, 〈답사여행 1번지 경주〉는 대화체와 일반 서술체가 혼용되어 있습니다.

또한 수도권에 거주하는 한 가족이 실제로 2박3일간의 일정으로 경주

답사를 한다는 가정하에 답사 컨셉을 잡았습니다. 먼저 수도권에서 경주까지의 장거리 왕복은 KTX를 이용했고, 경주내에서의 이동은 자동차를 렌트하는 것이 가장 효과적인 방법이라 판단했습니다. 그래야만 운전에 의한 피로도를 줄일 수 있고, 첫날과 마지막날 답사일정을 정상적으로 소화해 낼 수 있기 때문입니다.

3일간의 답사일정은 하루당 오전, 오후 두 개씩 총 여섯 개의 꼭지로 이루어졌습니다.

첫째날 오전의 주제는 신라고분이고, 오후의 주제는 신라석탑입니다.

둘째날 오전의 주제는 불국사이고, 오후의 주제는 석굴암과 황룡사지입니다.

셋째날 오전의 주제는 경주 남산이고, 오후에 시간이 허락하는 범위 내에서 국립경주박물관에서 마무리합니다.

아무쪼록 여러분의 경주답사여행에 이 책이 실질적인 도움이 되길 기대합니다.

끝으로, 한결같이 이 책의 모든 원고를 꼼꼼히 검토해 준, 내 인생의 절반인 아내 "원지연"과 이 책이 세상의 빛을 볼 때까지 온갖 수고로움을 마다하지 않으신 서경원 사장님 이하 담디출판사의 모든 직원들께도 감사의 말씀을 드립니다.

2016. 3. 1 새벽 파주 운정 자택에서

저자 최동군

차례

머리말　　　　　　　　　　　　　　　　　　　　　4

문화답사의 12가지 방법론　　　　　　　　　　　10

1. 세상에 공짜는 없다 ● 2. 답사는 도서관에서 하는 것이다 ● 3. 답사는 함께 하라 ● 4. 끊임없이 질문하라 ● 5. 나무를 보지 말고 숲을 봐라 ● 6. 백지에 그려 봐라 ● 7. 우리문화의 만능키를 찾아라 ● 8. 항상 비교하고, 한눈에 볼 수 있도록 하라 ● 9. 옛 주인의 시각으로 봐라 ● 10. 자신을 잊어라 ● 11. 손가락이 아닌 달을 봐라 ● 12. 보이지 않는 것에 집중하라

제1일차

경주답사의 시작은 신라고분에서   32
경주답사 2박3일 일정표 ● 대릉원 ● 노동동, 노서동 고분군 ● 호석(護石)을 통해 본 신라왕릉의 시대적 변천

우리나라 석탑 이해하기   91
탑의 의미 ● 백제계 탑, 신라계 탑 ● 통일신라(남북국) 시대의 탑 ● 고려시대 이후의 탑 ● 탑의 세부명칭

경주에 있는 8개의 국보 석탑 비교하기   132
형성기: 신라계 석탑의 기원 – 분황사 모전석탑 ● 형성기: 신라계 석탑 ver 1.0 – 고선사지 3층석탑 ● 형성기: 최초의 쌍탑형식 – 감은사지 3층석탑 ● 변화기: 유독 흰색을 자랑하는 나원리 5층석탑 ● 변화기: 많은 '최초' 타이틀을 보유한 황복사지 3층석탑 ● 변화기: 도굴의 상처를 안고 서 있는 장항리사지 5층석탑 ● 완성기: 석가탑과 다보탑은 불국사에서 만나요

제2일차

부처님의 나라 이해하기 - 불국사　　　162

불국사 답사요령 - 가람배치도를 가장 먼저 챙겨라 ● 불국사 들어가기 ● 불국사의 창건배경 ● 부처님을 뵈러 가는 길 ● 불국사 석축, 그 아름다움에 취해서 ● 불국사 석축: 부처님나라로 넘어가는 다리 - 청운교/백운교 ● 불국사 석축: 2% 모자란 복원 - 범영루와 좌경루 ● 불국사 석축: 극락세계로 넘어가는 다리 - 연화교/칠보교 ● 대웅전 영역: 쌍탑을 끌어안은 마당 ● 대웅전 영역: 가장 아름다운 파격 - 다보탑 ● 대웅전 영역: 순수함의 결정체 - 석가탑 ● 대웅전 영역: 불국사의 해탈문 - 자하문 ● 대웅전 영역: 위대한 영웅, 석가모니의 집 - 대웅전 ● 비로전 영역 ● 극락전 영역

불교이론 핵심정리 노트 - 석굴암　　　239

석굴암을 이해하면 불교가 보인다 ● 석굴암의 원래 이름찾기 ● 석굴암의 잘못된 보수공사를 둘러싼 논란 ● 석굴암의 전체적인 구조 ● 석굴암의 세부구조 및 논쟁들 - 전실(前室) ● 석굴암의 세부구조 및 논쟁들 - 비도(扉道) ● 석굴암의 세부구조 및 논쟁들 - 주실(主室) ● 석굴암의 형제들

황룡사지에서 완성하는 경주답사　　　293

황룡사의 역사 ● 황룡사지로 들어가기 ● 황룡사지 발굴조감도 ● 금당터 ● 목탑터

제3일차

진정한 수미산 - 경주 남산 318

경주 남산을 오르지 않은 사람은 경주를 말할 자격이 없다. ● 경주 남산 100배 즐기기 ● 동남산 - 남산 미륵곡 석조여래좌상(보리사 석조여래좌상) ● 동남산 - 탑곡 마애불상군(탑곡 마애조상군, 부처바위) ● 동남산 - 불곡 마애여래좌상(감실석불좌상) ● 남산 답사의 하이라이트 - 삼릉에서 용장까지 ● 배동 석조여래삼존입상(배리 삼존불) ● 삼릉 ● 삼릉계곡(냉골) 석조여래좌상 ● 삼릉계곡 마애관음보살입상 ● 삼릉계곡 선각육존불 ● 삼릉계곡 선각여래좌상 ● 삼릉계곡 석조여래좌상(삼릉계곡 석불좌상) ● 삼릉계곡 선각마애여래상 ● 삼릉계곡 마애석가여래좌상(상선암 마애대좌불) ● 상사암 ● 용장사곡 3층석탑(용장사지 3층석탑) ● 용장사지 마애여래좌상 ● 용장사곡 석조여래좌상(용장사지 삼륜대좌불) ● 용장사지 ● 용장사곡 절골 석조약사여래좌상

경주의 보물창고 - 국립경주박물관 384

박물관 사용설명서 ● 박물관 자체답사안 ● 신라역사관 - 제1전시실(신라의 건국과 성장) ● 신라역사관 - 제2전시실(황금의 나라 신라) ● 신라역사관 - 제3전시실(강력한 중앙집권 왕국) ● 신라역사관 - 제4전시실(신라의 융성과 멸망) ● 신라미술관 ● 월지관 ● 옥외전시장 ● 성덕대왕신종(국보 제29호, 에밀레종)

부록: 경주지역 문화재 일람표 425

프롤로그 (Prologue)
문화답사의 12가지 방법론

많은 사람들이 우리 전통문화답사를 학생들만을 위한 교육 프로그램이나 소수 전문가들의 전유물, 또는 자신과는 전혀 상관없는 딴 세상 이야기쯤으로 여기는 경향이 있다. 그리고 심지어 문화답사를 꽤 경험했다는 사람들 중에서도 자신의 답사수준이 어느 한 지점에 정체되어 더 이상 발전하지 못함을 답답하게 생각하는 사례도 꽤 많이 보아왔다. 이에 나는 오랫동안의 답사관련 제반 활동경험에 의거하여, 문화답사의 완전 초보자가 되었건, 한계상황에서 계속 제자리 걸음하는 중급자가 되었건 간에 누구에게나 도움이 될 수 있는 12가지 구체적인 문화답사 방법론을 소개하고자 한다.

1. 세상에 공짜는 없다

세상의 모든 이치가 그렇듯 어떤 분야의 성과물을 완전한 내 것으로 만들려면 그만큼 땀을 흘려야 한다. 예를 들어 경복궁 궁궐답사를 한다고 치자. 아무런 사전 준비없이 그냥 경복궁에 가서 문화해설사의 설명을 들으면 그때는 알 것 같다. 하지만 경복궁 답사를 끝마치고 집으로 돌아오면서 아마도 90% 이상의 내용은 머릿속에서 지워졌을 것이다.

경복궁 답사 며칠후, 이번에는 창덕궁을 답사했다고 치자. 창덕궁 답사가 이전 경복궁 답사와 마찬가지 방식으로 끝났다면 아마도 십중팔구는 답사를 끝내고 집으로 돌아와서 오늘 창덕궁에서 들었던 내용을 다시 생각해보면 자신이 보았던 것이 경복궁에서 본 것인지, 창덕궁에서 본 것인지조차 헷갈리기 시작할 것이다.

따라서 아무런 사전지식이나 준비 없이 문화답사에 참여하는 것은 단순한 시간죽이기에 지나지 않는다. 모든 일이 다 그렇듯 문화답사에 임할 때도 자신의 마음가짐을 바로 잡는 것은 매우 중요하다. 문화답사계에서 '아는 만큼 보인다'는 말이 널리 알려져 있는 것은 상식이다. 하지만 제대로 알아보고자 하는 마음조차 없는 사람에게 문화답사란 그저 '쇠귀에 경읽기'에 지나지 않을 것이다. 그렇다면 문화답사는 실제 어떻게 준비해야 하나? 남의 도움을 빌어 공짜로 얻어가려는 자세를 버리고 스스로의 땀으로 문화답사를 하나씩 진행해 보자. 그 구체적인 방법론이 바로 지금 당신이 읽고 있는 이 글이다.

2. 답사는 도서관에서 하는 것이다

나의 문화재관련 저술이나 강연 및 답사활동으로 인해 나에게 문화답사 프로그램 진행을 의뢰하는 사람들이 많다. 그리고 대부분은 문화답사를 문화재 현장에서 해줄 것을 요청한다. 하지만 그에 대한 나의 견해는 매우 부정적이다.

그런 식의 문화답사는 생색내기 1회성 및 휘발성 행사로 끝날 가능성이 농후하기 때문이다. 단언컨대 행사가 끝나면 사람들의 머릿속에서 답사내용의 90% 이상은 지워질 것이다. 물론 그런 점을 보완하고자 답사자료를 만들어 배포하기도 하지만, 솔직히 답사현장에서 답사자료를 꼼꼼히 챙겨보는 사람은 많아야 열에 하나다. 그렇다면 효과적인 문화답사는 어떻게 하는 것인가?

내가 추천하는 방식은 사전자료조사 50%, 현장답사 40%, 사후정리 10%이다. 좀 심하게 말하면 내 주장은 답사는 아예 도서관에서 하라는 것이다. 미리 철저한 사전조사를 통해 알아본 내용이나 가졌던 궁금증을 현장에서 직접 자신의 눈으로 확인하는 방식으로 진행하면 현장답사에서의 집중도는 항상 최고수준을 유지할 것이며, 답사가 끝나고 나서도 여러가지 자신만의 방식으로 그 내용을 꼼꼼히 정리하면 100% 이상의 효과를 거둘 수 있다. 다른 말로 표현하면, 예습 50%, 본학습 40%, 복습 10%라고 할 수 있는데 공부하는 방법 중 최고의 방법이 '예습'임은 문화답사에도 그대로 적용된다고 보면 된다.

따라서 문화답사를 제대로 기획하고자 하는 사람이라면 곧바로 현장에서 문화답사를 진행하는 방식은 지양하고, 그전에 강의실에서 최소한 1시간 정도의 강의를 듣고난 후 현장으로 이동해 문화답사가 이루어질 수 있도록 배려하는 것이 최선의 방법이다. 하지만 강의실이 없는 부득이한 경우라면, 문화재 답사현장에서나마 가능한 편한 자세로 답사직전 30분 정도의 사전강의가 이루어질 수 있도록 배려하는 것이 차선의 방법이라 하겠다.

한편 답사내용에 대한 사전공부를 할 때 인터넷과 스마트기기 등을 적극 활용하기를 권한다. 인터넷을 통해서는 문화재청 등 문화관련 공공기관들이 자신들의 홈페이지에 올려놓은 수많은 자료들에 쉽게 접할 수 있을뿐더러 일반 개인이나 동호회, 단체 등이 공개하는 답사자료도 쉽게 검색할 수 있다. 또한 최근에는 각종 스마트기기를 위한 어플리케이션이 개발되어 대중에게 제공되고 있으므로 미리 해당자료를 확보하여 스마트폰, 태블릿 등으로 현장에서 답사에 활용한다면 답사의 효과를 배가할 수 있을 것이다.

3. 답사는 함께 하라

답사는 함께 할수록 시너지 효과가 있다. 나는 개인적으로 가족답사를 적극 권하고 싶다. 가족 전체로 봐서는 문화유적답사가 즐거운 가족나들이 프로그램이 되기도 할뿐더러, 부모는 아이들을 위해서라도 스스로 답사내용에 관심을 가지고 미리 공부를 할 것이고, 아이들도 학교나 학원이 아니라 부모로부터 지식을 배우는 가정교육의 산 체험을 할 수 있기 때문이다. 특히 부모들 중에는 아이들만 인솔지도자에게 맡기고 자신은 참여하지 않거나 함께 참여한다하더라도 주변에서만 맴도는 경우도 많은데, 온 가족이 함께 할수록 아이들의 답사 참여도 및 집중도는 더 높아지며, 기억도 오래 남는다.

또한 성인의 경우라도 혼자서 답사를 하는 것보다도 동호회 회원 등과 함께 하는 것이 훨씬 효과적이다. 자신이 놓치는 것을 다른 사람들이 서로 보완해 줄 수도 있을뿐더러 상호의견교환을 통해 자신의 오류를 바로잡고 더 많은 정보를 얻을 수 있다.

혹 답사를 혼자 떠날 수 밖에 없는 상황도 있을 수 있다. 그럴 때는 문화재 현장에 있는 문화해설사와 동행하면 반드시 좋은 결과를 얻을 수 있다. 만약 문화해설사도 현장에 없다면 그 문화재 앞에 있는 문화재

안내판의 내용을 수첩에 그대로 옮기거나 천천히 소리내어 전체를 읽어보라. 누군가와 함께 하는 효과가 있을 것이다.

4. 끊임없이 질문하라

문화답사에는 "정답은 없다. 다수의견일 뿐이다"라는 생각으로 임하라. 누군가, 특히 유명한 저서나 사람의 의견이라고 해서 주눅들 필요는 전혀없다. 모든 것에 의문을 가지고 끊임없이 질문을 하고, 그 해답을 자신이 찾아내야만 진정 자신만의 지적 자산이 되는 것이다.

예를 들어 충남 서산에는 '개심사' 라는 작지만 참 아담한 절이 있다. 이 절집에서 선방 및 요사채로 쓰이는 심검당 건물 끝에는 부엌 용도로 사용하는 덧대어 지어진 건물이 있는데, 이 건물은 기둥과 문지방 등 각종 건축부재를 휘어진 나무 그대로 사용하여 자연미가 매우 돋보인다. 아마 개심사 최고의 포토존이라고 해도 과언이 아닐 것이다. 그런데 누군가가 그것을 보고 우리민족 전통의 미적요소인 자연의 미, 곡선의 미를 의식하여 목수가 그리 만들었다고 말한다면 아마 십중팔구는 쉽게 수긍하고 넘어갈 것이다.

하지만 덧대어 지어진 부엌과 붙어있는 원래 건물인 심검당 건물을 살펴보면 상황은 완전히 달라진다. 심검당은 모든 건축 부재들의 모양이 자로 잰듯이 반듯하기 때문이다. 같은 건물에서 좌우편이 왜 이리도 모양이 다를까? 이런 상식적인 질문에서 출발해서 자료를 검토해 보면 원래 심검당 건물은 조선전기때 건물이고, 덧대어 지어진 부엌은 조선 후기때 건물이라는 차이점을 알 수 있고, 따라서 조선 전기와 후기때의 목재수급에 큰 변화가 있었음을 추론할 수 있다.

또한 내가 답사현장에서 본 것을 시험문제로 출제한다 혹은 반드시 질문거리를 최소한 하나라도 찾아내겠다는 적극적인 생각을 가지고서 답사에 임한다면 남들이 전혀 보지 못하는 것을 찾아내기도 한다. 예를 들어 경주 불국사에서 청운교 계단 아래 무지개모양의 2중 홍예를 보면 아래쪽 홍예 중앙부분의 돌은 역사다리꼴 모양이지만, 위쪽 홍예 중앙부분의 돌은 반대모양인 사다리꼴이다. 공학적으로 보자면 홍예는 무너지지 않기 위해서 돌 모양이 무조건 역사다리꼴이어야만 되는데 청운교 2중 홍예 중 위쪽 홍예는 돌 모양이 아래쪽과는 정반대로 되어있는 것이다. 이런 것도 무조건 질문거리를 찾겠다는 생각으로 보면 새삼 눈에 잘 들어오게 된다.

5. 나무를 보지 말고 숲을 봐라

경복궁이나 동구릉 또는 통도사와 같이 큰 규모의 궁궐, 왕릉, 사찰을 답사할 때 미리 전체 배치도를 준비하지 않으면 답사 도중에 자신의 위치가 어디인지도 모를 경우가 많다. 이럴 경우 답사가 끝나도 자신이 거쳐온 과정을 제대로 정리하지 못할 뿐만 아니라, 비슷한 성격의 다른 문화재를 추가로 답사할 경우에는 앞서 답사한 문화재와 혼동되기 일쑤다. 따라서 세부사항에 매이지 말고 큰 틀에 먼저 주목하자.

예를 들어 수원화성을 답사한다고 가정해보자. 화성의 성곽을 따라 돌면서 순서대로 만나게 되는 각종 포루, 장대, 암문, 각루, 정문, 수문, 적대, 치, 노대, 돈대 등을 돌아보고나면 머릿속은 헝클어진 실타래와 같을 것이다. 이는 전체 문화재를 구조적으로 파악하지 못하고 개별 구조물에만 집중해서 그렇다. 수원화성의 경우 각각의 구조물을 같은 성격을 가진 것들끼리 묶어서 구조적으로 분석하면 어떻게 될까?

구체적으로
- 4대문과 암문, 수문을 묶어서 '문 구조물'로 분류하고,

001. 수원화성을 한 눈에 파악할 수 있도록 정리한 답사동선에 따르는 구조물

4대문	노대	공심돈	장대	암문	포(鋪)루
창룡문(동문)	동북노대	동북공심돈 (소라각)	동장대 (연무대)	동암문	동북포루 각건대
				북암문	
장안문(북문)					
		서북공심돈			
화서문(서문)					
	서노대		서장대	서암문	서포루
				서남암문 (서남포사)	
팔달문(남문)					
				남암문	
		남공심돈			
					동2포루
					동1포루
4	2	3	2	5	5

- 장대, 적대, 노대와 포루(砲樓)를 묶어 '지휘 및 공격용 구조물'로 분류하고,
- 공심돈, 각루, 포루(鋪樓), 치, 봉돈을 묶어 '수비 및 방어용 구조

각루	수문	포(砲)루	치	봉돈	적대
동북각루 (방화수류정)	북수문 (화홍문)	북동포루	북동치		북동적대
					북서적대
		북서포루			
서북각루			서1치		
		서포루	서2치		
			서3치		
			서남1치		
서남각루 (화양루)			서남2치		
		남포루	남치		남서적대
					남동적대
	남수문				
동남각루			동3치		
				봉돈	
			동2치		
		동포루	동1치		
4	2	5	10	1	4

물'로 분류하면 모든 구조물이 3개의 분류 체계속에서 일목요연하게 들어온다.

그렇다고해서 같은 성격의 구조물만 따로 모아서 보기위해 다른 성격의 구조물들을 건너뛴다면 수원화성을 답사하기 위해 같은 길을 십여 차례 왔다갔다 해야 하는 번거로움과 비효율성이 발생한다. 이럴 때는 답사동선에 따르는 구조물들을 표로 만들어 한 눈에 파악할 수 있도록 정리하면 된다.

예를 들어 16 페이지의 표를 가지고 수원화성을 답사한다면 단 한 번에 체계적인 답사를 완성할 수 있다. 이 표는 창룡문에서 출발하여 시계반대방향으로 돌면서 만나는 성곽의 각종 구조물들을 같은 성격끼리 한줄에 들어가도록 배치한 것이다.(답사동선: 좌에서 우로 가되 맨 끝칸에서는 다음 줄로)

이런 식으로 조선궁궐도 3부분으로 영역을 분류할 수 있는데,
- 먼저 궁궐 정문에서 가장 가까운 위치에 있으면서 궐내 관청들의 영역인 '외조',
- 반대로 구중궁궐로 표현되는 궁궐의 가장 안쪽에 있으면서 왕과 왕족들의 일상생활구역인 '연조',
- 그리고 그 가운데서 국왕과 신하들이 만나 공식 정치를 벌이는 '치조'가 그것이다.

치조의 모든 전각의 현판은 가운데 글자가 정(政)이 들어가는데 정치를 하는 건물이란 뜻을 담고있다.

경복궁에는 근정전과 사정전, 창덕궁에는 인정전과 선정전, 창경궁에는 명정전과 문정전, 경희궁에는 숭정전과 자정전이 치조 건물들이다.

조선왕릉의 경우에도 3부분으로 영역을 나눌 수 있는데,
- 먼저 왕릉에 제사지내러 홍살문까지 접근하는 산 자들의 '진입공간'이 있으면,
- 반대로 가장 안쪽에는 죽은 자가 영면하고 있는 '능침공간'이 있으며,
- 그리고 그 가운데에는 정자각을 중심으로 제사를 지내며 산 자와 죽은 자가 만나는 '제향공간'이 있다.

이런 식으로 틀을 이용해서 보면, 조선궁궐과 조선왕릉은
- 신하들의 공간(외조와 진입공간),
- 신하와 왕이 만나는 공간(치조와 제향공간),
- 왕의 공간(연조와 능침공간)이라는 공통분모가 보이며,

흔히 궁궐은 왕의 양택(살아있는 왕의 집), 왕릉은 왕의 음택(죽은 왕의 집)이라고 하는데, 그 말을 자연스럽게 이해할 수 있게 된다.

한편 불교사찰의 경우도 신앙대상의 등급에 따라서
- 부처와 보살을 모시는 '상단신앙' 구역,
- 불교를 수호하는 수호신들의 공간인 '중단신앙' 구역,
- 원래는 불교 외적인 요소였으나 불교가 수용한 재래 토착신앙의 '하단신앙' 구역의 세 부분으로 나눌 수 있는데

향교나 서원은 상대적으로 구조가 간단해서
- 공부를 하는 '강학공간'과

- 선현의 제사를 모시는 '제향공간' 의 두 공간으로 나뉜다.

6. 백지에 그려 봐라

이 항목은 답사 초보자에게도 물론 도움이 되지만, 특히 자신의 답사 실력이 도대체 늘지않고 제자리걸음만 반복 한다고 느끼는 답답한 심정의 중급자들에게 적극적으로 권해주고 싶다. 나는 일부 중급자들의 답사실력이 늘지않는 이유 중의 하나가 바로 '아는 만큼 보인다' 라는 말의 함정이라고 생각한다. 남의 시각으로만 문화재를 관찰하려고 하니 자신의 답사실력이 계속 정체되는 것이다.

그럼 이런 상황을 벗어나려면 어떻게 해야 하는가? 나는 '아는 만큼 보인다' 라는 말을 거꾸로 실천하라고 권하고 싶다. 즉 '보는 만큼 알게 된다' 라는 것이다. 조금 다른 방식으로 표현하자면 '자세히 보아야 예쁘다. 오래 보아야 사랑스럽다. 너도 그렇다' 라는 나태주 시인의 '풀꽃' 이라는 시가 정답이다.

그런데 자세히 보고, 오래 보려면 어떻게 해야 하는가? 그것은 아주 쉽다. 그냥 백지에 대상물을 보이는 대로 그려보면 된다. 그림을 그리다보면 평소에는 아무리 봐도 모르고 넘어갔던 사실들을 새삼 알게된다. 신라석탑의 최고 완성품이라는 경주 불국사 석가탑에서는 기단하부 지대석이 울퉁불퉁한 사실을 그제서야 깨닫게 되고, 고선사지 3층석탑과 감은사지 3층석탑이 마치 쌍둥이처럼 닮았다는 사실도 알게 된다. 뿐만 아니라 오래된 신라석탑일수록 탑의 부재들이 하나의 통돌이 아니라 여러개의 돌로 짜맞춰져 있으며 그 숫자도 더 많다라는 사실도 알게 되고, 신라탑들의 기단 부분에 있는 버팀기둥(탱주) 숫자가 3개부터 1개까지 다양하게 나타나는 것을 알게 된다.

또한 자신이 남들에게 문화재를 해설할 수 있는 수준인지 아닌지의 판가름도 이 항목으로 체크가 가능하다. 해설하려는 대상을 완벽하게 백지에 그려낼 수 있으면 해설사의 최소기준을 만족시킨다고 할 수 있겠다. 설마 경복궁이나 불국사, 서오릉을 해설하겠다는 사람이 경복궁과 불국사, 서오릉의 전체 배치도를 백지에 그려낼 수 없다면 과연 그 사람이 해당 문화재를 해설할 자격이 있다고 말할 수 있겠는가?

7. 우리문화의 만능키를 찾아라

우리 문화재는 시대에 따라서, 그리고 문화재의 성격에 따라서 매우 다양한 형식으로 나타난다. 그렇지만 그 모든 문화재는 동시대를 살았던 우리 조상들의 삶의 흔적이 묻어있고 우리 조상들의 생각이 담겨있다. 따라서 문화재가 만들어졌던 시대가 달라도, 그리고 문화재의 성격이 달라도 지금까지 줄곧 이어져 온 우리 조상들의 공통된 생각이 담겨있으니, 그것을 가리켜 나는 우리 옛 문화의 만능키로 부르고자 한다. 뒤집어 이야기하자면 우리 문화의 만능키를 제대로 이해하지 못한 상태에서는 우리 문화답사는 수박 겉핥기에 지나지 않는 것이다.

나는 우리문화의 만능키로 두가지를 꼽는다. 하나는 음양오행으로 궁궐, 왕릉, 불교사찰, 서원, 향교 등 유불선을 망라한 모든 문화재에서 찾아볼 수 있다. 불교를 예를 들어 보자. 불교의 발상지인 인도에서는 '보살'은 모두 건장한 신체의 남성으로 표현된다. 하지만 우리나라의 '보살'은 여성성이 강조되고 심지어 '관음보살'에 이르면 거의 여성으로 받아들여진다.

같은 종교인데도 인도와 우리나라의 '보살'에 대한 인식이 달라지는 것은 왜일까? 그것은 불교가 인도에서 우리나라로 직수입된 것이 아니라 중국을 통해 들어왔으며, 한·중·일로 대표되는 동아시아는 예로부터 음양오행이라는 공통된 사상적 기반을 가지고 있었기 때문에 부지불식간에 음양오행이 불교문화재에 녹아들어간 까닭이다. 즉 삼존불을 조성할 때 가운데 부처가 있으면 양옆에 협시하는 보살의 존재는 여러모로 부처와 음양의 조화를 맞추려는 시도를 한 까닭이다. 이런 음양의 조화 노력은 국보 제84호인 서산 용현리 마애여래삼존상(속칭 서산 마애삼존불)에서 극명하게 드러난다. 불교 교리상으로는 연등불로 묘사해야할 부처의 우협시를 제화갈라보살로 묘사하여 좌우 균형을 맞춘 1부처 2보살의 형태를 갖추었고 보살은 거의 여성에 가깝게 묘사하고 있다.

또 다른 만능키는 풍수지리다. 풍수지리 역시 궁궐, 왕릉, 불교사찰 등 거의 모든 문화재에 적용되고 있다. 풍수지리 없는 조선왕릉해설은 무의미하며, 우리나라 풍수지리의 대가인 도선이 신라말의 불교승려였다는 점과 고려왕조가 '산천비보도감'이라는 국가기관을 통해 모든 사찰을 관리했음은 떼려야 뗄 수 없는 풍수지리와 불교와의 관계를 단적으로 보여주고 있다. 심지어 조선의 경복궁과 중국 자금성의 명당기운을 지켜주는 명당수가 서류동입(西流東入)하고 있음은 풍수지리가 우리나라뿐만 아니라 중국을 포함하는 동아시아 전반의 공통적인 문화임을 다시 한번 확인시켜주고 있다.

8. 항상 비교하고, 한 눈에 볼 수 있도록 하라

경주에서 제27대 선덕여왕릉, 제29대 태종무열왕릉, 제31대 신문왕릉, 제33대 성덕왕릉, 제38대 원성왕릉(괘릉)은 개별적인 답사지로도 많이 애용되는 코스이다. 그런데 이 왕릉들을 하나씩 독립적으로 답사할 때는 전혀 눈치채지 못하지만 이 왕릉들의 사진을 한 곳에 모아보면 누구나 직관적으로 알아차리는 것이 있다. 바로 왕릉의 봉분을 둘러싼 호석(보호석, 둘레석)의 모양 변화과정이다.

제27대 선덕여왕릉은 봉분과 땅이 만나는 곳에 두단짜리 막돌로 쌓은 것이 특징이라면, 제29대 태종무열왕릉에서는 큰 돌을 규칙적인 간격으로 배치했다. 그랬던 것이 제31대 신문왕릉에서는 재단한 돌로 완벽하게 44개의 호석을 둘러쌓았고, 제33대 성덕왕릉에서는 호석에 난간석까지 추가되었다. 이 모든 왕릉의 형식은 제38대 원성왕릉(괘릉)에 이르러 완성을 보게 되는데 봉분의 호석, 난간석뿐만 아니라 왕릉에 이르는 진입공간 양편으로 사자, 무석인, 문석인, 화표석까지 완벽하게 갖추고 있다. 이것들은 비교를 통해서만 얻을 수 있는 신라 왕릉제도의 변화정보인 셈이다.

석탑이라면 다 똑같이 생긴 것인줄로만 알았던 것도 경주 인근의 신라계 석탑과 익산, 부여 등지의 백제계 석탑을 직접 비교해 보면 너무나도 양식이 다른 것을 쉽게 알수 있다.

조선궁궐도 마찬가지다. 덕수궁의 정문이 '대한문'인 것은 누구나 아는 상식이다. 그런데 경복궁의 정문은 '광화문(光化門)', 창덕궁의 정문은 '돈화문(敦化門)', 창경궁의 정문은 '홍화문(弘化門)', 경희궁의 정문은 '흥화문(興化門)'이다. 이쯤 되면 누구나 궁궐의 정문은 공통적으로 가운데 글자가 화(化)라는 공통점을 알아차릴 것이고, 따라서 덕수궁의 정문도 원래는 '대한문'이 아니었을 것이라는 추측이 가능하다. 실제로도 그랬다. 덕수궁의 정문은 원래 중화문의 앞쪽에서 남향하고 서있던 '인화문(仁化門)'이었으나 일제강점기 때 덕수궁의 동쪽담장을 따라서 큰 대로가 뚫리면서 동문이 정문역할을 하게 되었고, 원래 정문이었던 인화문은 없어지게 되었던 것이다.

조선왕릉의 경우는 더욱 비교정보가 절실히 필요하다고 하겠다. 왜냐하면 조선왕릉은 돌아가신 분들의 휴식공간이기에 성역화되어 일반인들의 접근이 어렵다. 그래서 먼발치에서만 보면 언덕 위에 올라가 있는 조선왕릉은 거의 다 똑같아 보인다. 그러나 조선왕릉 역시 각 왕릉의 매장형식, 각 석물의 모양 등을 하나의 표로 정리해보면 '동원이강릉'이라는 독특한 왕릉형식과 8각이 아닌 4각 모양의 '장명등', 그리고 복두공복이 아닌 금관조복의 '문석인'이 특정시기에만 몰려 출현한다는 사실 등을 쉽게 알 수 있다.

이렇듯 비교분석적이면서도 과학적인 답사방식을 통해 우리는 옛 문화재의 숨은 코드까지 읽어낼 수 있다.

9. 옛 주인의 시각으로 봐라

고양시 용두동의 '서오릉'에는 영조의 첫번째 부인이었던 정성왕후의 무덤인 '홍릉'이 있다. 그런데 홍릉은 그 옆자리가 비어있는데 당연히 남편인 영조를 위해 비어놓은 자리다. 하지만 영조는 그곳에 묻히지 못하고 두번째 부인이었던 정순왕후와 함께 동구릉의 원릉에 묻혔다.

그래서 홍릉은 조선왕릉 중 옆자리가 비어있는 유일한 왕릉이며, 우허제(右虛制) 왕릉이라 한다. 왕릉의 오른쪽이 비었단 뜻이다. 그런데 막상 홍살문에서 홍릉을 바라보면 오른쪽이 아니라 왼쪽이 비어있다. 이를 어떻게 해석해야 하나?

우리는 어려서부터 서양식 교육을 받았기 때문에 우리 조상들의 생각과는 차이나는 점이 많다. 모든 물건을 관찰할 때도 우리는 관찰자를 기준으로 판단한다. 그렇지만 우리 조상들은 철저히 주인의 시각을 따랐다. 왕릉의 경우 방향을 결정하는 주체는 당연히 왕릉에 묻혀있는 왕 또는 왕비이다. 사찰에서는 법당안에 모셔져 있는 부처이고, 궁궐에서는 정전(법전) 속 용상위에 자리를 잡고 있는 왕이 기준이 된다.

홍릉도 정성왕후의 입장에서 바라보면 당연히 오른쪽이 비어있기 때문에 우허제 왕릉이 된다. 여기에 한가지 더! 모든 왕릉에는 제사를 모시는 건물, 정자각이 봉분의 앞쪽에 있다. 그런데 홍살문 쪽에서 정자각을 바라보면 정자각의 정면지붕은 맞배지붕인데, 마치 부채를 아래로 펼친 듯한 풍판이 한가운데 자리를 잡고 있다. 그런데 건축에서 풍판은 건물의 측면이나 후면 등 처마가 없는 곳이 비바람에 노출되는 것을 막기 위해 설치하는 것이다. 따라서 풍판이 보인다는 것은 그곳이 건물의 정면이 아니라는 뜻이다.

그렇다면 왕릉 정자각의 정면은 어느쪽일까? 당연히 봉분에 모셔진 왕과 왕비가 정자각 건물에 출입할 수 있는 쪽이 정면이 되고, 우리가 홍살문쪽에서 바라보는 쪽은 정자각의 뒷면에 해당한다.

내친 김에 한가지 더 이야기 하고자 한다. 우리는 방향을 따질 때 해가 뜨는 쪽을 동쪽, 해가 지는 쪽을 서쪽으로 설정한다. 당연한 이야기다. 이런 방향을 '절대향'이라고 한다. 그런데 우리 조상들은 물론 이런 '절대향'도 사용했지만 '상대향'을 더 많이 사용했다. '상대향'이란 '절대향'과는 전혀 상관없이 방향을 결정하는 주체가 바라보는 쪽을 무조건 남쪽으로 간주하는 것이다. 이를 유교에서는 군주남면이라고 한다. 따라서 방향결정 주체의 왼쪽은 동쪽, 오른쪽은 서쪽이 되며, 뒤쪽은 북쪽이 된다.

10. 자신을 잊어라

답사를 하다보면 특정 종교나 사상 등 자신의 선입관에 빠져 제대로 답사내용을 소화하지 못하는 사람도 종종 보게 된다. 답사할 때는 철저히 자신을 잊어야 한다.

특히 풍수지리에 대해서라면 관련 답사내용을 모두 배격하거나 미신 취급하는 사람들이 많이 있는데, 답사를 하려면 문화재를 조성한 사람의 입장에서 이해해야지 왜 자신의 입장에서 그런 태도를 취하는지 도대체 이해가 되지 않는다.

풍수지리는 고려왕조와 조선왕조 모두가 인재등용을 위한 국가시험인 과거를 통해서 인재를 뽑아 국정에 사용할 정도로 우리 조상들에게는 매우 중요한 사상이었다. 그러니 산 사람의 집인 양택, 죽은 사람의 무덤인 음택뿐만 아니라 도읍이 들어설 곳까지 철저히 풍수로 살피는 것이 일상사였다.

물론 풍수에는 친자감응론과 같은 미신적인 요소가 없다고는 할 수 없지만 그것은 정말 풍수라는 전체 범위에서 보면 매우 지협적인 부분이다. 따라서 풍수지리를 제대로 공부하지 않고 우리 문화재를 공부한다는 것은 차, 포 떼고 장기를 두겠다는 말에 지나지 않는다. 이건 나의 개인적인 주장이 아니다.

세종실록 15년(1433) 7월 15일 기록에 의하면, 예조참판 '권도' 가 정통 유학자 입장에서 풍수가 '최양선' 이 올린 경복궁 흉당설 글을 비판하고 아울러 벌주기를 청하는 상소를 올리자, 세종대왕이 아래와 같은 하명을 내렸다.

" ... (전략)... 태종께서도 전에 말씀하시기를, '풍수지리를 쓰지 않는다면 몰라도, 만일 그것을 쓴다면 정밀히 하여야 한다.' 하시었고, 더구나 건원릉(健元陵)도 모두 풍수지리를 써서 정하였는데 유독 궁궐 짓는 데에만 풍수지리를 버리는 것이 옳겠는가? 이제 권도는 임금을 위하여 생각한 것은 비록 좋으나 그가 한 말은 잘못 되었다. 내가 권도를 비난하고 싶지마는 상소한 일로 죄책을 가한다는 것도 역시 불가하니 아직 그대로 두고 논하지 말라.(즉, 실록에서 삭제하지는 말고, 대신 권도에 대한 처벌도 논하지 마라)"

11. 손가락이 아닌 달을 봐라

강릉 경포대, 남원 광한루, 경복궁 경회루에는 공통점이 있다. 모두 유명 문화재다. 그래서 다들 그 건물들을 보러 간다. 그런데 그 건물들은 그 자체를 보라고 세운 것이 아니다. 그 건물을 둘러싼 주변의 풍광을 보기 위해 지어진 것들이다. 따라서 경포대, 광한루, 경회루 자체 보다는 그 문화재와 어우러진 그 주변의 자연풍광을 아울러 보는 것이 필요하다.

결론부터 말하자면 문화재는 문화재 자체 보다는 그 문화재가 담고 있는 의미까지를 볼 수 있는 안목을 키우라는 뜻이다. 구체적인 예로 우리 전통건물에는 반드시 하나 이상의 이름을 걸어두었는데(이를 현판, 편액이라고 한다) 건물 이름은 건물주가 그 건물을 통해 자신이 바라고자 한 바를 함축적으로 담은 것이다. 따라서 건물 이름에 담긴 뜻을 제대로 파악하는 것은 답사에 있어 매우 중요한 의미를 갖는다. 하지만 그 과정이 쉽지는 않다. 왜냐하면 대부분의 건물 이름이 모두 한자로 되어 있을 뿐더러 그 글의 출처도 대부분 고대 중국의 문학, 역사, 철학서이기 때문이다.

우리 조상들의 입장에서는 기본 생활환경이 모두 한자로 되어 있었기 때문에 한자로 된 편액을 읽어내는 것은 문화재를 공부하려는 우리가 넘어야 할 어쩔 수 없는 현실의 벽이다. 하지만 쉽게 포기하지는 말자. 인터넷의 도움을 조금만 받으면 그다지 어렵지 않게 해당 편액의 고급정보를 쉽게 얻을 수 있는 것이 또한 IT강국인 우리나라의 자랑스러운 현실이다.

12. 보이지 않는 것에 집중하라

종묘답사를 하면서 종묘제례를 다루지 않으면 반쪽짜리 답사에 불과하다. 마찬가지로 조선왕릉답사를 하면서 산릉제례를 다루지 않으면 이 또한 불완전 답사가 된다. 종묘나 왕릉은 껍데기에 지나지 않는다. 그 속에서 벌어지는 눈에 보이지 않는 제례가 핵심이다.

그렇다고 종묘와 조선왕릉에서 제례가 있는 날만을 기다려 답사를 할 수는 없는 노릇이다. 최근에는 종묘와 조선왕릉이 세계문화유산으로 등재된 후 답사환경이 매우 좋아져서 종묘와 조선왕릉의 입구 근처에 시청각 교육이 가능하도록 많은 전시홍보관들이 설치되어 있다. 따라서 이들 시설을 100% 활용하는 것이 좋다.

또한 모든 문화재는 과거 우리조상들의 남겨진 흔적이다. 따라서 거기에는 조상들이 살았던 시대의 역사가 고스란히 숨어있다. 역사의 뒷받침 없는 문화답사는 의미가 없다. 따라서 해당 문화재의 조성시기 또는 그 문화재가 역사에 등장하는 전후의 역사를 꼼꼼히 파악하면 문화답사의 효과를 극대화 할 수 있다.

등장인물 소개

- **아빠**: 저자인 최동군
- **엄마**: 아빠와 연애시절부터 고적 및 문화답사를 함께 한 답사애호가
- **호림**: 문화답사에는 관심제로이지만, 가족과 함께 여행하는 것을 좋아하는 고3 청소년
- **아름**: 2016년 현재 고등학교 1학년 재학중인 저자의 똑소리나고 사랑스런 딸

경주 감은사지 쌍탑

제1일차

32…경주답사의 시작은 신라고분에서

32…경주답사 2박3일 일정표
33…대릉원
53…노동동, 노서동 고분군
66…호석(護石)을 통해 본 신라왕릉의 시대적 변천

91…우리나라 석탑 이해하기

91…탑의 의미
102…백제계 탑, 신라계 탑
113…통일신라(남북국) 시대의 탑
116…고려시대 이후의 탑
123…탑의 세부명칭

132…경주에 있는 8개의 국보 석탑 비교하기

135…형성기: 신라계 석탑의 기원 - 분황사 모전석탑
140…형성기: 신라계 석탑 ver 1.0 - 고선사지 3층석탑
145…형성기: 최초의 쌍탑형식 - 감은사지 3층석탑
150…변화기: 유독 흰색을 자랑하는 나원리 5층석탑
153…변화기: 많은 '최초' 타이틀을 보유한 황복사지 3층석탑
155…변화기: 도굴의 상처를 안고 서 있는 장항리사지 5층석탑
159…완성기: 석가탑과 다보탑은 불국사에서 만나요

경주답사의 시작은
신라고분에서

경주답사 2박3일 일정표

아름: 아빠, 중간고사도 끝났는데, 이번 2박3일의 황금연휴에 모처럼 가족여행가는 것은 어때요?

호림: 기왕이면 집에서 좀 멀리가고 싶다. 바다도 보고 싶고...

엄마: 여보, 집에서 멀리가고, 바다도 볼 수 있고, 게다가 아이들에게 공부도 될 만한 곳이 없을까요?

호림: 쳇, 엄마는 항상 공부타령이야...

아빠: 조건이 조금 복잡하네. 하지만 그 모든 조건을 만족시킬 수 있는 훌륭한 곳이 있지. 바로 신라의 천년고도, 경주야!

이렇게 해서 우리가족의 2박3일 경주답사여행이 시작되었다. 먼저 경주까지의 장거리 왕복교통수단은 KTX열차를 이용했고, 경주내에서의 이동은 자동차를 렌트하는 것이 가장 효과적인 방법이라고 판단했다. 또한 3일간의 일정을 최대한 활용하기 위해 KTX 열차는 경주로 가는 첫차와 서울로 돌아오는 막차로 예매했다.

3일간의 답사일정은 하루당 오전, 오후에 각각 하나씩 총 6개의 꼭지로 이루어졌다.

1일차	오전	신라고분	고분에 대한 전반적인 이해와 함께 신라고분의 시대적 변천을 알아본다.
	오후	신라석탑	국보로 지정된 8기의 신라석탑을 통해 7~8세기 신라석탑을 완벽히 이해한다.
2일차	오전	불국사	삼신불 사상의 이해를 통해 대승불교 전반을 이해한다.
	오후	석굴암, 황룡사지	석굴암에서는 석가신앙을 중심으로 불교문화재와 이론을 다시 한번 요약, 복습한다. 만약 당신이 상상력이 풍부하면서 이틀간의 답사내용을 충분히 이해했다면 황룡사지에서는 허허벌판의 빈 절터에 신라시대 황룡사의 모습이 당신의 눈앞에서 상상으로 복원되는 신기한 체험을 할 수도 있을 것이다.
3일차	오전	경주 남산	경주 남산은 그 자체만으로도 3일 이상 돌아보아야 제대로 볼 수 있는 코스이다. 따라서 부득이하게 반나절 코스 + 알파를 선택하여 답사를 하고, 마지막으로 시간이 허락하는 범위내에서 국립경주박물관에 들러 3일간의 모든 답사내용을 복습하는 일정이다.
	오후	경주 남산, 국립경주박물관	

대릉원

📍 현재위치: 신경주역

경주의 특산품 황남빵과 경주빵

아빠: 얘들아, 드디어 경주답사준비가 이제 다 끝났구나. 어때 렌트카도 근사하지?

아름: 솔직히 KTX 첫차 타느라고 새벽잠을 설쳐서 너무 힘들어요. 아무리 엄마 아빠가 그토록 좋아하는 경주라고 해도 그건 부모님 사정이고, 저희들은 벌써부터 지쳤단 말이에요. 잠은 쏟아지고, 뱃속에서는 계속해서 꼬르륵 소리가 나고, 그냥 차속에서 자고 싶다...

엄마: 우리가 갈 곳이 황남동인데도 안 갈거야?

002. 황남빵집

003. 경주빵과 찰보리빵집

호림: 황남동? 혹시 그 유명한 황남빵을 만든 곳 말씀인가요?

아름: 오빠는 먹는 얘기라면 자다가도 벌떡 일어나는구나! 그런데 황남빵은 뭐야? 나는 경주빵은 들어봤어도 황남빵은 잘 모르겠는데…

호림: 아름아, 잘 들어봐. 네가 알고 있는 경주빵은 쉽게 말해 짝퉁이야. 황남빵이 오리지날이거든. 아빠, 제 말이 맞죠?

황남빵과 경주빵은 둘 다 경주지방의 특산품인데, 맛과 모양이 매우 비슷해서 마치 눈을 가린 채로 코카콜라와 펩시콜라를 구별하라고 하면 잘 못하는 것처럼 보통 사람들은 둘 다 같은 것으로 아는 경우가 많다. 하지만 굳이 구분하자면 황남빵이 진짜 원조라고 할 수 있다. 황남빵은 일제강점기였던 1939년에 경주 최씨 집안의 최영화라는 사람이 직접 개발했다고 하는데, 경주시 황남동에서 처음으로 밀가루 반죽에 팥을 넣는 방식으로 만들어졌기 때문에 황남빵이라고 불리고, 상호뿐만 아니라 제조공정까지 모두 특허와 등록을 받았다고 한다.

아름: 그럼 경주빵은 누가 만든 거죠?

경주빵은 최영화씨의 황남빵 가게에서 일하던 기술자 중의 한 사람이 1978년에 독립해서 차린 가게의 브랜드이다. 기존의 황남빵이 상호와 특허등록까지 받았기 때문에 다른 상호와 상표가 필요해서 경주빵으로 영업을 시작했다. 원래 황남빵을 만들던 기술자가 만든 것이라서 경주빵의 맛과 모양도 황남빵과 거의 흡사하다. 그런데 경주빵이 오리지날 황남빵보다 널리 알려진 것에는 이유가 있는데, 그것은 황남빵이 상호와 특허때문에 확산 및 보급에는 한계가 있었기 때문이다. 상대적으로 경주빵은 그런 제약이 덜해서 전국에 많이 보급되었다.

한가지 더! 황남빵, 경주빵과 더불어 경주시의 또 다른 특산식품이 바로 찰보리빵이다. 찰보리빵은 찰보리 밀가루로 만든 팬케이크인데, 두 개의 층으로 되어 있으며 팥 믹스를 섞어 만든다. 경주 고속터미널 입구 바로 옆의 빵집과 천마총 주차장에서 팔기 시작하였는데, 지금은 경주빵을 파는 대부분의 업소에서 같이 취급하고 있다. 모양은 둥글고 평평하며 질감은 차진 스펀지 케이크와 비슷하다.

엄마: 자, 다 왔다. 애들아, 금강산도 식후경이라고 했는데, 일단 황남빵 하나 사서 먹고 답사를 시작하자.

📍 **현재위치: 대릉원 매표소 앞 주차장**
<u>대표급 신라 고분을 만나려면 황남동으로 가자</u>

호림: 와, 저기에 그 유명한 첨성대가 보인다!
아름: 주변에는 고분들이 많이 보여요.

대릉원 매표소 앞 천마총휴게소 및 주차장 일대를 대릉원 일원이라고 하며 수많은 고분들이 몰려있다.

　지금은 고분군들 사이로 많은 도로가 생겨나서 행정구역을 중심으로 편의상 황남동고분군, 황오동고분군, 노동동고분군, 노서동고분군, 인왕동고분군 이런 식으로 구분해서 부르고 있지만, 사실 이 고분들은 신라의 궁궐이었던 월성에서부터 줄곧 이어진 같은 구역 안에 있는 고분군들이다.

　아름: 이 곳 고분들은 모두 평지에 있네요? 조선왕릉은 커다란 언덕 위에 있던데, 신라 고분들은 이곳처럼 모두 평지에 있나요?

　백제고분의 경우, 초기 한성백제 고분들은 서울의 석촌동고분군과 방이동고분군에서 볼 수 있듯이 평지나 낮은 구릉에 위치 했었고, 이후 중

004. 대릉원 정문

기 웅진백제와 후기 사비백제의 경우에는 송산리고분군과 능산리고분군에서 처럼 산기슭이나 구릉지에 조성이 되었다. 즉, 시대가 흐름에 따라 평지에서 점차 산지로 이동한 것이다.

신라 고분도 삼국통일을 기준으로 해서 전기와 후기, 두 시기로 나눌 수 있다. 삼국통일 이전까지의 신라 고분은 고구려, 백제, 가야 등의 고분에 비해서 그 구조나 형식이 매우 단조로웠다. 특히 돌무지덧널무덤(적석목곽분)이라는 신라 특유의 고분들이 주류를 이루었다. 하지만 삼국이 통일되면서 고구려, 백제의 영향을 받아 고분 양식이 굴식돌방무덤(횡혈식석실고분)으로 바뀌게 되었다.

**신라 전기고분은 돌무지덧널무덤,
후기고분은 굴식돌방무덤이 주류를 이루었다.**

그런데 고분양식뿐만 아니라 고분이 들어서는 위치에도 변화가 생겼다. 신라 전기 고분은 고구려나 백제 초기와 비슷하게 평지에 만들어졌는데, 신라 후기 고분은 백제의 중기, 후기 및 가야의 고분들처럼 산기슭이나 구릉지에 많이 조성되었다.

아름: 그럼 이곳처럼 평지에 몰려 있는 대부분의 고분들은 삼국통일 이전 시대란 말씀이죠?

아빠: 그렇지. 자, 이곳에서 가장 대표적인 신라고분을 찾아가 보자. 저기 대릉원이라고 쓰인 현판 보이지?

호림: 예, 보여요. 그런데 이곳에서는 실제 무덤 속으로 들어가 볼 수

도 있나요?

엄마: 그럼, 여기까지 왔는데 무덤 속을 안보고 갈 수는 없잖니? 천마총이라는 유명한 무덤 속을 볼거야.

아빠: 자, 이 현판을 봐. 클 대, 무덤 릉, 뜰 원, 대릉원(大陵園)이야.

호림: 큰 무덤이 있는 정원? 그럼 이곳에 신라고분 중에서 가장 큰 고분이 있기 때문에 그런 이름이 붙은 건가요?

대릉원에는 신라 고분 중에서 가장 규모가 큰 황남대총이 있다. 하지만 그 이유 때문에 대릉원이란 이름이 붙은 것은 아니다. 대릉원이란 이름은 대릉원매표소에서 가장 가까운 위치의 미추왕릉 때문에 붙여진 이름이다.

대릉원이란 이름은 미추왕릉 때문에 생겨났다.

아름: 저 정도 크기의 고분은 주변에도 많이 있는데 왜 저 미추왕릉 때문에 대릉원이라는 이름이 붙었죠?

신라 건국초기에는 박씨, 석씨, 김씨라는 세 성씨가 번갈아가면서 왕위에 올랐는데 그 중에서 미추왕은 김씨성을 가진 최초의 왕이었다. 김부식이 쓴 삼국사기에는 미추왕릉과 관련된 두 가지 기록이 있는데, 그 중 하나는 '미추왕은 백성에 대한 정성이 높아 다섯 사람의 신하를 각지에 파견하여 백성의 애환을 듣게 하였다. 재위 23년 만에 돌아가니 대릉에 장사 지냈다.' 라는 구절이 있다. 그래서 이곳의 이름이 대릉원이

005. 담으로 둘러쳐진 미추왕릉, 사적 175호

된 것이다.

　나머지 기록은 미추왕릉과 관련된 전설이다. 미추왕 다음으로 왕위에 오른 신라 유례왕 14년(297)에 이서고국(伊西古國) 사람들이 수도인 금성(경주)을 공격해서 위급한 상황에 처했다고 한다. 그런데 갑자기 대나무 잎을 귀에 꽂은 이상한 군사들이 수도 없이 나타나서 신라군과 함께 적을 물리치고는 흔적도 없이 사라졌다고 한다. 그 뒤 그들이 간 곳을 아무도 알지 못하던 차에 누군가가 미추왕릉에 댓잎이 수북이 쌓인 것을 보고는 미추왕이 죽어서도 신라를 도와주었다고 해서 미추왕릉을 죽장릉(竹長陵) 또는 죽현릉(竹現陵), 즉 대나무 릉, 대릉이라 불렀다.

　　아름: 그런데 이 곳에서 유독 미추왕릉만 담으로 둘러쳐 있어요. 왜 그렇죠?

　미추왕릉은 대릉원에 있는 고분 중에서 유일하게 무덤의 주인이 알려진 능이다. 게다가 신라 최초로 김씨 성을 가진 왕이었으니 그 자손들의 자부심도 대단하다. 그래서 대릉원 출입구의 바로 왼쪽 편에는 대릉원과 담 하나를 사이에 두고 신라 최초로 김씨 성을 가진 임금인 13대 미추왕과 삼국을 통일한 30대 문무왕, 그리고 신라의 마지막 김씨 임금인 경순왕의 위패를 모신 사당 '숭혜전'이 있다.

호림: 와, 저쪽에 사람들이 엄청나게 많이 몰려 있어요.

📍 현재위치: 대릉원 내 천마총 앞
대릉원에서 내부가 공개된 유일한 무덤 천마총

엄마: 그곳이 바로 이 대릉원의 하이라이트인 천마총이란다.

대릉원에 담장을 둘러친 이유는 바로 천마총 때문인데 도굴되지 않은 신라고분 중 유일하게 내부가 공개된 고분이기 때문이다.

아름: 천마총이라면 저 무덤에서 '천마'와 관련된 유물이 나왔기 때문이죠? 아빠가 예전에 저희들에게 설명해 주실 때 주인공이 확실히 알려지지 않은 고분 중에서, 발굴된 출토 유물로 미루어 봤을 때 왕릉이나 왕비릉이라고는 충분히 짐작이 되기는 하지만, 그렇다고 '능(陵)'이라고 부르기엔 확실한 증거가 없고, 그렇다고 '묘'라고 부르기에도 좀 곤란한 경우에는 출토된 유물 가운데서 가장 대표적인 것의 이름을 붙여서 '총(塚)'이라고 부른다고 하셨어요.

엄마: 아름이가 정확하게 기억하고 있었구나. 이 천마총에서는 하늘을 나는 말그림인 천마도가 나왔단다.

호림: 그럼 발굴하기 전에는 뭐라고 불렀어요?

아빠: 제155호 고분이라고 불렀어.

호림: 155호라구요? 신라에 왕들이 그렇게 많았어요?

고분이라고 해서 모두 왕과 왕비들의 무덤은 아니다. 고대국가에서는 왕족이나 귀족들의 무덤도 크게 만들기도 했다. 대표적인 것이 김유신 장군의 묘다. 대릉원에도 23기의 능이 있지만 이중에서 왕릉으로 확인된 것은 미추왕릉 하나뿐이다.

아름: 대릉원 내의 23기의 고분을 모두 발굴했나요?

아빠: 아니야. 내가 알기로 지금까지 발굴한 것은 미추왕릉(제106호분), 천마총(제155호분), 황남대총(제98호분), 검총(제100호분), 제151

006. 천마총 입구

호분 정도야.

호림: 나머지 고분들은 왜 발굴을 하지 않죠? 모든 고분들을 발굴하면 몰랐던 사실들도 많이 알게 될 텐데…

고분의 발굴은 부득이한 경우에만 해야 한다.

고분은 가능하면 발굴하지 않는 것이 최선이다. 왜냐하면 시간이 미래로 갈수록 더 좋은 기술과 장비가 나오기 때문이다. 발굴도 어떤 측면에서 보면 일종의 훼손이라고 볼 수 있다. 그런 이유 때문에 고분의 일부가 도굴 되었거나 피치 못할 사정으로 훼손되었을 경우에, 전체 고분을 다시 정비하고 보존할 목적으로 발굴을 하는 것이다. 특히 무령왕릉처럼 존재를 전혀 몰랐던 처녀분이 발견되었을 경우에는 심사숙고해서 발굴여부를 결정해야 한다.

엄마: 맞아요. 무령왕릉은 너무 졸속으로 발굴을 해서 두고두고 후회가 되기도 하죠. 그런데 천마총과 황남대총은 어떤 이유때문에 발굴을 했죠?

아빠: 내 추정이기는 하지만 그것도 아마 무령왕릉 때와 마찬가지로 정치적인 의도가 있었던 것 같아. 무령왕릉의 발굴과 천마총, 황남대총의 발굴이 모두 박정희 정권에서 이루어졌어. 사실 박정희 정권은 쿠데타로 집권한 정권이었기 때문에 나름대로 정권의 정당성에 대한 컴플렉스가 많았어.

엄마: 역사적으로 본다면 고려 때의 '무신정권'과 비슷하다고 볼 수

있겠군요.

군사정권의 컴플렉스였을까? 박정희 정권은 '무' 보다는 '문'에 집착했던 듯하다. 그래서 그런지 한자로 대표되는 기득권 학계를 견제하기 위해서 한글 우선 정책을 펴는 한편, 일반 국민들에게는 문화적인 콘텐츠로 정권의 역량을 과시하고자 했다. 대표적인 것이 무령왕릉의 발굴인데, 처음부터 치밀하게 의도된 것은 아니라 하더라도 무령왕릉의 졸속 발굴이 하필이면 박정희가 제7대 대통령으로 취임한 시기와 맞아 떨어졌다. 즉 무령왕릉을 오랜 기간 심사숙고 하면서 발굴여부를 결정했어야 하는데 그냥 박정희의 취임식 선물로 발굴에 즉시 착수했다는 해석도 가능하다. 그 때문에 고고학계의 최대발견이 최대 졸속 발굴로 이어지게 된 것이라는 결론에 도달하면 이상하게도 설득력있게 들린다.

엄마: 그 이야기는 무령왕릉 답사 때도 들었던 것 같아요.

007. 공주 송산리 고분군에 있는 무령왕릉

당시 전국의 주요 고고학 발굴 현장에는 청와대로 바로 연결되는 직통 전화가 있었다는 사실도 그렇고, 현재의 국가정보원의 전신이었던 중앙정보부 요원이 발굴현장에 상주하다시피 하면서 현장을 통제했던 사실도 고분발굴에 대한 박정희 정권의 정치적 의도를 의심하기에 충분하다. 아무튼 박정희 정권은 70년대 초반에 경주종합개발계획에 의거해서 황남대총(황남동 제98호분)을 발굴해 그 내부를 일반인에게 공개하고 이를 관광자원으로 적극 활용한다는 계획을 수립하였다.

호림: 하기야 기왕이면 가장 큰 고분이 훨씬 홍보효과가 크겠죠.

황남대총 발굴 전 연습 삼아 발굴한 천마총

그런데 황남대총은 경주 최대의 고분이기 때문에, 이를 제대로 발굴하기 위해서는 위험부담을 줄이기 위해서 이보다 작은 규모의 고분을 시험발굴하여 충분한 경험과 정보를 얻은 후에, 황남대총을 본격적으로 발굴한다는 방침을 세웠다.

아름: 아, 그 시험발굴 대상이 바로 천마총이었구나.

사실 그랬다. 그래서 당시 제155호 고분이라고 불리던 천마총은 1973년 문화공보부 문화재관리국 조사단에 의해 발굴조사가 실시되었다. 그런데 막상 뚜껑을 열어보니 속된 말로 대박이 터졌다. 고분자체가 돌무지덧널무덤(적석목곽분)이라는 신라특유의 고분축조방식에 충실할 뿐만 아니라 그 속에서 엄청난 보물들과 함께 신라금관까지 나왔다.

    호림: 꿩 대신 닭인줄 알았는데, 알고보니 봉황이었군!
    엄마: 이제 우리도 천마총으로 들어가 보자.
    아름: 와, 저것이 말로만 듣던 돌무지덧널무덤의 내부 모습이구나!

천마총 내부를 자세히 보면 무덤의 벽을 나무로 상자(곽)처럼 만들었다. 그것을 한자로는 목곽(木槨)이라고 하고, 우리말로는 나무덧널, 줄여서 덧널이라고 한다.

    아름: 덧널 위쪽으로도 돌이 쌓여 있어요.

그런 이유 때문에 이 무덤을 돌무지덧널무덤(적석목곽분)이라고 한다. 이

008. 천마총 내부 모형

제 무덤의 바닥을 보자. 가운데 비어 있는 부분이 목관과 부장품을 넣어 둔 나무 궤짝을 놓았던 자리다. 발굴 당시 목관 자리에는 금제 허리띠를 두르고 금관을 쓴 주검이 누워 있었는데, 환두대도라고 부르는, 칼 손잡이 끝부분에 둥근 고리가 있는 고리자루칼을 차고 있었고, 팔목에는 금팔찌와 은팔찌를, 그리고 손가락에는 금반지를 끼고 있었다. 게다가 여기서 출토된 유물들은 대부분 순금제였다.

호림: 옆의 벽면에 그 유물들이 전시되어 있어요. 와, 이것들이 모두 순금이란 말이죠?
엄마: 여기 있는 유물들은 모두 복제품이란다. 진품은 모두 국립경주박물관에 있어.
아름: 아, 그래서 경주에 오면 꼭 국립경주박물관을 가야 하는구나!

천마총에서 출토된 국보와 보물리스트는 아래 표와 같다.

출토품	출토지	현 전시장소
국보 제188호 천마총 금관(天馬塚 金冠)	경북 경주시	국립경주박물관
국보 제189호 천마총 관모(天馬塚 金製冠帽)	경북 경주시	국립경주박물관
국보 제190호 천마총 금제 허리띠(天馬塚 金製銙帶)	경북 경주시	국립경주박물관
국보 제207호 천마총 장니 천마도(天馬塚 障泥 天馬圖)	경북 경주시	국립경주박물관
보물 제617호 천마총 금제 관식(天馬塚 金製冠飾)	경북 경주시	국립경주박물관
보물 제618호 천마총 금제 관식(天馬塚 金製冠飾)	경북 경주시	국립경주박물관
보물 제619호 천마총 목걸이(天馬塚 頸胸飾)	경북 경주시	국립경주박물관
보물 제620호 천마총 유리잔(天馬塚 琉璃盞)	경북 경주시	국립경주박물관
보물 제621호 천마총 환두대도(天馬塚 環頭大刀)	경북 경주시	국립경주박물관
보물 제622호 천마총 자루솥(天馬塚 鐎斗)	경북 경주시	국립경주박물관

신라고분들이 도굴을 당하지 않은 이유

호림: 그런데 질문이 하나 있어요. 유물이 나온 신라고분이 이곳 천마총 뿐인가요?

엄마: 유물이 출토된 신라고분은 이곳 천마총 말고도 아주 많단다.

아름: 제가 알기로는 무령왕릉을 제외한 백제의 고분들은 대부분 도굴을 당해서 남아있는 유물이 거의 없다고 들었는데, 신라의 고분은 어떻게 도굴을 당하지 않을 수가 있었을까요?

모든 신라고분을 발굴한 것이 아니어서 단정적으로 말하기는 쉽지 않지만, 신라 고분들 중에도 일부는 도굴당한 것도 있다. 하지만 고구려나 백제에 비해서는 상대적으로 많은 신라고분들이 도굴당하지 않은 것으로 보인다. 최소한 20세기 이후에 대대적인 발굴을 한 신라고분에서는 대부분 수많은 유물들이 쏟아져 나왔기 때문에 그런 추정이 가능하다.

그럼 신라고분이 쉽게 도굴을 당하지 않은 이유는 무엇이었을까? 그것은 돌무지덧널무덤이라는 신라 고분의 구조적 특성 때문이다. 돌무지덧널무덤은 대략적인 구조가 목관과 부장품을 넣어 둔 목곽을 둘러싸고 사람 머리만한 강돌을 쌓아 올린 다음, 그 위에 물이 새어들지 못하도록 두꺼운 진흙층으로 덮고 다시 그 위에 흙을 덮어서 마무리를 했는데 봉분의 규모를 엄청나게 크게 만들었다. 그래서 마치 무덤이 아니라 작은 산처럼 보이기도 한다.

호림: 그것이 어떻게 도굴 당하지 않을 이유가 되나요?

아빠: 호림아, 도굴꾼들이 도굴을 할 때에는 벌건 대낮에 하겠니? 아니면 밤에 몰래 하겠니? 그리고 대놓고 무덤을 파헤치겠니? 아니면 작은 굴을 파서 기어들어가겠니?

호림: 그야, 당연히 밤에 몰래, 그것도 남의 눈에 띄지 않도록 작은 굴을 파서 하겠죠.

일단 봉분의 규모가 크면, 도굴꾼들이 아무리 작은 굴을 파도 무덤의 표층에서 나오는 흙의 양이 많아서 남들 눈에 쉽게 발각이 된다. 게다가 흙층과 점토층을 지나서 안쪽까지 기어들어간다 해도, 이번에는 사람 머리만한 둥근 강돌들이 엄청나게 많이 쌓여 있다. 이 강돌층의 구조적인 특징은 밑에서 하나를 **빼면** 위의 돌들이 아래로 쏟아져 내린다. 그러면 자칫 도굴꾼이 돌에 깔려 죽을 수도 있다. 그래서 돌무지 덧널무덤은 도굴하기에 매우 어려운 구조를 가지고 있다.

엄마: 자 이제 밖으로 나가 볼까?

♀ 현재위치: 황남대총 앞

<u>황남대총은 남남북녀의 고분이다.</u>

아름: 저 황남대총은 마치 낙타 등처럼 생겼네요. 모양이 왜 저렇게 생겼어요?

황남대총은 두 개의 고분이 맞물려 있는 쌍고분이다.

1973년과 1975년에 문화재관리국 조사단이 발굴조사한 바에 따르면 2개의 원형고분이 남북으로 표주박 모양으로 맞닿아 있는데 동서 지름이 80m, 남북 지름이 120m, 남쪽봉분 높이가 23m, 북쪽봉분 높이가 22m에 이르는 신라 최대의 고분이다. 그리고 두 고분의 기초부분 주위에 각각 쌓은 외호석(外護石)의 맞닿아 있는 상태로 볼 때, 먼저 남쪽 고분이 축조되었고, 뒤에 북쪽 고분이 맞닿아 축조되었던 것으로 밝혀졌다. 그리고 이 고분도 천마총과 마찬가지로 신라전기에 유행했던 돌무지덧널무덤 양식이다.

호림: 굳이 두 무덤을 붙여 놓았다면 혹시 부부의 무덤이어서 그런가요?

충분히 그런 추론이 가능하다. 북쪽고분에서는 금관, 목걸이, 팔찌, 곡옥, 금제 허리띠, 금제 귀고리 등과 같은 장신구가 수천 점이 출토되었고, 남쪽고분에서는 금동관, 은관 및 수많은 무기류가 출토되었다.

아름: 아, 알겠다. 장신구가 나온 북쪽 고분은 부인인 왕비의 무덤이고, 무기가 나온 남쪽 고분은 남편인 왕의 무덤이에요.

엄마: 그렇구나. 알고보니 이 고분도 남남북녀가 적용되는구나. 그런데 남편인 왕의 무덤에서는 금동관이 나오고, 부인인 왕비의 무덤에서는 금관이 나왔다는 것은 좀 이해가 안돼요.

그 부분이 황남대총 미스터리 중의 하나이다. 아마도 부인인 왕비의

009. 낙타 등모양을 닮은 황남대총

권력이 왕의 권력을 능가하는 사람이었을 가능성도 충분히 있을 수 있다. 출토된 유물로 봐서는 황남대총은 대략 5세기 정도의 고분으로 추정되는데 그 시기의 신라왕들을 조사해 보면 내물왕, 실성왕, 눌지왕, 자비왕, 소지왕, 지증왕, 이렇게 대략 6명 정도로 압축이 된다. 그런데 그 중에서 유독 실성왕은 왕족이 아니면서 왕위에 오른 인물이다.

호림: 쿠데타로 왕위에 올랐나요?

　실성왕은 내물왕의 사위였다. 이런 정황을 놓고 본다면 철저한 골품제 사회였던 신라에서 공주출신이었던 왕비의 권력이 비왕족 출신 왕의 권력을 넘어섰다는 해석도 가능할 수 있을 것이다. 게다가 신라는 우리나라 역사상 여왕이 세 명이나 탄생한 나라이기 때문에 충분히 그런 추론이 가능하다고 하겠다.

010. 노서동 고분군

황남대총에서 출토된 국보와 보물리스트는 아래 표와 같다.

출토품	출토지	현 전시장소
국보 제191호 황남대총 북분 금관(金冠)	서울 용산구	국립중앙박물관
국보 제192호 황남대총 북분 금제 허리띠(金製 銙帶)	서울 용산구	국립중앙박물관
국보 제193호 황남대총 남분 유리병 및 잔(琉璃瓶 및 盞)	서울 용산구	국립중앙박물관
국보 제194호 황남대총 남분 금목걸이(金製頸飾)	서울 용산구	국립중앙박물관
보물 제623호 황남대총 북분 금팔찌 및 금반지 (金製釧및金製指環)	경북 경주시	국립경주박물관
보물 제624호 황남대총 북분 유리잔(琉璃盞)	서울 용산구	국립중앙박물관
보물 제625호 황남대총 북분 은제 관식(銀製冠飾)	경북 경주시	국립경주박물관
보물 제626호 황남대총 북분 금제 고배(金製高杯)	경북 경주시	국립경주박물관
보물 제627호 황남대총 북분 은잔(銀盞)	서울 용산구	국립중앙박물관
보물 제628호 황남대총 북분 금은제 그릇 일괄(金銀器一括)	경북 경주시	국립경주박물관
보물 제629호 황남대총 남분 금제 허리띠(金製 銙帶)	서울 용산구	국립중앙박물관
보물 제630호 황남대총 남분 금제 관식(金製冠飾)	서울 용산구	국립중앙박물관
보물 제631호 황남대총 남분 은관(銀冠)	경북 경주시	국립경주박물관
보물 제632호 황남대총 남분 은제 팔뚝가리개(銀製肱甲)	경북 경주시	국립경주박물관

아빠: 이제는 대릉원 뒤쪽 출구로 나가서 새로운 고분군을 만나보자.

노동동, 노서동 고분군
📍 현재위치: 대릉원 일원 노서동 고분군
<u>최초의 신라금관이 출토된 금관총</u>

호림: 어라? 여기는 가운데 길을 사이에 두고 고분들이 길 양쪽으로 있네?

엄마: 그래서 이 곳을 길의 동쪽과 서쪽이라는 뜻의 노동리(路東里) 고분군, 노서리(路西里) 고분군이라고 부른단다.

행정구역 개편으로 지금은 노동동 고분군, 노서동 고분군이라고 한다. 그렇지만 이런 식의 현대식 도로는 20세기에나 들어와서 생겨난 것이고

011. 노서동 금관총

그 이전에는 이곳에서부터 대릉원과 인왕동 고분군까지 주욱 하나로 연결되는 고분 지역이었을 것이다.

호림: 이 곳을 좀 더 잘 보기 위해서는 저기 제일 높은 고분 위에 올라가서 보면 되겠네요.

아름: 오빠, 제발 정신 좀 차려라. 고분 위에 올라가지 말라는 저 푯말 안보여?

호림: 알았어. 그럼 그 대신 저기 길 옆에 흙으로 만든 작은 언덕 위에서 보면 되겠네.

아빠: 호림아, 그곳은 흙으로 만든 작은 언덕이 아니라, 금관총이 있는 자리야.

호림: 금관총? 그렇다면 이 곳에서 그 유명한 신라금관이 나왔다는 뜻인가요?

엄마: 그렇지. 전세계에서 단 10개 밖에 없는 금관 중의 하나란다.

아름: 전 세계를 통틀어 금관이 겨우 10개 밖에 없다구요?

뱀의 발 : 국가지정 문화재 국보와 보물 중 금관

1. 국보 제87호 금관총 금관 및 금제 관식(金冠塚 金冠 및 金製冠飾):
  경북 경주시 국립경주박물관
2. 국보 제138호 전 고령금관 및 장신구 일괄(傳 高靈金冠 및 裝身具 一括):
  서울 용산구 삼성미술관 리움
3. 국보 제188호 천마총 금관(天馬塚 金冠): 경북 경주시 국립경주박물관
4. 국보 제191호 황남대총 북분 금관(皇南大塚北墳 金冠): 서울 용산구 국립중앙박물관
5. 보물 제338호 금령총금관(金鈴塚金冠): 서울 용산구 국립중앙박물관
6. 보물 제339호 서봉총금관(瑞鳳塚金冠): 경북 경주시 국립경주박물관

전 세계에서 단 10개뿐인 금관 중에서 신라금관이 6개다.

012. 천마총 금관 모형

순수한 금관은 전 세계에서 10개 밖에 없다고 한다. 그 중에서 한국에서 출토된 금관이 8개인데 신라금관이 6개, 가야금관이 2개다. 그리고 신라금관 중에서 가장 먼저 발견된 것이 1921년에 바로 이 금관총에서 출토된 금관이다.

아름: 조금 전에 들렀던 대릉원 안쪽의 천마총과 황남대총에서도 금관이 나왔다고 하셨잖아요? 거기다 이곳 금관총까지 합치면 모두 3개의 금관이 나왔네요? 나머지 신라금관 3개는 어디 어디에서 나왔나요?

나머지 세 금관 중의 하나는 바로 옆에 있는 서봉총에서 나왔고, 또 하나는 길 건너편 금령총에서 나왔다. 그리고 나머지 하나는 발굴작업에서 나온 것이 아니라 도굴 당해서 장물로 돌아다니던 것을 찾아낸 것이다. 출처를 확인해 보니 교동의 어느 폐고분에서 나왔다고 했다.

호림: 헉! 금관이 도굴된 것까지 있어요?

아름: 금관의 모양이 거의 비슷해 보이던데, 뭔가 차이점이 있나요?

신라금관을 구별하는 법

만든 시기에 따라서 금관의 모양이 조금씩 다르다. 도굴품이었던 교동금관은 아주 원시적인 형태의 금관이어서 아마도 가장 오래된 것으로 추정한다. 그래서 우리 눈에 익숙한 신라금관은 5개로 좁혀진다. 금관들을 자세히 볼 때 특히 눈에 띄는 것이 가장 정면에 있는 날 출(出)자 장식이다. 금관총, 서봉총, 황남대총의 금관은 3단으로 되어 있는 반면에, 금령총과 천마총의 금관은 4단으로 되어 있어 구분이 된다. 전문가들의 의견으로는 3단에서 4단으로 변화한 것 같다고 한다. 그리고 신라금관들은 모두 곡옥이라고도 불리는 굽은 옥이 달려있는데 유독 금령총 것만 없다.

호림: 나는 금관이면 다 똑같은 모양인 줄 알았더니 생김새가 모두 다 다르구나!

아름: 그럼 날 출(出)자 장식을 살펴봐서 4단으로 된 것 중에 굽은 옥이 있으면 천마총 금관, 없으면 금령총 금관이겠네요! 나머지 금관을 구분하는 법도 알려 주세요.

출(出)자 장식이 3단으로 된 것 중에서는 테두리 부분에 띠드리개(한 줄로 늘어뜨린 여러 장식품) 연결용으로 좌우 3개씩 커다란 도넛형 구슬 장식이 달려있는 것이 황남대총 금관이고, 테두리 부분에 좌우 1개씩 커다란 도넛형 구슬 장식이 달려있으면서 금관 내부에는 앞뒤좌우로 반원 십자형 관테연결장치가 있고 게다가 3마리의 봉황장식이 있는 것이 서봉총 금관이다. 금관총 금관은 띠드리개 연결용 도넛 구슬장식이 매우 가늘다.

아름: 아... 복잡하기는 해도 이제 어느 정도 구분은 될 것 같아요.
호림: 이곳 서봉총은 외국사람이 발굴을 했나 봐요. 안내판에 그런 내용이 있어요.

서봉총 발굴에 참여한 스웨덴의 구스타프 황태자

일제강점기였던 1921년 가옥 공사중에 우연히 발견된 금관총에서 금관이 처음 발견되고 1924년 금령총에서도 금관이 발견되자 조선총독부는 신라고분 발굴에 혈안이 되었다. 그런데 때마침 일본에는 신혼여행 중이던 스웨덴의 황태자 아돌프 구스타프가 있었는데 이 사람이 고고학

013. 서봉총과 스웨덴 구스타프 황태자 기념비

자 출신이었다. 당시 일본은 유럽열강에 잘 보이기 위해서 구스타프에게 신라고분 발굴을 제의했고, 구스타프는 이를 수락해서 1926년 10월에 발굴현장에 도착을 했다. 그런데 도착한 바로 그날 마지막 발굴작업에서 신라금관이 나왔다. 그 신라금관을 구스타프가 직접 수습했다.

엄마: 발굴현장에 도착한 날 금관을 발굴했다? 뭔가 좀 이상한 느낌이 있는데요?

아무튼 발굴이 끝나고 나서 구스타프 일행을 위한 저녁만찬이 벌어졌다. 당시 일제 관리들은 이 고분의 명칭을 스웨덴의 한자식 표현인 서전(瑞典)을 따서 서전총으로 하자고 했다 한다. 그런데 구스타프는 사양하면서 출토된 금관에 세 마리의 봉황 모양이 장식되어 있기 때문에 봉황대라고 하자고 했단다.

아름: 봉황대? 그건 길 건너편에 있다는 표지판을 봤는데요?
엄마: 그래서 이 고분의 이름을 스웨덴의 한자식 표현인 서전(瑞典)의 '서(瑞)' 자와 봉황의 '봉(鳳)' 자를 따서 서봉총이라고 이름을 붙였구나! 그리고 여기 다른 고분들도 많은데, 특별히 주목할만한 고분이 있나요?

돌방무덤 형식이어서 도굴 당한 쌍상총과 마총

대부분의 노동동과 노서동 고분들이 신라전기 돌무지덧널무덤(적석목곽분) 양식인데 비해서, 쌍상총(雙床塚)과 마총(馬塚)은 신라후기 양식인 굴식 돌방무덤이다. 그런데 쌍상총과 마총은 둘 다 도굴 되어서 현재 남아 있는 유물은 거의 없다.

쌍상총(雙床塚)은 이름에서도 알 수 있듯이 무덤의 침상이 두 개인 고분이다. 보통 다른 왕릉급의 고분에서는 황남대총처럼 두 사람의 무덤형태를 표주박형태로 하고, 두 개의 봉분을 붙여 만드는 것이 일반적이지만, 이 쌍상총은 하나의 봉분 안쪽에 두 개의 침상을 마련해서 1차로 시신을 안치한 뒤 나중에 다시 시신을 추가로 안치한 것으로 보인다.

엄마: 굴식돌방무덤의 경우에는 구조적인 면에서 무덤 입구만 다시 열면 되니까 추가로 시신을 모시기가 쉽죠. 그래서 도굴도 상대적으로 쉽지만…

그리고 마총(馬塚)은 발굴조사에서 말뼈와 마구가 발견되어서 마총이라는 이름이 붙었다. 그런데 더욱 주목할만한 고분은 호우총(壺杅塚)인데 광복 직후인 1946년 우리 손으로 발굴한 최초의 신라고분이다.

신라 경주의 호우총에서 발굴된 고구려 유물

아름: 호우(壺杅)가 무슨 뜻이에요?

호우는 병 호(壺)자에 사발 우(杅)자를 쓰는데 단지처럼 생긴 사발그릇을 뜻하고 호우총에서는 재질이 청동인 호우가 출토되었는데 그 청동 호우의 밑바닥에는 '을묘년 국강상 광개토지 호태왕 호우십(乙卯年 國岡上 廣開土地 好太王 壺杅十)'이라는 명문이 양각으로 새겨져 있다. 진품은 국립경주박물관 제1전시실에 전시되어 있다.

엄마: 광개토대왕과 관련 있는 유물이로군요!

호우의 명문으로부터 우리는 최소한 청동 호우가 만들어진 시기를 알수가 있다. 호우에 쓰여진 을묘년은 광개토대왕 사후인 서기 415년(장수왕 3년)이다. 게다가 쓰여진 이 명문의 글씨체가 중국 지안(輯安)에 있는 광개토대왕비의 비문에 쓰여진 것과 거의 같은 사실로 미루어 보아서 당시 고구려와 신라의 교섭이 활발하였음을 짐작할 수 있다.

아름: 고구려의 호우가 왜 이곳 신라 땅인 경주에 있을까요?

그 부분을 알려면 우선 광개토대왕 비문의 한 구절을 알아야 한다. 광개토대왕 비문에는 다음과 같은 구절이 있다. "백제와 신라는 옛적부터 고구려에 조공을 바쳐 왔다. 신묘년에 왜(倭)가 쳐들어오자, 고구려는 바다를 건너가 왜(倭)를 쳐부쉈다. 그런데 백제가 왜(倭)와 연합하여 신라로 쳐들어가 그들의 백성으로 삼으려 했다. 6년 곧 병신년에 왕이 몸소 군대를 이끌고 백제를 토벌했다."

호림: 결국 고구려가 신라를 백제와 왜로부터 구해 주었다는 뜻이잖아요? 그렇다면 고구려는 어째서 신라를 병합하지 않았을까요? 상황

을 보니 충분히 그러고도 남았을 것 같은데...

고구려는 왕을 호칭할 때 태왕이라고 했다. 우리가 흔히 부르는 광개토대왕이라는 이름도 정식명칭이 국강상광개토경평안호태왕이다. 따라서 고구려는 '왕'을 '대왕'이 아닌 '태왕'이라고 불렀고 '태왕'은 왕 또는 대왕과는 다른 뜻을 담고 있는데 왕들 위에 군림하는 왕중왕을 뜻한다.

호림: 왕위의 왕?
아름: 아, 알았다. 태왕은 곧 황제예요!

황제는 여러 제후국을 거느려야 황제가 될 수 있다. 따라서 고구려는 신라를 제후국으로 삼은 것으로 볼 수 있다. 황제라는 명칭도 사실 중국의 진시황이 가장 먼저 사용한 것이다. 진시황제 이전에는 중국에서도 최고 정치지도자를 그냥 왕으로만 불렀는데[나머지 제후들은 공(公)이라고 불렀다], 춘추전국시대의 혼란기를 틈타 제후들이 너도 나도 모두 자신을 왕이라고 칭하는 사태까지 벌어졌다.

이에 전국시대의 혼란을 종식시키고 최초로 중국을 통일한 진시황은 기존의 허수아비 왕들과는 달리 자신만의 특별한 호칭을 원했고 이에 신하들이 중국 고대 건국신화의 주체였던 삼황오제의 이름에서 두 글자를 뽑아내어 황제라는 칭호를 만들어냈다. 진시황제라는 이름 자체도 그 뜻을 분석해 보면 진나라에서 황제라는 이름을 처음 시작했다는 것을 의미한다.

중국에서는 왕중왕을 황제라고 불렀지만 고구려는 태왕이라고 불렀다. 그래서 광개토대왕 비문에 "백제와 신라는 옛적부터 고구려에 조공을 바쳐 왔다."라는 구절이 들어 있는 것이다.

📍 현재위치: 대릉원 일원 노동동 고분군

<u>봉황대에 얽힌 풍수이야기</u>

호림: 어, 저기 고분은 참 신기하게 생겼다. 고분 위에 나무가 자라고 있어요.
엄마: 저 고분은 특별히 봉황대라는 별명이 있는데 경주에서 단일 무덤으로서는 가장 큰 고분이야.
아름: 이름에 봉황이라는 말이 들어 있는 것을 보면, 분명 이 고분은

014. 노동동 봉황대 고분 위 나무와 오솔길

봉황과 관련있는 이야기가 있을 것 같아요.

봉황대에는 입에서 입으로 전해 내려오는 전설이 하나 있다. 옛날 후삼국 시대에 왕건은 신라를 하루라도 빨리 멸망시키기 위해서 당시 풍수의 대가였던 도선국사와 계략을 꾸몄다고 한다. 그래서 비밀리에 자기편 풍수 전문가를 신라 조정에 보내서 헛소문을 퍼뜨렸는데 그 내용을 들어보면 풍수적으로 볼 때, 경주는 길조인 봉황의 형상인데 그 봉황이 지금 멀리 날아가려고 한다는 것이었다. 따라서 어미 새인 봉황이 날아가지 못하게끔 산처럼 커다란 봉황의 알을 만들어 두고, 주변에는 맑은 물을 좋아하는 봉황을 위해서 샘 여러 개를 파게 했다는 것이다.

아름: 그렇지만 실제로 경주는 봉황의 형상이 아니었겠죠? 그럼 대체 무슨 형상이었을까요?

실제 경주의 풍수형국은 배 모양이었다고 한다. 그래서 왕건은 배를 침몰시킬 풍수적인 방법을 찾았던 것이다. 그래서 샘을 여러 개 파게 함으로써 배 바닥에 구멍 낸 효과를 얻은 것이고, 게다가 산처럼 큰 봉황대를 만들었기 때문에 그 무게로 배가 점점 더 빨리 가라앉도록 했다는 것이다.

엄마: 여보, 봉황대를 자세히 보니 오솔길의 흔적이 있어요.

봉황대의 오솔길은 최근의 것이 아니라 옛날부터 있었던 것이다. 아직도 많은 사람들이 오르내리고 있어서 자연스럽게 잔디가 밟혀서 생겨난 것인데 옛날 사진을 보면 봉황대의 바로 코 앞까지 민가들이 들어차 있었다. 그래서 고분이라는 생각보다는 고목 몇 그루가 자라고 있는 마을의 조그만 뒷동산이라는 인식이 강했다. 봉황대는 규모로 봐서는 왕릉급이지만 아직 발굴되지 않았기 때문에 알려진 것은 전혀 없다.

봉황대 앞에는 두 개의 흙더미가 있는데 왼쪽 것은 낮고 오른쪽 것은 좀 높다. 그 앞에 비석이 놓여 있는데 그 자리가 원래 고분이었다는 것을 알려주고 있다.

두 번째로 신라금관이 나온 금령총

아빠: 왼쪽의 것은 금령총이고, 오른쪽의 것은 식리총이야.
아름: 아, 금관이 나왔다던 금령총!
호림: 금관이 나왔으면 금관총이지 왜 금령총이라고 했어요?

조금 전에 보았던 노서동 고분군의 금관총은 1921년 발굴되면서 신라고분 중에서는 최초로 금관이 출토되었기 때문에 금관총이라는 이름이 붙었다. 그런데 이 금령총은 3년 뒤인 1924년에 발굴되었는데 금관뿐만 아니라 수많은 부장품이 나왔다. 비록 여기서도 금관이 출토되었지만 이미 금관총이라는 고분이 있었기 때문에 그 이름은 쓰질 못하고 다른 이름을 찾았는데 마침 출토된 부장품 중에서 금으로 된 방울이 있어서 금령총이라는 이름이 대신 붙었다.

그런데 이 금령총에서 출토된 유물 중에는 무덤 이름을 결정한 금방울

보다 더 유명한 것이 있는데 심지어 국보로까지 지정되었다. 그것은 국보 제91호 도제 기마인물상(陶製 騎馬人物像), 우리말로는 기마인물형 토기로 말을 탄 1쌍의 토우(土偶), 즉 흙인형이다.

아름: 아, 국립중앙박물관에서 본 기억이 나요! 제 기억에는 그것이 주전자라고 들었던 것 같아요.

기마인물형토기는 얼핏 보면 말을 탄 사람을 형상화한 조각 작품처럼 보이지만 실제로는 말 등에 있는 깔때기처럼 생긴 구멍을 통해 액체를 넣고, 말 가슴에 있는 대롱을 통해 물이나 술과 같은 액체를 따를 수 있는 주자(注子)였다.

금령총의 주인공은 어린 왕자일 가능성이 높다

엄마: 그런데 금관도 나오고 부장품도 그런 훌륭한 것이 나왔다고 하면서도 무덤은 왜 이리도 작죠?

발굴보고서에 따르면 여기 묻힌 사람은 머리에 금관을 쓰고 금 귀걸이와 허리띠를 했으며 허리에는 칼을 찼다고 되어 있다. 일단 칼을 찼으니 남자라고 볼 수 있는데, 특이한 점은 금령총의 허리띠 길이가 다른 고분에서 나온 것과는 달리 무척 짧다는 것이다. 게다가 금관도 다른 금관에 비해 크기가 작다.

아름: 아, 그럼 무덤의 주인은 아마도 어려서 죽은 왕자일 가능성이 많겠네요. 그래서 무덤도 작구나!

호림: 그럼, 그 옆에 있는 고분은 뭐예요? 이름도 어렵던데...

엄마: 식리총(飾履塚) 말이구나!

　식리총은 장식할 식(飾), 신발 리(履)를 쓰는데 즉 화려한 문양의 금동제 신발이 출토되었기 때문에 그런 이름이 붙었다. 식리총에서 출토된 금동제 신발은 실제 사용한 것은 아니고 부장품으로 무덤에 넣은 것이다. 신발 표면에는 거북등 문양의 윤곽 속에 봉황이나 괴수 등 각종 상상의 동물이 새겨져 있는데 이런 종류의 문양은 가야와 백제에서 많이 보이고, 페르시아의 영향도 일부 보이기 때문에 신라문화가 서역과 교류한 흔적을 찾을 수 있다. 실제로 괘릉에 가보면 진짜 서역 사람 얼굴을 볼 수 있다.

아름: 그럼, 이제 괘릉으로 가는 건가요?

아빠: 아니, 선덕여왕릉부터 갈거야. 왜냐하면 지금부터의 신라고분 답사는 시간순서대로 진행해야 제대로 된 공부가 되기 때문이지.

호석(護石)을 통해 본 신라왕릉의 시대적 변천

📍 현재위치: 낭산 선덕여왕릉

선덕여왕릉에서 확인하는 원시형태의 호석

　대릉원 일원에 밀집된 신라고분 답사와는 달리 독립적으로 위치한 신

015. 선덕여왕릉, 사적 제182호

라왕릉 답사는 대릉원에서 했던 것과는 전혀 다른 방식으로 하는 것이 효과적이다. 왜냐하면 대릉원에서는 고분들이 한자리에 모여 있기 때문에 그 자리에서 직접 비교해 보는 것이 가능했지만 독립적인 신라왕릉들은 지리적으로 서로가 떨어져 있기 때문에 직접 비교하는 것이 힘들다. 따라서 신라의 역사연표와 신라왕릉을 연계해서 답사하는 것을 적극 추천한다.

아름: 왕릉비교요? 그런 건 전혀 걱정 마세요. 스마트폰으로 찍어서 비교하면 돼요.

엄마: 역시 디지털 세대는 다르구나!

아빠: 우선 이 선덕여왕릉의 생김새를 잘 살펴보자. 조금 전까지 우리가 봤던 대릉원의 고분과는 분명히 다른 부분이 있지?

호림: 한눈에 봐도 알겠어요. 대릉원에 있던 고분들은 밖에서 보기에는 그냥 온전히 흙으로만 되어 있었는데 이 선덕여왕릉은 봉분의 둘레에 막돌을 쌓았어요.

호석(護石)을 통해 본 신라왕릉의 시대적 변천 | 67

선덕여왕릉에서 우리가 주목할 부분은 봉분의 둘레에 쌓은 2단의 막돌이다. 대릉원에서는 전혀 볼 수 없었던 것이다. 이 둘레돌은 무덤을 보호한다고 해서 한자로는 호석(護石)이라고도 한다. 보호석이라는 뜻으로 잡석을 비스듬히 2단으로 쌓았는데 그 밖으로는 드문드문 둘레돌의 높이와 비슷한 대석을 기대어 놓았다.

엄마: 여보, 아이들에게 이 선덕여왕릉에 얽힌 전설을 들려줘야죠.

선덕여왕릉이 도리천에 장사를 지낸 이유

아빠: 선덕여왕은 신라 제27대 왕이야. 그리고 이 왕릉은 646년경에 조성되었는데 우리가 서 있는 낭산의 정상에 있어.
호림: 여기가 경주 남산이에요?
엄마: 남산이 아니라, 낭산이야.

김부식이 쓴 삼국유사에 따르면 선덕여왕은 자신이 죽는 날을 미리 예언하고 신하들에게 자신을 도리천(忉利天)에 장사지내 달라는 유언을 남겼다. 도리천은 불교의 세계관에서 등장하는 불국세계의 28개 하늘나라 즉 28천 중의 하나로, 사천왕이 지키는 첫번째 하늘나라 '사왕천' 바로 위쪽에 있는 두 번째 하늘나라다. 도리천은 지상세계의 지배자인 제석천(도교의 옥황상제)이 주인으로 있는 곳인데, 동서남북에 각각 8개의 성이 있고, 한가운데는 제석천이 거처하는 '선견성'이 있어서 총 33개의 성이 있는 곳이기 때문에 '33천'이라는 별명도 있다.

016. 경주 낭산 사천왕사지, 뒷편 숲속에 선덕여왕릉이 있다.

엄마: 그런데 신하들은 도리천이 어디에 있는지 아무도 몰랐어.

호림: 당연하죠. 상상 속의 하늘나라인 도리천의 위치를 어떻게 알겠어요?

신하들 모두가 알아듣지 못하고 어리둥절해 하는 것을 본 선덕여왕은 경주의 낭산이 바로 도리천이라고 알려줬다. 그래서 신하들은 훗날 선덕여왕께서 돌아가시자 그 전에 들었던 대로 낭산에 장사를 지냈다. 그런데 그때까지만 해도 왜 낭산이 도리천인 줄은 아무도 몰랐다. 하지만 여왕을 낭산에 묻은 뒤 약 10여년이 지난 후에 낭산의 기슭에 절이 하나 생겼는데 그 절의 이름이 바로 사천왕사였다.

아름: 아하, 이제야 알겠어요. 선덕여왕릉의 아래쪽에 사천왕사가 생

겼으니 그곳은 첫 번째 하늘나라인 '사왕천'이 되는 것이고, 선덕여왕릉은 그 위에 있으니 자동적으로 두 번째 하늘나라인 '도리천'이 되는 셈이군요!

아빠: 자, 이제 신라 제29대 왕인 태종무열왕릉으로 가보자.

뱀의 발 선덕여왕(善德女王, ? ~ 647년 음력 1월 8일, 재위: 632년 ~ 647년)

선덕여왕(善德女王, ? ~ 647년 음력 1월 8일, 재위: 632년 ~ 647년)은 신라의 제27대 여왕이며, 한국사 최초의 여왕이다. 성은 김(金), 휘는 덕만(德曼)이다. 진평왕과 마야부인(摩耶夫人)의 장녀이며 태종무열왕의 큰이모이다. 삼국유사 선덕여왕조에는 선덕여왕이 미리 깨달은 일 세가지가 수록되어 있는데 요약하면 아래와 같다.

1. 당 태종의 모란 꽃: 즉위년인 632년, 당 태종은 빨강, 자주, 하양색의 모란 그림과 그 씨앗을 선물로 보냈다. 왕은 이를 보고 "이 꽃은 향기가 없을 것이다"라고 하였는데, 씨앗을 심어보니 과연 그랬다. 훗날 신하들이 이 일을 물어보니 왕은 "꽃 그림에 나비가 없었다. 이는 남편이 없는 나를 희롱한 것이다."라고 답했다. 일연은 이 고사를 소개한 뒤, 당 태종이 신라에 세 여왕(선덕, 진덕, 진성)이 있을 것으로 짐작한 점도 함께 칭찬하고 있다.

2. 여근곡의 백제군: 왕은 즉위 4년인 635년, 영묘사(靈廟寺)를 세운 적이 있었다. 그런데 어느 겨울날, 영묘사 옥문지(玉門池)에 개구리가 사나흘 동안 운 일이 있었다. 이에 왕은 각간 알천(關川), 필탄(弼呑)에게 병사 2천을 주어 서라벌 서쪽 부산(富山) 아래 여근곡(女根谷)을 습격하게 하였다. 여근곡에는 백제 장수 우소(亐召)가 매복해 있었는데, 알천과 필탄은 이를 쳐서 모두 죽였다. 훗날 신하들이 이 일을 물어보니 왕은 "개구리가 심히 우는 모습은 병사의 모습이요, 옥문이란 여자의 음부를 가리킨다. 여자는 음이고, 그 빛은 백색인데, 이는 서쪽을 뜻한다. 또한 남근이 여근에 들어가면 죽는 법이니 그래서 쉽게 잡을 수 있었다."라고 답하였다.

3. 왕의 승하와 도리천: 어느날 왕이 신하들을 불러 "내가 죽으면 도리천(忉利天)에 장사지내도록 하라. 이는 낭산(狼山) 남쪽에 있다."고 하였다. 이후 왕이 죽은 뒤 신하들은 왕을 낭산 남쪽에 장사지냈다. 이후 문무왕 대에 이르러 선덕여왕의 무덤 아래 사천왕사(四天王寺)를 세웠다. 이는 불경에 '사천왕천(四天王天) 위에 도리천이 있다'는 내용이 실현된 것이었다.

📍 **현재위치: 태종무열왕릉**

신라왕릉 중에 유일하게 무덤 주인을 확신할 수 있는 무열왕릉

태종무열왕은 신라 제29대 왕이므로, 제27대 왕인 선덕여왕과는 2대의 차이가 있다. 그렇지만 선덕여왕은 647년에 그리고 태종무열왕은 661년에 각각 돌아가셨기 때문에 실제로 두 분 사이의 시차는 겨우 14년밖에 나지 않는다.

　아름: 와, 저기 전각 속을 봐요! 교과서에서 보던 그 거북모양의 비석받침대다.

　거북모양의 비석받침대를 문화재 용어로는 거북 귀(龜)자에 책상다리 부(趺)자를 써서 귀부(龜趺)라고 부른다. 그리고 그 위에 올려져 있는 것을 교룡 이(螭)자에 머리 수(首)자를 써서 이수(螭首)라고 한다.

017. 태종무열왕릉비, 국보 제25호

비석은 통상 가장 아래쪽에는 비석 몸돌을 지탱하는 귀부, 가운데는 비신(비석 몸돌), 맨 위쪽에는 이수가 올라가는 것이 일반적이다. 태종무열왕릉비의 귀부와 이수는 국보 제25호인데 태종무열대왕지비(太宗武烈大王之碑)라고 쓰여있는 이수 덕분에 태종무열왕릉은 신라의 왕릉 가운데 무덤 주인을 확실히 알 수 있는 유일한 무덤이다.

아름: 어? 이상하네요. 우리가 조금 전에 들렀던 선덕여왕릉도 무덤 주인이 확실하잖아요? 그리고 대릉원에 있던 미추왕릉 등 왕의 이름이 붙어 있는 신라왕릉이 경주 여기저기에 많던데...

신라의 왕릉들은 태종무열왕릉을 제외하고는 옛부터 내려오는 비석이 전혀 없다. 그 때문에 나머지 신라왕릉들은 대체로 옛날 문헌들에 나오는 신라왕들의 장사기록을 참고로 하여 비슷한 위치에 있는 고분을 왕릉으로 비정(比定)한 것뿐이다. 비정이란 비교하여 정한다는 뜻인데 쉽게 말해서 옛 문헌의 기록으로 근사치를 추정한다고 보면 된다.

삼국사기나 삼국유사 등에서 볼 수 있는 옛날 신라왕릉 위치에 대한 기록은 대체로 기준이 되는 지점, 예를 들면 '어느 절'에서 '몇보, 몇리' 떨어진 '어떤 방향'에 있다거나 또는 '몇 번째 산봉우리' 등과 같이 애매한 표현이 많다. 게다가 실제 그곳에 가면 봉분 여러 개가 한꺼번에 몰려 있기도 하기 때문에 정확성이 떨어진다. 선덕여왕릉과 같이 누구나 쉽게 찾을 수 있는 왕릉이 있기도 하지만 선덕여왕릉도 가능성이 매우 높을 뿐이지 100% 확실한 증거는 없는 셈이다.

아빠: 아무튼 저 태종무열왕릉의 형태를 잘 보고 우리가 먼저 보았던 선덕여왕릉과 비교해 봐. 어떤 점이 달라 보이지?

선덕여왕릉과 태종무열왕릉의 보호석 비교하기

아름: 잠깐만요, 스마트폰에서 선덕여왕릉의 사진을 찾아 볼게요. 음...

호림: 뭘 그렇게 오래 봐? 한눈에도 표가 나는데... 무덤 가장자리의 둘레돌이 완전히 다르잖아!

선덕여왕릉의 둘레돌은 자연석 막돌이 무덤 전체를 빙 돌아가면서 2

018. 태종무열왕릉, 사적 제20호

단으로 쌓여 있는데 태종무열왕릉에는 둘레돌이 드문드문 보인다. 태종무열왕릉의 호석(둘레돌)도 선덕여왕릉처럼 자연석을 써서 무덤의 아래부분을 두르고 있고 일정 간격으로 큰 자연석을 세웠는데 그것이 전체적으로 흙으로 덮여서 큰 자연석의 일부만 보이는 것 뿐이다. 결국 선덕여왕릉의 보호석과 그 양식이 통한다는 뜻이다. 그리고 이 능은 아직 발굴조사를 하지 않았기 때문에 정확한 것은 알 수 없지만 무덤내부는 굴식돌방무덤(횡혈식석실분)으로 추정되고 있다.

아빠: 여기를 좀 더 자세히 둘러 보고 나서 다음 번 왕릉으로 가자.
아름: 신라왕 계보도를 보니 제29대 태종무열왕 다음에는 제30대 문무왕이에요. 그런데 문무왕의 무덤은 수중릉이잖아요? 바다속에 있는데 그 곳에는 어떻게 가죠?
호림: 잠수장비를 구해야 하나?
아빠: 문무왕릉은 우리가 찾아가기에는 너무 힘든 곳에 있어서 생략하자. 그 대신 제27대 선덕여왕릉 다음에 제29대 태종무열왕을 봤으니 다음번에는 제31대 신문왕릉으로 가보자. 하나씩 건너뛰면서 왕릉보는 것도 나쁘지는 않아.

♀ 현재위치: 신문왕릉
둘레석을 다듬은 돌로 쓴 특징을 보이는 신문왕릉

아름: 어라? 이곳은 선덕여왕릉의 바로 옆이잖아요? 저기 선덕여왕릉이 있는 낭산이 보여요.

019. 신문왕릉, 사적 제181호

호림: 선덕여왕릉을 보고 난 뒤에 바로 이 곳으로 왔으면 될 것을, 왜 굳이 중간에 태종무열왕릉까지 갔다가 되돌아 온거죠? 오늘 답사는 너무 비효율적인 것 같아요.

아빠: 내가 그렇게 답사를 하는 것은 다 이유가 있어. 시간 순서대로 신라왕릉을 보기 위해서야. 이곳 무덤의 주인은 신라를 통일한 제30대 문무왕의 장남인 제31대 신문왕이야. 제27대 선덕여왕릉, 그리고 제29대 태종무열왕릉과 비교해서 제31대 신문왕릉이 다른 점은 무엇이지?

아름: 이건 스마트 폰을 열어 볼 필요도 없어요. 한눈에도 둘레석이 완전히 달라졌어요.

호림: 맞아요, 선덕여왕릉과 태종무열왕릉은 자연석을 둘레돌로 썼는데, 이곳 신문왕릉은 한눈에도 잘 다듬은 돌로 무덤의 가장자리를 둘렀어요.

호석(護石)을 통해 본 신라왕릉의 시대적 변천 | 75

020. 신문왕릉 남쪽 호석에 새겨진 문(門)자

　신문왕릉은 마치 블록처럼 잘 다듬은 돌을 5단으로 잘 쌓았고, 맨 위에는 갑석이라고 부르는 덮개돌을 올려 놨다. 그리고 이 석축을 지탱하기 위해서 44개의 삼각형 모양 호석을 설치했다. 이런 형태는 이후에 우리가 볼 12지신상이 새겨진 통일신라왕릉의 원시적인 모습이라고 볼 수 있다.

　하지만 이곳도 100% 신문왕릉이 아닐 수 있다. '삼국사기'에 의하면 낭산(狼山) 동쪽에 신문왕을 장사지냈다고 되어 있다. 그래서 이곳을 신문왕릉으로 비정하기는 하지만, 사람에 따라서는 낭산 동쪽 황복사터 아래쪽에 12지신상이 남아있는 무너진 왕릉을 신문왕 무덤으로 보는 견해도 있다. 그리고 이 삼각형 둘레돌 가운데 남쪽을 향한 한 돌에는 문 문(門)자를 음각(陰刻)했는데, 그 뜻은 정확히 알 수는 없지만, 아마도 이 무덤이 굴식돌방무덤일 경우 널길의 출입문이 있다는 뜻이 아닐까 하고

021. 성덕왕릉, 사적 제28호

짐작할 수 있다.

> 아빠: 자, 여기도 주변을 천천히 둘러보고 다음 번 왕릉으로 가 보자.
> 호림: 27대, 29대, 31대 왕릉을 봤으니 다음 번 왕릉은 33대 왕릉이겠네요? 아름아, 네가 들고 있는 신라왕 계보도 좀 봐봐! 제33대 왕은 누구니?
> 아름: 제33대 왕이라... 성덕왕이야.
> 아빠: 이제는 너희들이 갈 곳을 미리 아는 단계까지 왔구나. 기특한 녀석들...

📍 현재위치: 성덕왕릉
<u>최초의 난간석이 보이는 성덕왕릉</u>

호림: 어, 저기 이정표를 보니, 이 길은 불국사로 가는 길이네요.
엄마: 그래 맞아. 저 앞에 우리의 목적지가 있구나.

성덕왕릉에 가면 두 개의 고분이 약간의 거리를 두고 있다. 앞쪽에 있는 고분은 제32대 효소왕릉이라고 전해지고, 뒤쪽에 있는 고분이 제33대 성덕왕릉으로 전해지고 있다. 참고로 효소왕과 성덕왕은 형제간이다. 두 고분을 모두 살펴보되 우리의 주 목적은 성덕왕릉이기 때문에 효소왕릉은 지나가면서 가볍게 감상만 하고 성덕왕릉 앞쪽으로 가자.

엄마: 여기 주변에는 소나무가 참 예쁘네요. 역시 우리나라는 무덤 주위에 소나무가 있어야 잘 어울려요.
아빠: 드디어 성덕왕릉이 저기 보인다. 첫 느낌이 어때? 다른 고분에서는 못 보던 것이 있지?
아름: 예, 무덤 둘레에 돌난간이 빙 둘러쳐져 있어요.

성덕왕릉은 신라 최초로 왕릉형식을 제대로 갖춘 것으로 평가 받는데, 특히 둘레돌의 형식이 그 이전에 비해 크게 발전을 했고, 왕릉의 네 귀퉁이에는 돌사자를 배치했다. 또 앞쪽에는 석인(石人)을, 그리고 앞쪽의 왼편에는 능비(陵碑)를 세웠다. 또 무덤의 가장 바깥쪽에는 시각적으로 이 무덤의 가장 큰 특징인 석주 즉, 돌기둥을 빙 둘렀는데 석주의 상하 2군데에는 홈을 파서 난간돌인 관석(貫石)을 끼우게 되어있다.

그런데 돌기둥과 난간돌의 색깔이 좀 다르다. 원래 난간돌은 남아있지 않았었는데 보수를 하면서 새로 만들어 끼운 것이다.

제32대 효소왕릉이 제31대 신문왕릉보다 오래된 형식으로 보이는 이유

엄마: 여보, 그런데 좀 이해가 안되는 부분이 있어요. 시대의 흐름으로 봤을 때, 우리가 조금 전에 보고 왔던 제31대 신문왕릉의 형식보다는 이곳 제33대 성덕왕릉의 왕릉형식이 더 발전한 형태라는 것은 충분히 이해할 만해요. 하지만, 바로 옆에 있던 제32대 효소왕릉은 무덤에 둘레돌도 없고, 돌난간도 없어서 그 전대인 제31대 신문왕릉보다도 훨씬 오래된 왕릉형식인데, 그건 왜 그렇죠?

앞서 신라왕릉은 태종무열왕릉을 제외하고는 모두 그 위치가 100% 확인된 것은 아니라고 했다. 성덕왕릉 옆에 있는 제32대 효소왕릉의 경우도 그런 논란 속에 있다. 우선 효소왕은 신문왕의 첫째 아들이고, 성덕왕은 신문왕의 둘째 아들이다. '삼국사기'에 의하면 702년에 효소왕이

022. 효소왕릉

023. 성덕왕릉 둘레돌과 12지신상

죽자 망덕사 동쪽에 장사지냈다고 되어 있다.

 그런데 지금의 효소왕릉은 망덕사터에서 남남동 방향으로 약 8km 거리에 있기 때문에 삼국사기의 기록과는 차이가 많음을 알 수 있다. 따라서 앞서 신문왕릉에서 설명한 것처럼 사람에 따라서는 망덕사터 동쪽에 있는 현재의 신문왕릉을 효소왕릉으로 보고 낭산 동쪽 황복사터 아래쪽에 12지신상이 남아있는 무너진 왕릉을 신문왕의 무덤으로 보는 견해도 있다.

 성덕왕릉은 둘레돌이 볼만하다. 마치 블록처럼 잘 다듬은 돌을 여러

단 잘 쌓고, 맨 위에는 갑석을 덮은 신문왕릉과는 달리, 이 성덕왕릉의 둘레돌은 편평한 돌인 판석(板石)을 세우고 그 위를 갑석(甲石)을 덮었는데, 판석은 버팀기둥인 탱주(撑柱)로 고정시키고, 탱주에는 다시 삼각형 모양의 석주를 세워서 구조적으로 기능을 보강했다. 그리고 둘레돌의 판석과 난간의 돌기둥 사이의 공간에는 부석(敷石)이라고 불리는 깐돌이 있는데, 부석은 원래 집터나 무덤의 바닥이나 둘레에 한두 겹 얇게 깐 돌을 뜻한다.

아름: 앞서 신문왕릉의 것과 비교해 봐도 이 성덕왕릉이 훨씬 발전된 형태라는 것을 쉽게 알 수 있어요.
호림: 둘레돌 앞에 뭔가 조각상이 있어요. 그런데 너무 닳아서 뭔지 잘 모르겠어요.

둘레돌 앞의 조각은 12지신상(十二支神像)을 세운 것이다. 자세히 보면 이 12지신상은 네모난 방형기단 위에 무기를 들고 갑옷을 입은 채 서 있는 형상인데, 사람의 몸에 짐승의 머리를 얹은 형태로, 한자로는 수수인신(獸首人身)이라고 한다. 그렇지만 너무 파손이 심해서 잘 알아볼 수가 없다. 12지신상뿐만 아니라 능 앞에 있던 문석인, 무석인 각 2쌍도 파손이 심하고, 능비 역시 지금은 이수(螭首)와 비신(碑身)을 잃고 거대한 귀부(龜趺)만 남았는데, 그것마저도 머리 부분이 없어졌다.

이 성덕왕릉은 대체로 통일신라 초기에 조성된 것으로 보는데, 능묘제로는 12지신상를 비롯해서 석인과 석수를 갖춘 우리나라 최초의 사례로서 주목 받고 있다.

024. 성덕왕릉귀부, 경상북도 시도유형문화재 제96호

엄마: 남아있는 석물들의 파편만 봐도 조각수법이 대단히 뛰어난 것을 알 수 있는데, 훼손되지 않은 채로 보존되었더라면 얼마나 좋았을까요?

아빠: 그러게 말이야. 이렇듯 화려한 왕릉을 만들어 줄 정도니 성덕왕이 어떤 왕인지 대충 짐작이 가지? 성덕왕을 위해서는 이런 좋은 왕릉뿐만 아니라 좋은 종까지도 만들어 줬는데 그것이 바로 에밀레종으로 더 많이 알려진 성덕대왕신종이야. 자, 그럼 오늘의 마지막 신라왕릉 답사코스로 가볼까?

괘릉은 관을 무엇인가에 걸어서 묻었기 때문에 붙은 이름이다.

호림: 야, 휴게소다. 여러군데 돌아다니느라 목도 마르고 힘도 드는

데 잠깐 쉬었다 가요. 그런데 괘릉휴게소? 우리가 가는 곳이 괘릉인가요? 얼마나 괴상한 왕릉이면 괘릉이라는 이름이 붙었을까?

엄마: 괴상한 왕릉이어서 괘릉(掛陵)이라는 이름이 붙은 것은 아니란다. 괘릉의 괘자는 걸 괘(掛)자야. 벽에 거는 시계를 괘종시계라고 해. 그렇다면 절에서 큰 법회를 열 때 법당의 마당에다 거는 커다란 부처님 그림을 뭐라고 하지?

아름: 거는 부처님 그림? 그렇다면 괘...불... 괘불! 들어본 적 있어요!

📍 **현재위치: 괘릉(원성왕릉)**

원래 이곳에는 무덤을 만들기 전에 작은 연못이 있었는데, 연못의 원형을 변형하지 않고 왕의 유해를 수면 위에 걸어서 안장했다는 속설에 따라서 '괘릉'이란 이름이 붙었다. 또 어떤 전설에는 무덤의 구덩이를 팔 때, 물이 고였는데 물 속에다 관(널)을 빠뜨릴 수가 없어서 관을 무엇인가에 걸어서 묻었다는 이야기도 있다. 아무튼 이 왕릉은 형태와 구조 면에서 통일신라시대의 가장 완벽한 능묘제도를 보여주는 최고의 문화재다. 조금 전에 보았던 성덕왕릉과도 하나씩 꼼꼼히 비교해 보면서 답사를 하자.

호림: 이 괘릉은 누구의 무덤이에요?

괘릉의 주인은 신라 제38대 원성왕이다.

이 괘릉은 현재 신라 제38대 원성왕릉으로 알려져 있다. 왜냐하면 '삼국유사'의 기록에 "원성왕릉은 토함산 동곡사(洞鵠寺)에 있는데 동곡사는 당시의 숭복사(崇福寺)로서 최치원이 비문을 쓴 적이 있다"라고 되어 있고, 괘릉의 인근에 숭복사 터가 있기 때문에 원성왕릉이 확실시 되고 있다.

엄마: 여기는 전체적으로 마치 조선왕릉에 온 느낌이에요. 이 곳에서 저기 왕릉의 봉분이 있는 곳까지 길 양편에 돌기둥도 서 있고, 무석

025. 원성왕릉(괘릉), 사적 제26호

인과 문석인, 그리고 돌사자도 있어요. 이 돌기둥은 망주석이 맞죠?

여러 자료를 찾아보면 이 무덤 앞의 돌기둥은 화표석(華表石)이라고 해 놓았다. 그런데 그 어느 자료도 정작 화표석의 용도가 뭔지는 자세히 제시하지 못하고 있다. 아마도 화표석은 망주석과 같은 기능을 하는 것 같다. 다만 한자로 망주석(望柱石)과 화표석(華表石)을 인터넷으로 검색해보면, 화표석(華表石)에 해당하는 중국어 자료가 매우 많은 반면, 망주석(望柱石)에 해당하는 중국어 자료는 별로 안 보이는 것으로 봐서는 망주석을 중국에서는 화표석으로 쓰는 것 같기도 하다.

호림: 망주석이 되었건, 화표석이 되었건 도대체 무슨 용도예요?

〈원성왕릉(괘릉) 석상 및 석주일괄, 보물 제1427호〉
026. 좌문석인, 동양인을 닮았다.
027. 좌무석인, 서역인을 닮았다.
028. 우무석인, 서역인을 닮았다.
029. 우문석인, 동양인을 닮았다.

030. 원성왕릉(괘릉) 사자상

아빠: 아주 쉽게 용도를 설명하자면 이 곳이 무덤임을 알리는 거야. 쉽게 말해 이 돌기둥을 경계로 이승과 저승을 가르는 거지.

**무석인의 얼굴에서
찾아볼 수 있는 서역과의 교류 흔적**

아름: 그리고 저 무석인과 문석인도 조선왕릉의 것과는 완전히 다르게 생겼어요. 특히 무석인은 우리나라 사람의 얼굴이 아니에요.

엄마: 무석인은 한눈에 봐도 동양인이라기 보다는 서역인의 모습과 가까워.

이 무석인은 괘릉의 가장 대표적인 상징 중의 하나다. 당시 신라는 당나라와 매우 활발하게 무역을 했다. 그리고 이 괘릉의 무덤양식은 그 당시 당나라에서 유행하던 무덤양식과 비슷한 부분이 매우 많다. 그래서 당나라를 통해 서역과 국제적인 문물교류가 있었던 것으로 추정할 수 있다. 앞서 노동동 고분군을 답사했을 때, 식리총에서 나온 금동 신발이 서역과의 교류가 있었음을 말해준다고 했는데, 이곳 괘릉에서도 또 하나의 증거를 찾은 셈이다.

아름: 그런데 곰곰이 생각해 보니 조선왕릉에서 사자는 못 본 것 같

은데... 조선왕릉에서는 사자 대신 호랑이가 있었어요. 그런데 이 곳 경주의 고분에는 호랑이 대신 사자가 있어요. 조금 전 성덕왕릉에서도 사자를 봤고요. 경주의 고분에는 왜 호랑이가 없고 사자가 있는 걸까요?

호림: 맞아요, 저도 그것이 궁금해요. 아무리 옛날이라도 우리나라에는 사자가 살지는 않았을 것 같아요.

호랑이건 사자건 모두 무덤을 수호하는 역할을 한다. 그런데 경주의 신라왕릉에 유독 사자만이 보이는 것은 더운 지방인 인도에서 발생한 불교의 영향 때문으로 볼 수 있다. 불교에서는 백수의 왕인 사자를 부처님에 비유하기도 하는데 그런 이유로 부처님의 설법을 사자의 울부짖음에 비유해서 사자후라고도 한다. 그래서 불교와 관련된 대표적인 수호 동물로는 사자가 으뜸 자리를 차지한다.

031. 원성왕릉(괘릉) 난간석과 12지신이 새겨진 호석

하지만 조선은 유교의 나라다. 그리고 유교의 발생지는 중국이다. 유교문화권인 중국이나 한국에는 사자는 없고 호랑이가 있다. 그래서 유교와 관련된 대표적인 수호동물로는 호랑이를 주로 사용하는 것으로 볼 수가 있다.

괘릉과 성덕왕릉과의 호석 비교

엄마: 괘릉의 둘레석은 성덕왕릉과 비슷한 것 같으면서도 다른 부분이 많아요. 우선 석물들의 크기도 훨씬 크네요.
아름: 맞아요. 이곳 괘릉의 돌기둥은 사람보다 훨씬 더 커요.
엄마: 성덕왕릉에서 보던 삼각형 모양의 석주는 없어졌네요.
아름: 성덕왕릉의 12지신상은 파손이 많이 되었지만 이 곳의 12지신상은 상태가 좋네요.

032. 원성왕릉(괘릉) 12지신 호석 중 오상(午像)

괘릉의 둘레돌인 호석은 지대석 위에 편평한 판석을 올리고, 그 위에 다시 갑석을 올렸다. 그리고 판석 사이에는 버팀기둥인 탱주를 끼워 넣었고, 12지신상을 2개의 판석마다 하나씩 두었다.

또한 성덕왕릉의 12지신상은 방형기단위에 올라서 있지만 이곳 괘릉의 것은 판석 위에 비교적 얕게 돋을새김을 한 점이 다르다.

12지신상의 배치도 재미있는데 6시 방향의 오상(午像)만이 정면인 남쪽을 향하고 있다. 나머지는 12시 방향부터 자축인묘진사(子丑寅卯辰巳)의 6상은 얼굴을 오른쪽을 향하고 있고, 7시 방향부터 미신유술해(未申酉戌亥)의 5상은 얼굴을 왼쪽을 향하고 있어 모두 오상(午像)쪽으로 시선이 모아지고 있다.

대체로 둘레석이나 난간석, 문석인, 무석인, 사자상, 신도비 등의 양식은 당나라에서 수입된 것으로 보여지지만, 봉분 주위에 이렇게 12지신상을 배치하는 것은 신라 특유의 양식이다. 그 중에서도 특히 괘릉의 12지신상은 통일신라시대의 것으로는 가장 우수하다는 평가를 받고 있다.

신라 전기 고분과 신라 후기 고분의 지리적인 큰 차이점

아름: 대릉원과 그 근처에는 고분들이 많이 몰려 있는데, 선덕여왕릉 이후에는 왜 왕릉들이 한 곳에 몰려 있지 않고 따로따로 떨어져 있는 거죠?

신라고분은 대체로 삼국통일을 즈음해서 전기와 후기로 나뉜다. 무덤양식도 전기에는 돌무지덧널무덤이 주로 만들어졌고, 후기에는 굴식돌방무덤이 주로 만들어졌다. 그리고 전기에는 무덤들이 평지에 몰려있는데 비해 후기에는 무덤들이 독립된 구릉에 일정한 구역을 가지는 독립된 형태로 조성되어 있다. 후기 무덤이 독립된 구역을 가진다는 것은 신라의 국가형태가 초기 6부족의 연맹체적인 성격에서 벗어나서 점점 동양적인 전제왕권이 확실하게 수립되어 가는 일면을 보여주는 것이라고 생각된다.

엄마: 그런데 신라 제38대 원성왕릉이 이렇게 최고로 잘 만들어졌다는 평가를 받았다면 그 이후의 신라왕릉들은 점점 퇴화되었다는 뜻이잖아요? 그 이유가 뭐죠?

신라도 통일 이후 100여 년 동안은 정말 최고의 전성기를 누렸다. 그 정점은 8세기로 이 시기에 최고의 불교문화유산인 불국사, 석굴암이 만들어지고 성덕대왕신종도 만들어졌다. 하지만 9세기 이후 신라 하대로 내려오면서 치열한 왕위 쟁탈전으로 인해 국내정치와 사회가 불안정해지고 왕들의 평균 재위기간도 급속히 짧아졌기 때문에 그 시기의 왕릉들은 규모가 극히 축소되고 주위의 석물도 없는 단출한 형태를 보이고 있다.

우리나라 석탑 이해하기

탑의 의미

아빠: 얘들아, 아빠가 퀴즈를 하나 낼게. 어느 절이든지 가면 꼭 그곳에 있을 확률이 가장 높은 것이 두 개가 있어. 그것이 뭘까? 심지어 폐허가 된 절터에서도 많이 볼 수 있는 거야.

호림: 스님이라고 답을 하려 했는데, 폐허가 된 절터에도 있는 것이라고 하면 스님은 답이 아니네…

아름: 절은 부처님을 모시고 스님들이 수도를 하는 곳이니까, 당연히 부처님, 즉 불상이 정답이겠죠. 폐허가 된 절터에도 돌로 된 부처님은 많이 볼 수 있어요. 그런데 나머지 하나는 뭘까?

엄마: 내 생각에는 탑인것 같아. 탑은 어느 절이나 다 있기도 하고, 또 폐사지에도 많아.

이 퀴즈의 정답은 '불상'과 '탑'인데 불교사찰에서 신앙의 대상으로서 가장 중요한 위치를 차지하는 것이 바로 불상과 탑이기 때문이다. 기본적인 가람배치를 설명할 때 쓰는 '1탑 1금당' 방식이니, '1탑 3금당'

방식이니, '쌍탑 1금당' 방식이니 하는 용어들도 모두 불교신앙의 중심인 탑과 불상을 중심에 놓고 설명하는 말이다. 여기서 '금당' 이란 금빛나는 부처님을 모신 집이란 뜻이므로 결국 불상을 의미한다.

초기 불교에서 탑이 먼저였을까? 아니면 불상이 먼저였을까?

아빠: 자, 그럼 여기서 두 번째 퀴즈를 낼게. 석가모니의 입적 후, 인도의 초기 불교에서는 숭배의 대상이 탑이 먼저였을까? 아니면 불상이 먼저였을까?

호림: 당연히 불상이 먼저겠죠. 탑이 없고 불상만 있는 절은 상상할 수 있지만 불상이 없고 탑만 있는 절은 도저히 있을 수 없을 것 같은데요.

아름: 저도 오빠와 같은 생각이에요. 산속의 조그만 암자에는 탑은 없고 불상만 있는 곳도 많이 있잖아요?

 석가모니 부처님의 탄생과 사망시기는 여러가지 설이 있기는 하지만, 가장 공신력 있는 근거로는 불교의 근본교리에 가장 충실하다고 하는 상좌부불교, 즉 우리가 소승불교라고 부르는 동남아지역 불교국가들이 주축이 된 세계불교도협의회라는 기구가 1956년에 부처님의 탄생지인 룸비니에서 부처님이 열반에 든지 2500년 기념식을 성대하게 거행했다는 것이다.

 이 말의 뜻은 부처님의 사망시기를 BC 544년으로 정한다는 것이다. 현재 우리나라를 포함하여 거의 모든 불교국가 및 UN에서도 BC 544년

설을 채택해서 사용하고 있다. 그런데, 의외로 역사상 최초로 불상이 출현한 시기는 기원후 1세기경이다. 결론적으로 부처님이 돌아가신 후, 거의 600년이 지나서야 불상이 만들어졌다는 말이다.

석가모니는 유언으로 자신을 개인적으로 숭배하는 것을 금지했었다.

원래 석가모니는 유언으로 자신을 개인적으로 숭배하는 것을 금지했다. 왜냐하면 석가모니 자신이 인도의 기존종교인 브라만교가 지나치게 형식주의적이고 신에 대한 제사위주의 의식을 강조함을 싫어했기 때문이다. 기독교적인 관점에서 보자면 부처는 신이 아니다. 부처는 궁극적인 깨달음으로 가는 길을 우리에게 가르쳐 주는 위대한 스승일 뿐이고, 깨달음에 이르는 마지막 실천행위는 개인들의 몫으로 남겨진 것이다.

아름: 그렇다면 불상이 처음 나타나기 전까지 불교에서는 부처님을 어떻게 표현했어요?

석가모니의 유언으로 불상을 만들지 못한 초기의 불교신도들은 숭배하고 예배할 대상이 없었기 때문에 굉장히 혼란스러워 했다. 그래서 현재 인도에 남아있는 그 당시의 불교그림이나 조각들을 보면, 사람들이 보리수 나무를 둘러싸고 있거나, 텅 빈 부처님의 대좌를 향해 예배를 드리고 있거나, 아니면 불법의 수레바퀴인 법륜 또는 바퀴가 새겨진 부처님의 발자국을 숭배의 대상으로 사용한 것을 많이 볼 수 있다. 유네스코 세계문화유산으로 등재된 '산치대탑'의 출입문에 새겨진 조각작품에

033. 산치대탑

서도 이런 것을 확인할 수 있다.

　서력기원전 3세기 무렵 아소카 대왕 때 인도불교의 중심지였던 산치(Sanchi)에는 지금도 '산치대탑'이라 하여 거대한 불탑이 남아 있어 당시의 상황을 충분히 짐작할 수 있다. 이 '산치대탑'은 규모가 거대할 뿐만 아니라 네 방향으로 나 있는 4대 탑문(塔門)과 주위 난간 조각들이 무척이나 아름답다. 또한 가장 오래된 불탑으로도 널리 알려져 있는 세계 제일의 탑으로 1989년에 유네스코 세계문화유산으로 등재되었다.

　　호림: 불상을 만들 만한 기술이 부족해서 그런 것은 아니었을까요?

　산치대탑을 비롯하여 인도에 남아있는 초기불교 당시의 불교문화재를 살펴보면 비록 불상은 없었지만 불교를 수호하는 수호신들의 조각상이나 그림들은 매우 많았고 미술적인 조형미도 매우 뛰어났다. 따라서 교리적인 이유 때문에 일부러 불상을 만들지 않았던 것이 확실하다. 그런데 기원후 1세기 말에 갑자기 불상이 출현했는데, 이는 바로 기원후 1세기에 불교 교리에 중대한 변화가 있었다는 증거가 될 수 있다.

불상의 출현은 대승불교운동과 밀접한 관련이 있다.

기원후 1세기에 발생한 불교 교리상의 큰 변화는 바로 대승불교운동이다. 대승불교의 입장에서는 소수의 엘리트 승려집단에 의해서 초기 불교가 좌지우지 되는 것도 불만이었고, 또한 신앙의 대상인 부처님이 직접적으로 눈에 보이지 않았기 때문에 일반 불교신자들에게 혼란스러웠던 상황을 대승불교운동으로 극복하고자 했다. 그래서 불상이 출현하게 된 것이다.

그런 이유 때문에 기원후 1세기에 불상이 출현하기 전까지 불교에서는 '탑'이 신앙의 주요 대상이었다. 그리고 우리가 부르는 '탑'이라는 말은 고대 인도 산스크리트어 '스투파'에서 파생되어 나왔는데, 뜻은 무덤이다. 인도의 스투파는 중국으로 전해져서 한자로 탑파(塔婆)라고 불려졌는데 이것이 우리나라로 전해지면서 또 말이 줄어들어서 최종적으로는 탑(塔)이 되었다.

호림: 탑이 무덤이라고요? 탑속에 돌아가신 석가모니 부처님을 모셨다는 말인가요?

불교에서는 사람이 죽으면 매장을 하는 것이 아니라 화장을 한다. 석가모니 부처님도 예외는 아니었다.

석가모니 부처님을 화장하고 난 뒤, 사리가 많이 나왔는데, 8나라의 국왕들이 부처님의 사리를 8등분하여 각자 자기나라에 스투파를 세우고 그 안에 봉안했다고 전해지고 있고, 그것이 탑의 기원이다.

결국 스투파는 부처님의 몸에서 나온 사리를 모신 곳이니까 당연히 무덤이라고 할 수 있다. 그 스투파의 대명사는 앞서 설명한 '산치대탑'이다. 불교경전에 의하면 부처님의 사리는 그 양이 무려 8섬 4말(약 17가마니), 숫자로는 8만4천과라고 했다. 그래서 초기 인도 스투파의 숫자도 8만4천기라고 한다.

그런데 인도의 불교가 세계 각지로 퍼지는데 결정적인 기여를 한 인물이 있다. 그 사람이 바로 유명한 아소카 대왕으로 몇백년 동안 수많은 군소국가로 쪼개져 있던 인도를, 기원전 3세기에 최초로 통일한 인물이다. 아소카 대왕은 우리나라의 불교전설에도 자주 등장을 하는데 우리식 표현으로는 '아육왕'이라고 한다. 특히 삼국유사에는 경주 황룡사의 금동삼존 장륙상을 아육왕이 보낸 황금과 구리로 만들었다는 기록이 있다.

**아소카 대왕의 노력으로 세계 각지에 불교가 널리 퍼졌고,
예수도 그 영향을 받았다는 설이 있다.**

물론 황룡사는 7세기에 만들어졌는데 기원전 3세기의 아소카 대왕과 연결시키기에는 시차가 너무 크다. 하지만 그만큼 아소카 대왕이 불교

에서 차지하는 비중이 컸다는 뜻으로 해석될 수 있다. 아소카 대왕은 정복전쟁을 통해 인도대륙에 있던 수많은 군소왕국을 최초로 통일했지만 전쟁을 통해 너무나 많은 피를 흘렸고, 심지어 왕권다툼으로 인해 형제들까지 잔인하게 죽이는 만행을 저질렀기 때문에, 불교에 귀의하여 속죄를 하고자 했다.

그래서 그 누구보다도 불교의 포교에 앞장을 섰는데, 이때 그가 선택한 방법으로 인도 각지는 물론, 동남아시아, 중앙아시아, 이집트, 그리스, 중국 등 세계 각지에 불교 선교사들을 보냈고, 부처의 진신사리를 담은 스투파를 세계 도처에 세웠다. 이 때문에 일부 신학자들은 예수조차도 불교의 영향을 받았다고 믿고 있다.

호림: 예수님이 불교의 영향을 받았다구요? 증거가 있나요?

일부 기독교 신학자들 중에서는 그에 대한 물증으로 성경 외전중에서 도마복음서와 같은 일부 영지주의 복음서와 '나그 함마디' 문서를 제시하고 있고, 정황증거로는 예수의 행적중에서 아무도 모르는 4년간의 공백기를 꼽기도 한다.

엄마: 나도 예수님이 그 기간동안 불교를 공부했다는 말을 들은 적이 있어요. 예수님이 불교를 공부했건 아니건 간에, 예수님 생존당시에 불교가 전세계적으로 아주 광범위하게 퍼져 있었다는 것은 충분히 증명이 되는 셈이군요.

아름: 그런데 탑은 무덤이라면서 왜 모양을 뾰족하게 만들었어요?

초기의 탑, 즉 스투파는 뾰족한 모양이 아니었다. 그 증거가 바로 산치대탑이다. 산치대탑은 기본적인 모양이 사발을 엎어놓은 것과 같아서 우리가 흔히 보는 일반적인 무덤 형태를 보인다. 동서고금을 막론하고 사람이 죽으면, 대부분 사발을 엎어놓은 것과 유사한 형태의 무덤을 만든다. 그런데 고대 인도사람들은 석가모니처럼 위대하신 분의 무덤을 다른 평범한 사람들의 무덤과 똑같이 만들 수는 없다고 판단한 듯 하다.

그래서 석가모니의 무덤에는 여러가지 장식을 많이 추가하게 된 것이다. 산치대탑도 처음 만들때부터 지금처럼 화려하게 만든 것이 아니라 시간이 흐르면서 계속적으로 여러가지 조각이나 장식들이 추가되었다. 그런 것들의 대표적인 증거가 산치대탑 난간과 출입문의 화려한 조각들이다.

아름: 산치대탑의 꼭대기에 있던 둥근 원반 세 개는 무엇이에요?
호림: 마치 UFO 같았어요.

산치대탑의 최상부에 있는 둥근 원반은 그 곳에 묻힌 분의 고귀함을 나타내는 장식이다. 인도는 더운 나라이기 때문에 왕처럼 신분이 높고 귀하신 분을 모실 때는 반드시 하늘의 태양을 가리는 일산(日傘)을 씌웠다. 그런 전통이 훗날까지 남아서 스투파 위에도 그런 모양으로 장식물을 만들어 둔 것이다.

우리나라도 전통사극을 보면, 궁궐안에 큰 행사가 있을 때나 임금이 행차를 할 때, 임금님의 머리 위로 큰 일산(日傘)을 받쳐들고 있는 장면이 가끔씩 나온다. 각종 의궤에 있는 그림에서도 왕의 자리를 따라다니는 일산을 확인할 수 있다. 또 궁궐의 용상 위쪽이나 사찰의 불상 위쪽을 쳐다보면 매우 화려한 모양의 '닫집' 이라는 것을 볼 수 있다. 닫집은 건물의 내부임에도 불구하고 조그만 지붕을 또 만들어 둔 것인데 이런 '닫집'의 전통 역시 그런 일산의 쓰임에서 유래된 것이다.

중국식으로 해석한 스투파는 고층 목조건물 이었다.

일산(日傘) 모양의 장식을 하늘 천, 덮을 개 자를 써서, 천개(天蓋)라고도 한다. 그런 이유 때문에 '닫집'을 '천개' 라고도 한다. 그런데 그런 스투파가 중국으로도 전해졌는데 중국에서는 스투파라는 인도의 불교문화를 자기식으로 해석을 했다. 중국에서는 귀하신 분을 모신 스투파를 화려하게 장식하는 것뿐만 아니라, 높이 우러러 보기를 원했다. 따라서 중국내의 스투파는 높이 짓기로 한 것이다. 그런데 중국인들이 생각하기에는 높이 짓는 것은 모두 건물이었다. 왜냐하면 건물은 층수를 계속해서 올릴 수가 있었기 때문이다.

아름: 아, 그래서 모든 탑에는 층수가 있고, 게다가 목조건물의 지붕 모양까지 들어가 있군요! 이제, 탑의 모양이 왜 그렇게 생겼는지 이해가 되었어요.

그런 이유 때문에 중국과 우리나라, 그리고 일본의 초기 탑들은 모두 층수가 높은 목조건축물, 즉 목탑이었다. 현재 우리나라에는 문화재로 지정받은 목탑이 딱 한개만 남아있는데, 속리산 법주사에 있는 국보 제

034. 경복궁 근정전 닫집

55호 팔상전이다.

호림: 우리나라에는 목탑이 왜 하나 밖에 없어요?

목탑은 목조건물의 속성상 화재에 매우 취약하다. 1984년까지만 해도 전남 화순 쌍봉사에도 보물 제163호로 지정된 대웅전이 있었는데 이것도 목탑이었고, 따라서 당시에는 법주사 팔상전과 더불어 우리나라에서 단 두개 뿐인 목탑이었다. 그런데 1984년에 일어난 화재로 그만 소실되었고 그 이후로 법주사 팔상전이 문화재로는 유일한 목탑이 된 것이다.

035. 속리산 법주사 팔상전 내부 사천주

아름: 아, 숭례문 화재가 생각나네요. 문화재의 소중함을 다시 한번 알게 되었어요.

참고로 세간에서는 흔히 홀쭉한 고층건물을 탑이라고 부르는 일이 있는데, 정확하게 말하면 그것은 타워(tower)지 스투파는 아니다. 그러므로 사찰에 건립된 탑은 엄밀하게 말하여 '탑파' 또는 '불탑'이라고 표현하는 것이 정확하다고 하겠다.

036. 경주 분황사 모전석탑, 국보 제30호

백제계 탑, 신라계 탑
📍 현재위치: 분황사

아름: 이 분황사 탑은 참 독특하네요. 벽돌로 쌓은 것 같기도 하고, 탑 안쪽으로 들어가는 문도 있어요. 탑은 종류가 몇개나 되나요?

목탑과 전탑은 높은 층수의 건물, 즉 집이다.

탑의 종류는 만드는 재질에 따라서 크게 3가지로 구분이 되는데,
- 나무로 만든 '목탑' 과
- 돌로 만든 '석탑', 그리고

037. 황룡사 9층목탑 모형(국립경주박물관)

- 벽돌로 만든 '전탑'이 그것이다.

우리나라는 삼국시대 때 중국으로부터 불교의 도입과 동시에 탑 문화도 같이 들어왔는데 초기의 탑들은 대부분 크기가 컸다. 왜냐하면 우리나라의 불교가 인도에서 직수입된 것이 아니라 중국을 통해서 들어오다 보니 중국의 높은 누각형 목탑양식을 그대로 도입했기 때문이다.

따라서 그 당시의 탑은 어떻게 보면 우리가 알고 있는 일반적인 형태의 탑이 아니라 높은 층수의 집이라고 보는 것이 더 적절한 표현이다. 대표적인 것이 역사교과서에도 등장하는 경주 황룡사의 9층목탑이었고, 현재까지 유일하게 문화재로 남아있는 것은 조선시대에 만들어진 속리산 법주사의 5층짜리 팔상전이다.

038. 속리산 법주사 팔상전

아름: 그렇다면, 벽돌로 만든 전탑은 높은 층수의 집을 짓되 재료를 나무가 아닌 벽돌을 썼다는 거죠?

중국은 우리와는 달리 옛날부터 벽돌을 이용해서 집을 많이 지었는데 그 이유는 아마도 황하나 양쯔강처럼 큰 강이 많아서 벽돌의 재료인 진흙을 강변에서 쉽게 구할수 있었기 때문인 것으로 보인다.

호림: 목탑과 전탑이 원래 높은 층수의 집에서 출발을 했다면, 석탑의 경우도 돌로 된 높은 층수의 집에서 출발했었나요?

석탑은 우리나라에서만 보편적으로 볼 수 있는 탑이다.

그런데 의외로 중국에서는 석탑을 그다지 찾아볼 수 없고 일본에서도 마찬가지다. 그 말은 곧 석탑이 우리나라의 독특한 양식이란 뜻이다. 그래서 불교문화재를 공부하다 보면 '중국은 전탑의 나라, 일본은 목탑의 나라, 그리고 한국은 석탑의 나라' 라는 말을 자주 듣게 되는데 중국에는 전탑이 많고, 일본에는 목탑이 많고, 그리고 우리나라에는 석탑이 많다는 뜻이다. 우리나라에 특히 석탑이 많은 이유 중의 하나는 기존의 목탑이 재료의 특성상 화재에 취약해서 영원을 지향하는 종교적 염원에 부합하기에는 적합하지 못했던 것으로 보는 것이 타당하다고 하겠다.

우리 선조들은 중국에서 들어온 탑문화를 독창적으로 해석하여 석탑이라는 새로운 분야를 개척했다. 그런 증거를 우리는 국보 제11호인 익산의 미륵사지 석탑에서 쉽게 찾을 수가 있다. 백제지역에 세워진 익산의 미륵사지 석탑을 자세히 살펴보면 마치 목조건물을 보는 것과 같은 착각을 일으킨다. 백과사전에서 미륵사지 탑을 찾아보면 다음과 같이 설명이 되어 있다.

각 면에는 엔타시스 수법을 쓴 모난 기둥을 세웠고,

그 위에 창방(昌枋)과 평방(平枋)을 짜 올렸으며,

다시 두공양식(枓栱樣式)을 모방한 3단의 받침으로 옥개(屋蓋)를 받쳤다.

039. 익산 미륵사지 동석탑 각 면에는 엔타시스 수법을 쓴 모난 기둥을 세웠고, 그 위에 창방(昌枋)과 평방(平枋)을 짜 올렸으며, 다시 두공양식(枓栱樣式)을 모방한 3단의 받침으로 옥개(屋蓋)를 받쳤다.

엔타시스 수법은 곧 위보다 아래쪽이 더 굵은 민흘림기둥이고, 창방과 평방은 기둥위에서 다포식 목조건물의 지붕을 떠받치는 최하부 수평 건축부재를 뜻한다. 게다가 두공양식을 모방했다는 말은 곧 목조건축에서 볼 수 있는, 지붕을 떠 받치는 공포양식을 썼다는 뜻이다.

백제계 탑은 목탑을 모방해서 세운 석탑이다.

좀더 쉽게 설명하자면 미륵사지 석탑은 원래 목조건물인 목탑을 만들려고 하다가, 탑의 모양은 그대로 두면서 탑의 재료만 나무에서 돌로 바꾸었다는 뜻이 된다. 이것에 대한 백과사전의 평가는 다음과 같이 되어 있다.

이 석탑은 각 부분이 작은 석재로 구성되었으며, 그 가구(架構) 수법도 목조건물을 모방하고 있기 때문에 석탑 이전에 목탑(木塔)을 먼저 세웠다는 사실을 증명하는 보기이며, 한국 석탑양식의 기원을 알 수 있는 자료가 된다.

호림: 미륵사지 석탑이 왜 국보로 지정되었는지 알겠어요. 우리나라 최초의 석탑이라는 뜻이죠?

하지만 미륵사지 석탑이 우리나라 최초의 석탑이라고 단정지을 수는 없다. 대신 현존하는 백제계 석탑중에서는 가장 오래된 석탑이라고 할 수 있다. 왜냐하면 신라계 석탑은 백제계 석탑과는 다른 방식을 통해 석탑으로 변화를 하고 있기 때문이다.

신라계 석탑중에서 가장 오래된 석탑은 국보 제30호로 지정된 경주 분황사 탑이다. 그런데 미륵사지 석탑과 분황사 석탑은 모두 건축연대가 뚜렷하지 않다. 익산 미륵사지 석탑은 백제 무왕이 세웠다고 하기 때문에 백제 무왕의 재위연도인 600년~640년 사이로 추정이 되고 있고, 경주 분황사 모전석탑은 분황사가 634년에 만들어졌기 때문에 그 전후에 세워졌을 것으로 보고 있다.

아름: 모전석탑(模塼石塔)이요? 분황사 석탑이 아니고요?

분황사 탑은 그냥 석탑이 아니라 모전석탑이다. 한자로 풀이해 보면 쉽게 그 뜻을 알 수 있다. 모방할 모(模), 벽돌 전(塼)! 모전석탑은 벽돌대신에 돌을 벽돌모양으로 다듬어 쌓은 탑이라는 뜻이다.

신라계 탑은 전탑을 모방해서 세운 석탑이다.

아름: 벽돌을 모방한 석탑? 아, 백제계 석탑은 목탑을 모방해서 세운 석탑이고, 신라계 석탑은 전탑을 모방해서 세운 석탑이구나!
호림: 벽돌은 진흙으로 만들면 편할텐데, 왜 굳이 어렵게 돌을 깎아서 벽돌모양으로 만들어 써요?

전탑의 모델이 되는 벽돌집을 지으려면 우선 재료가 되는 벽돌을 쉽게 그리고 많이 만들어 내야 한다. 벽돌은 진흙으로 만든다. 그런데 중국에서는 황하나 위수, 양쯔강 등 거대한 강들이 많아서 벽돌의 재료인

다량의 진흙을 쉽게 구할 수가 있는데 비해서, 우리나라는 지형조건상 다량의 진흙을 쉽게 구할 수가 없었다. 그런 이유 때문에 우리나라 전통 건물에서는 벽돌집을 거의 볼 수가 없다.

엄마: 맞아요. 우리나라의 수많은 성곽을 봐도 벽돌로 만들어진 성곽은 수원화성이 유일해요.

따라서 전탑을 만드는 과정에서 진흙을 빚어 벽돌을 구워내는 일을, 돌을 다듬어 벽돌을 모방한 모전석(模塼石)으로 대체하였고, 이런 이유 때문에 우리나라만의 독특한 모전석탑을 만들게 된 것이다.

그렇지만 굳이 돌을 다듬어서 벽돌을 만드는 수고로움과 힘든 제작과정 때문에, 모전석탑은 석탑에 비해서 극히 소수로 만들어졌다. 그래도 우리나라 사람들이 워낙 돌을 좋아했고, 또한 석굴암이나 불국사에서 확인할 수 있는 것처럼 돌을 다루는 기술이 발달했기 때문에 모전석탑이 탄생한 것이라고 볼 수 있다.

아름: 목탑을 모방한 백제계 석탑은 비록 돌로 만들어졌지만 목조건물의 건축부재 모양이 그대로 남아 있어서 쉽게 알아볼 수가 있다고 했는데, 전탑을 모방한 신라계 석탑은 전탑의 흔적을 어디서 찾을 수가 있나요?

<u>신라계 석탑에서 전탑의 흔적을 찾을 수 있는 부분은 바로 지붕돌 밑의 층급받침이다.</u>

목탑과 같은 목조건물의 건축부재는 나무로 만들기 때문에 기둥이라든지 창방, 평방 등 건축부재의 크기를 비교적 자유롭게 만들 수가 있지만, 전탑처럼 벽돌로 만드는 건물은 마치 레고블럭처럼 작은 벽돌을 수 없이 쌓아서 만들기 때문에 건축방식에 제약이 많을 수 밖에 없다. 특히 지붕을 만드는 방식에서 차이가 많이 나는데 목조건물의 지붕 밑에는

040. 부여 정림사지 5층석탑, 국보 제9호

공포를 넣어서 지붕을 날렵하게 만들 수 있지만, 벽돌건물의 지붕 밑에는 지붕을 받치기 위해서 벽돌을 계단식으로 한단씩 밖으로 빼 내어야만 한다.

석탑의 지붕돌 밑에 있는 계단식 모양을 층급받침(또는 옥개석받침)이라고 부르는데, 초기 석탑에는 층급받침이 모두 정확히 5개다. 하지만 시

041. 경주 불국사 3층석탑(석가탑), 국보 제21호

백제계 탑, 신라계 탑 | 111

대가 흐를 수록 문화의 양식화가 진행됨에 따라 층급받침의 숫자는 줄어들어서 4개가 나오기도 하고, 3개가 나오기도 하며, 하나의 석탑에서도 층에 따라 다른 경우도 많다.

아름: 아, 그래서 석탑의 지붕돌 밑에는 마치 계단처럼 되어 있구나.

042. 안동 법흥사지 7층전탑, 국보 제16호

그리고 층급받침의 숫자가 5개에 가까울수록 오래된 석탑이다는 말씀이죠? 이제 확실히 알겠어요.

그런 이유 때문에 목탑 계열인 백제계 석탑의 지붕은 느낌이 가볍고 날렵한데 비해서 전탑 계열인 신라계 석탑의 지붕은 상대적으로 무겁고 둔탁한 느낌이 든다. 가장 대표적인 백제계 석탑의 지붕을 보려면 국보 제9호인 부여 정림사지 5층석탑을 보면 되고 가장 대표적인 신라계 석탑의 지붕을 보려면 국보 제38호인 경주 고선사지 3층석탑 또는 불국사 3층석탑(석가탑)을 보면 된다.

한편 우리나라에도 비록 소수이지만 전탑과 모전석탑도 있다. 특히 안동을 중심으로 경상북도 지방에 전탑과 모전석탑이 여럿 남아있는데, 국보 제16호인 안동 법흥사지 7층전탑(신세동 7층전탑)과 국보 제187호인 영양 산해리 5층모전석탑(봉감 5층모전석탑)이 가장 대표적이다.

통일신라(남북국) 시대의 탑

아름: 이제는 목탑 계열의 백제탑과 전탑 계열의 신라탑을 확실히 구분할 수 있을 것 같아요. 그런데 신라가 삼국을 통일했잖아요? 서로 다른 세 나라가 합쳐져서 통일신라라는 한 나라가 되었으면 탑도 분명히 변화가 생겼을 것 같은데, 실제로도 그런 변화가 있었나요?

통일신라시대의 탑의 특징은 쌍탑양식의 출현이다.

역사상 중요한 사건은 문화에도 영향을 미친다. 신라의 삼국통일 즈

음해서도 마찬가지였다. 종래의 불교문화에 변화가 생겼는데 바로 불교 가람배치에서 쌍탑문화가 생겨난 것이다. 신라의 삼국통일 이전 가람배치에서 백제는 '1탑 1금당' 방식이었고, 신라는 '1탑 3금당' 방식이 주류였다. 그런데 신라의 삼국통일을 전후해서 '쌍탑 1금당' 방식이라는 새로운 가람배치가 등장했다. 그 최초의 모델이 문무대왕의 수중릉이 있는 경주 감포 인근의 감은사지인데 금당 앞 마당의 동서 양쪽에 쌍둥이 3층석탑이 생겼다.

아름: 그럼, 불국사의 석가탑과 다보탑도 쌍탑 1금당 형식인가요?
호림: 그건 아닐거야. 왜냐하면 석가탑과 다보탑은 모양이 다르기 때문에 쌍둥이 탑이 아니잖아!

비록 불국사의 석가탑과 다보탑은 쌍둥이 탑은 아니지만 쌍탑형식을 따른 것이 분명하다. 이와 비슷하게는 경주 남산동의 동, 서 3층석탑도 서로 생긴 모양은 다르지만 쌍탑양식으로 봐야 한다.

그리고 시간이 흐르면서 대체로 탑의 규모가 점점 작아지는 경향을 보인다. 예를 들면, 삼국시대 초기의 탑들은 워낙 커서 탑의 몸돌을 통돌 하나로 쓰는 것은 상상도 못했는데 통일신라의 후기로 가면서는 탑의 규모가 점점 작아지면서 탑의 몸돌을 통돌 하나로 쓸 수 있을 만큼 작아졌다.

그 이유로는 초기의 탑들은 목탑이나 전탑처럼 건물을 탑으로 번안했기 때문에 탑은 곧 집이라는 생각이 강했고 그래서 탑의 크기가 거대했던 것이다. 하지만 시간이 흐르면 어떤 문화든지 양식화 과정을 거친다.

즉 원형이 어떠했는지는 잊어버리게 되고 반복해서 나타나는 것만 습관적으로 만들다보니 간략화 되거나 전혀 새로운 형태를 시도하게 되는 것이다.

그런 대표적인 예로 석탑 지붕돌의 아래쪽 층급받침 숫자와 기단부 버팀기둥 숫자에도 변화가 생겼다. 지붕돌 층급받침의 숫자가 초기에는 모든 층에서 5개가 나타났는데, 이것이 점점 줄어들어서 4개, 그리고 심지어는 3개까지 나오기도 하고 또 어떤 경우에는 1층에는 층급받침이 분명 5개인데 비해 2, 3층에는 4개가 섞여 나오기도 한다. 즉 시간이 흐르면서 초기의 정형화된 규칙이 흐트러진 것이다.

또한 기단부 버팀기둥(탱주) 숫자에서도 변화가 보이는데 7~8세기의 석탑에서 상, 하단 기단부의 버팀기둥은 각각 2, 3개 또는 2, 2개 였는데 9세기 후반기로 넘어가면서 1, 2개 또는 더 줄어드는 경향을 보이거나 아예 버팀기둥이 없어지는 경우까지 나타난다. 이런 기단부 버팀기둥 숫자는 탑의 시대구분에 있어 가장 중요한 척도 중 하나이다.

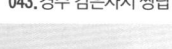

043. 경주 감은사지 쌍탑

뱀의 발 삼국시대 ~ 통일신라시대 석탑의 연대별 정리 (경주소재 국보 석탑은 굵은 글자표시)

세기	시대	건립연도	석탑명칭	문화재 번호	비고
7세기	삼국시대	600 ~ 640년경	익산 미륵사지 석탑	국보 제11호	백제계
		634년경	**경주 분황사 모전석탑**	국보 제30호	모전석탑
		630 ~ 660년경	부여 정림사지 5층석탑	국보 제 9호	백제계
	통일신라	682년	**경주 감은사지 3층석탑**	국보 제112호	쌍탑양식
		686년	**경주 고선사지 3층석탑**	국보 제38호	
		692 ~ 706년경	**경주 황복사지 3층석탑**	국보 제37호	
8세기		756년	**경주 불국사 다보탑**	국보 제20호	쌍탑양식
		750 ~ 760년경	**경주 불국사 3층석탑**(석가탑)	국보 제21호	쌍탑양식
		758년	김천 갈항사지 3층석탑	국보 제99호	쌍탑양식
		780년경	충주 중원 탑평리 7층석탑	국보 제 6호	
9세기		828년	남원 실상사 3층석탑	보물 제37호	쌍탑양식
		865년	철원 도피안사 3층석탑	보물 제223호	
		870년	장흥 보림사 3층석탑	국보 제44호	쌍탑양식,국보
		895년	합천 해인사 길상탑	보물 제1242호	
		9세기 추정	청도 운문사 3층석탑	보물 제678호	쌍탑양식
		9세기 추정	순천 금둔사지 3층석탑	보물 제945호	
		9세기 추정	인제 한계사지 남3층석탑	보물 제1275호	쌍탑양식
		9세기 추정	인제 한계사지 북3층석탑	보물 제1276호	쌍탑양식
		9세기 추정	동해 삼화사 3층석탑	보물 제1277호	
??		통일신라 추정	의성 탑리 5층석탑	국보 제77호	모전석탑
		통일신라 추정	영양 산해리 모전 5층석탑	국보 제187호	전탑
		통일신라 추정	안동 법흥사지 7층전탑	국보 제16호	
		통일신라 추정	창녕 술정리 동3층석탑	국보 제34호	
		통일신라 추정	**경주 나원리 5층석탑**	국보 제39호	
		통일신라 추정	**경주 정혜사지 13층석탑**	국보 제40호	
		통일신라 추정	선산 죽장동 5층석탑	국보 제130호	
		통일신라 추정	남원 실상사 백장암 3층석탑	국보 제10호	
		통일신라 추정	구례 화엄사 4사자 3층석탑	국보 제35호	
		통일신라 추정	산청 범학리 3층석탑	국보 제105호	
		통일신라 추정	**경주 장항리사지 5층석탑**	국보 제236호	쌍탑양식
		통일신라 추정	양양 진전사지 3층석탑	국보 제122호	

고려시대 이후의 탑

아름: 고려시대 이후에는 석탑이 어떻게 바뀌나요? 고려시대에는 불교가 국가의 공식종교였기 때문에 탑을 포함해서 불교문화가 이전보

다 훨씬 더 발전했을 것 같은 생각이 들어요.

일반인들의 생각과는 달리 고려시대에 들어서면서 석탑의 조형미는 이전시대보다 많이 떨어진다. 그것은 우리나라 석탑을 연대별로 정리한 표를 보면, 쉽게 눈으로 확인할 수 있는데. 통일신라시대 이전의 석탑과 고려시대 이후의 석탑들을 비교해 봤을 때 어느 쪽에 국보급 문화재가 많은지 확인해 보면 된다.

고려이후의 탑의 조형미는 선종의 영향으로 이전시대보다 많이 떨어지게 된다.

고려시대가 불교를 국교로 했음에도 불구하고 석탑의 조형미가 떨어지는 이유는 불교의 사상적 변화에서 이유를 찾을 수 있다. 삼국시대와 통일신라시대 중반까지의 불교는 교종이 대세를 이루었지만 통일신라 말기부터는 선종이 주도권을 잡기 시작했다. 신라말기 이후 불교 종파의 역사적 변천을 살펴보면 아래와 같다.

1. 5교9산

신라 말기부터 고려 초기의 불교의 종파는 크게는 교종과 선종으로 나뉘는데, 이 중에서 부처의 가르침인 불교경전연구를 중시하는 교종(敎宗)은

-보덕의 열반종(涅槃宗),
-자장의 계율종(戒律宗),

-원효의 법성종(法性宗),

-의상의 화엄종(華嚴宗),

-진표의 법상종(法相宗)

이렇게 5개 종파로 나누어졌고 이를 '5교'라 했다.

한편 산사에서 선수행(禪修行)을 통해 구도에 힘쓰는 선종(禪宗)은

-남원 실상사를 중심으로 하는 실상산문(實相山門),

-장흥 보림사를 중심으로 하는 가지산문(迦智山門),

-곡성 태안사를 중심으로 하는 동리산문(桐裡山門),

-영월 흥녕사를 중심으로 하는 사자산문(獅子山門),

-강릉 굴산사를 중심으로 하는 사굴산문(闍崛山門),

-문경 봉암사를 중심으로 하는 희양산문(曦陽山門),

-창원 봉림사를 중심으로 하는 봉림산문(鳳林山門),

-보령 성주사를 중심으로 하는 성주산문(聖住山門),

-해주 광조사를 중심으로 하는 수미산문(須彌山門)

의 9개 산문을 중심으로 활동을 하였는데 이를 '9산'이라 했다.

2. 5교양종

그러던 것이 고려 중기에 이르러 대각국사(大覺國師) 의천(義天, 1055~1101)이 선(禪) 중심 종파인 천태종(天台宗)을 중국으로부터 수입하여 이 땅에 뿌리내리면서 강력한 불교통합운동을 펼치자, 종래의 선종의 9산은 단결하여 조계종(曹溪宗)이라 개칭했다.

이로써 선종은 천태종과 조계종 두 종파로 재편되었고, 종래 교종의

5교와 더불어 '5교 양종'으로 불리게 되었다.

3. 선교양종

그러나 조선시대에 들어서면서 불교에 대한 억압정책이 강화되어 모든 종파가 강제로 통·폐합되어 세종때에는 선종과 교종, 이렇게 두개의 종단만이 남게 되었다. 그러나 이것마저도 국가정책에 의해 이름마

044. 경주 불국사 다보탑과 석가탑

저 박탈되어 결국 선교양종은 종(宗)도 없고 파(派)도 없는 지경에 이르고 말았다. 하지만 양종에서는 여전히 유능한 인물들이 끊이지 않고 출현하여 법맥을 이어갔는데, 특히 조계종계의 선종에서 적지않은 인물들이 배출되어 조선중기 이후의 암흑기를 거치면서도 그 명맥을 이어나갈 수 있었다.

호림: 교종? 선종? 불교의 종파와 불교미술이 무슨 상관관계가 있나요?

교종은 부처님의 말씀인 불교경전에 근거를 두기 때문에 가급적이면 불경내용을 그대로 형상화 하려고 노력을 많이 한다. 대표적인 예가 불국사의 석가탑과 다보탑인데, 주요 불교경전중의 하나인 법화경(원제:묘법연화경)에 보면 석가여래가 법화경 내용을 설법할 때, 그 옆에 다보여래가 탑 모양으로 솟아나서 석가여래의 설법내용이 모두 옳다고 증명한다는 구절을 그대로 형상화 한 것이다. 그래서 석가탑의 원래 이름은 '석가여래 상주설법탑' 이고, 다보탑의 원래 이름은 '다보여래 상주증명탑' 이다.

반면에 선종은 부처님의 마음을 이해하고 깨달음을 얻는 것이 목적이기 때문에 불경에 의존하기 보다는 참선이나 좌선을 통해 자기안의 불성을 찾으려고 한다. 그래서 미술적인 측면에서 보았을 때는 선종의 종교적 표현력이 교종에게는 크게 못미치는 결과가 나오는 것이다.

엄마: 그래도 선종만이 가지는 미술적인 특징이 있을 것 아니에요?

045. 개성 경천사지 10층석탑 (국립중앙박물관) 　　**046.** 서울 원각사지 10층석탑

고려시대 이후의 탑 | 121

고려이후 선종의 영향으로 인해 불탑 보다는
승탑인 부도의 등장이 두드러진다.

　선종은 부처님의 깨우침을 마음에서 마음으로 전달하기 때문에 법을 물려주는 스승과 이어 받으려는 제자와의 관계가 아주 특수하다. 부처님의 근본 깨우침, 즉 불법을 마음으로 전하는 스승을 불교에서는 조사(祖師)라고 부르는데, 부처님에 버금가는 수준으로 극진하게 모신다.
　따라서 스승인 큰스님의 사리나 유골을 봉안한 부도(浮屠)[승탑(僧塔)]라는 조형물이 부처님을 모신 불탑과 비슷한 수준으로 만들어지고 예배의 새로운 대상이 된다.

　엄마: 그래서 부도를 불탑과 구분하기 위해서 승탑이라고 하는군요. 그런데 고려시대나 조선시대에도 국보 제86호인 경천사지 10층석탑이나 국보 제2호인 원각사지 10층석탑 같은 멋있는 탑이 만들어지잖아요?
　아름: 아, 국립중앙박물관에 실내에 있던 그 경천사지 10층 석탑!

고려말 원나라의 영향으로 경천사지 10층석탑과 같은
이색적인 탑이 만들어진다.

　경천사지 10층석탑은 고려말에 원나라의 영향으로 만들어진 탑이다. 원나라의 영향을 받았다는 것은 결국 우리 전통불교가 아닌 라마불교(티벳불교)의 영향을 받았다는 뜻으로 라마불교는 밀교를 바탕으로 하기 때문에 우리의 전통불교사상과는 다른 점이 매우 많다.

그렇기 때문에 우리의 전통탑과는 전혀 다른 양식의 탑인데 재질도 화강암이 아닌 대리석으로 만들어졌고, 10층이라는 탑의 층수도 양수가 아닌 음수로 만들어졌다. 그리고 조선 전기의 원각사지 10층석탑은 경천사지 10층석탑을 그대로 모방해서 만든 탑이다.

뱀의 발 고려시대 이후 석탑의 연대별 정리

세기	시대	건립연도	석탑 명칭	문화재 번호	비고
10세기	고려초기	900 ~ 920년경 10세기 추정 10세기 추정	김제 금산사 5층석탑 김제 금산사 6각 다층석탑 평창 월정사 8각 9층석탑	보물 제25호 보물 제27호 국보 제48호	국보
	고려시대	1009년 1010년 1022년 1031년 1045년 1085년 1109년 1181년 1280년 1348년	영암 성풍사지 5층석탑 예천 개심사지 5층석탑 제천 사자빈신사지 석탑 칠곡 정도사지 5층석탑 서울 홍제동 5층석탑 원주 법천사지 지광국사탑 밀양 소태리 5층석탑 밀양 만어사 3층석탑 제주 불탑사 5층석탑 개성 경천사지 10층석탑	보물 제1118호 보물 제53호 보물 제94호 보물 제357호 보물 제166호 국보 제101호 보물 제312호 보물 제466호 보물 제1187호 국보 제86호	국보(승탑) 국보
		고려시대 추정 고려시대 추정	개성 남계원지 7층석탑 익산 왕궁리 5층석탑	국보 제100호 국보 제289호	국보 국보
	조선시대	1466년 1470년 1784년 17세기 전반	서울 원각사지 10층석탑 서울 창경궁 8각7층석탑 산청 대원사 다층석탑 보은 법주사 팔상전	국보 제2호 보물 제1119호 보물 제1112호 국보 제55호	국보 국보(목탑)

탑의 세부명칭

아름: 탑은 왜 4층석탑이 없나요?

호림: 저도 궁금한 것이 있는데요, 탑의 평면을 보면 대부분 4각형이잖아요? 왜 3각형이나 5각형탑은 없어요?

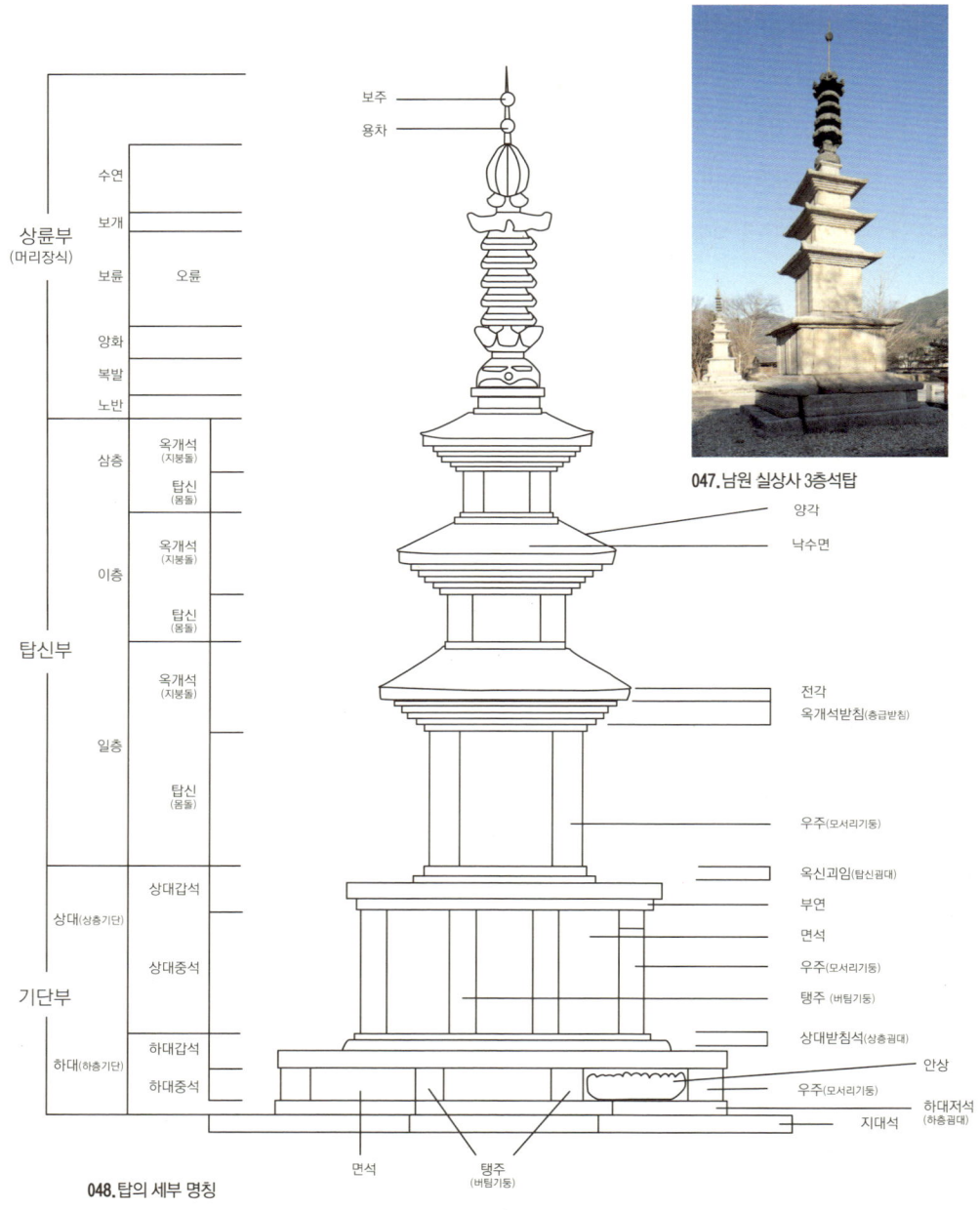

047. 남원 실상사 3층석탑

048. 탑의 세부 명칭

탑의 층수가 홀수로만 된 이유

우리나라의 불교는 중국을 통해서 들어오다보니 자연히 동아시아에 공통적으로 퍼져있는 음양오행사상도 불교문화에 자연스럽게 녹아들어가게 되었다. 일단 탑의 층수에 왜 짝수층이 없는지 알아보자.

탑의 뾰족한 끝은 하늘을 향하고 있다. 음양오행에서 하늘은 '양'이고 땅은 '음'이다. 그래서 하늘을 향하고 있는 탑의 층수는 '양수'인 홀수로 만든다. 그래서 3층탑, 5층탑, 7층탑, 9층탑이 있어도 2층탑, 4층탑, 6층탑은 없다.

> 아름: 하지만 경천사지 10층석탑과 원각사지 10층석탑은 '음수'인 짝수로 층이 만들어져 있어요.

경천사지 10층석탑과 원각사지 10층석탑은 우리 고유의 탑이 아니라 고려말 원나라를 통해 들어온 티벳의 라마불교 영향이 컸다. 그렇기 때문에 우리의 전통탑 계열에서 벗어난 예로 볼 수 있다. 하지만 그 석탑들도 자세히 살펴보면, 두개의 서로 다른 모양이 합쳐져 하나의 탑이 된 것을 알 수 있는데, 아래쪽의 3층짜리 탑과 위쪽의 7층짜리 탑으로 구분이 된다.

10층석탑을 제외하고 유일하게 짝수로 되어 있는 석탑중에 8층석탑이 몇 있다. 그런데 이런 8층석탑들은 대부분 20세기 이후에 만들어진 탑이고, 굳이 탑의 층수를 8층으로 만든 이유는, 불교에서 말하는 8정도를 상징하기 위한 것이라고 한다. 하지만 적어도 우리 선조들이 만들었던, 문화재로 지정된 탑중에는 8층짜리 탑은 없다고 보면 된다.

한편, 하늘에서 내려다보면 탑은 땅 위에 서 있고, 그래서 탑의 평면은 땅을 뜻하는 '음수'인 짝수로 만든다. 그래서 탑의 평면은 4각형 또는 8각형의 탑이 대부분이고, 3각형이나 5각형, 7각형의 탑은 없다.

탑의 층수를 세는 요령

호림: 탑의 층수를 셀 때 몇층인지 헷갈릴 때가 있어요. 탑의 층수를 쉽게 세는 요령도 있나요?

049. 충남 서천의 비인 5층석탑, 보물 제224호

탑은 얼핏보면 탑을 지지하고 있는 기단도 한층으로 보기가 쉽다. 하지만 탑의 층수에 기단은 포함되지 않는다. 법주사 팔상전과 같은 목조 건물에서도 기단은 층수에 포함되지 않는 것과 마찬가지다.

그래서 탑의 층수를 셀 때에는 지붕돌의 갯수만 세면 된다. 그런데 간혹 지붕돌이 2개 혹은 4개만 있는 경우가 있다. 이런 탑들은 대부분 한 번 이상 쓰러진 것을 다시 세운 탑들로 지붕돌의 일부가 파괴되거나 없어진 것이다. 따라서 이런 탑들은 지붕돌이 2개면 3층석탑, 4개면 5층석탑으로 부른다. 가장 대표적인 것이 보물 제224호인 충남 서천의 비인 5층석탑인데, 지붕돌이 4개뿐이다.

탑은 상륜부, 탑신부, 기단부로 3등분 된다.

아름: 탑의 꼭대기에 있는 원기둥 모양의 장식을 뭐라고 하나요?
호림: 마치 꼬치구이 같아요.

탑은 크게 3부분으로 나눌 수 있는데 가장 아래쪽에서 탑을 지지하는 부분을 '기단부'라고 하고, 가운데 탑의 몸통 부분을 '탑신부'라고 하고, 그 위의 가장 위쪽을 '상륜부(머리장식)'라고 한다. 상륜부에는 그 중심에 찰주라고 하는 쇠꼬챙이가 있어서 상륜부를 구성하고 있는 여러가지 장식들을 지지해 주는 역할을 하고 있다.

상륜부는 당연히 탑을 장식하는 역할을 한다. 하지만 상륜부가 그냥 예쁘게만 보이려고 만들어진 것은 아니다. 상륜부의 구성품 중에서 가장 큰 원반모형인 '보개(寶蓋)'라는 것이 있는데, 그것은 인도의 산치대탑의 꼭대기에 있던 장식과 같은 것이다. 즉 그 아래 모신 분이 존귀하신 분임을 나타내는 의미를 함께 지니고 있다.

 그리고 상륜부의 가장 아래쪽에는 네모난 상자모양과 그 위에 엎어진 사발모양이 있는데 그것을 각각 노반(露盤)과 복발(覆鉢)이라고 부른다. 그런데 저 노반과 복발을 확대해서 엄청나게 큰 것이라고 상상을 해 보자. 그리고 노반에는 화려한 난간과 장식이 많이 새겨져 있다고 상상해 보자.

 화려한 난간과 장식을 한 커다란 돌기단 위에 올라간 반원형 봉분! 그렇다면 어디선가 많이 본 모습이지 않은가? 바로 산치대탑의 모습이다.

050. 남원 실상사 3층석탑(동쪽) 상륜부

인도나 중국에서는 부처님과 같이 위대하신 분들의 무덤을 높이 떠받드려는 경향이 있다고 했다. 그래서 무덤을 계속 돋보이게 하려고 노력을 했고 특히 중국에서는 집의 층수를 높이려고 했다. 결론적으로 탑에서 실제 무덤에 해당되는 부분은 바로 노반 위의 복발이라고 볼 수 있는데 그 전통이 흔적으로 남은 것이다.

탑의 중앙인 탑신부는 '지붕돌' 과 '몸돌' 로 이루어져 있다.

아름: 탑의 몸통 부분을 탑신부라고 하셨죠? 설명에는 옥개석, 탑신석 이렇게 되어 있는데 용어가 너무 어려워요. 쉽게 설명해 주세요.

문화재 용어에는 한자가 많아서 일반인들이 이해하기가 쉽지 않은 것이 많다. 그래서 최근에는 문화재 용어를 한글로 바꾸려는 노력을 많이 하고 있다. 옥개석은 집 옥(屋), 덮을 개(蓋), 돌 석(石)인데, 지붕모양으로 만들어 덮는 돌을 뜻한다. 그래서 옥개석을 최근에는 한글로 그냥 '지붕돌' 이렇게 부른다. 그리고 탑신석은 글자 그대로 탑의 몸돌이라는 뜻이므로, 한글로 '몸돌' 이라고 부른다.

호림: 그런데 몸돌의 양쪽 가장자리에는 사각기둥 모양이 새겨져 있는데 왜 그렇게 만들었나요?

탑신석, 즉 몸돌 가장 끝쪽에 있는 사각기둥을 모서리 우, 기둥 주자를 써서 우주(隅柱)라고 부르고, 우리말로는 '모서리 기둥' 또는 '귀기둥'이라고 부른다. '모서리 기둥'은 탑의 몸돌이 목탑에서 나온 것이라고 말해주는 흔적이다. 목탑은 원래 목조건물이므로 당연히 기둥과 지붕으로 만들어져 있고 바로 그것을 나타낸 것이다.

다만 탑의 몸돌을 만들 때 실제 기둥만을 남겨놓고 가운데를 다 비워두게 되면 만들기도 어려울 뿐더러, 구조적으로도 불안정해지므로 그냥 기둥모양만 흔적으로 남겨둔 것이다. 하지만 탑 중에는 다보탑처럼 실제 기둥만 남겨놓고 가운데를 비워 둔 탑도 있다.

신라계 탑과 백제계 탑은 기단부에서 큰 차이를 보인다.

아름: 탑을 지탱하는 기단부에는 모서리 기둥 이외에도 가운데에 기둥이 더 있어요.

모서리 기둥의 안쪽에 나오는 기둥을 지탱한다고 할 때의 버틸 탱자를 써서 탱주(撐柱)라고 하는데, 우리말로는 '버팀기둥'이라고 한다. 그리고 기단부분도 탑에 따라서는 2중으로 된 기단도 있고, 1단으로 된 기단도 있다. 대체로 백제계의 탑들은 1단으로 된 단층기단이 많고, 신라계의 탑들은 2중기단이 많다.

그리고 백제계의 탑들은 기단의 폭이 1층 지붕돌의 폭보다 좁은 경우가 많은 반면에, 신라계의 탑들은 기단의 폭이 1층 지붕돌의 폭보다 넓은 것이 특징이다. 그렇기 때문에 백제계의 탑은 하늘로 날아가는 듯한 날렵한 상승감의 느낌을 주고, 신라계의 탑은 땅에 든든하게 뿌리를 내린 듯한 푸근하고 안정적인 느낌을 준다.

백제계 탑의 특징인 '1층 지붕의 폭보다 좁은 기단의 폭'은 목탑을 석탑으로 번안한 것 때문으로 해석되기도 한다. 목조건물 기단의 끝이 처마의 끝보다 안쪽에 만들어지는 것은 상식중의 상식이다. 왜냐하면 기단의 끝이 처마 끝보다 더 바깥쪽에 만들어진다면 처마끝에 떨어진 빗방울은 돌기단 위에 떨어진 뒤 튀어서 옆에 있는 나무기둥 아래쪽을 적시게 되고, 당연히 목조기둥은 썩기 때문이다.

경주에 있는 8개의 국보 석탑 비교하기

📍 **현재위치: 분황사**

엄마: 탑에 대한 이론은 충분히 공부했으니 이제부터는 실제 답사를 하면서 탑을 살펴봐요.

051. 경주 석탑의 비교분석표

탑이름	분황사 모전석탑	고선사지 3층석탑	감은사지 3층석탑	나원리 5층석탑	황복사지 3층석탑	장항리사지 5층석탑
문화재지정번호	국보30	국보38	국보112	국보39	국보37	국보236
조성시기	7c(634?)	7c(686?)	7c(682?)	8c(704?)	7c(692?)	8c 초?
쌍탑형식			○			○
높이(m)	9.3+@	10.2	13.4(찰주)	8.8	7.3	9.1
탑의층수	3+@	3	3	5	3	5
층급받침 (1,2,3층)	6,6,6	5,5,5	5,5,5	5,5,5,5,5	5,5,5	5,5,5,5,5
1층 탑신 돌의갯수		8	8	4	1	1
상층탱주		2	2	2	2	2
하층탱주		3	3	3	2	2
	형성기			변화기		

아름: 지금 우리 앞에 분황사 탑이 있으니 이 탑부터 시작해야겠죠?

경주지역 석탑들을 효과적으로 답사하기 위해 아래의 표를 자세히 살펴보자. 이 표를 만든 목적은 우리가 분석하고자 하는 개별 석탑들을 비슷한 시기와 공간속의 석탑들과의 상호비교를 통해 좀 더 정확하게 분석할 수 있기 때문이다. 주요 분석대상은 7~8세기의 경주의 국보급 석탑들이며, 비교를 위해 9세기의 보물급 석탑 셋을 추가했다.

다만 최근 경주시로 편입된 안강읍 소재의 정혜사지 13층석탑(국보 제40호)은 완전한 이형석탑이라 비교분석이 어렵기 때문에 이번 비교논의에서는 제외키로 한다.

우선 앞서 알아본 바와 같이 대체로 탑의 조성시기가 늦어질수록 탑의 크기는 작아지는 경향을 알 수 있다. 때문에 고선사지 3층석탑과 감

탑이름	불국사 3층석탑 (석가탑)	다보탑	남산동 서3층석탑	효현동 3층석탑	용장사곡 3층석탑
문화재지정번호	국보21	국보20	보물124	보물67	보물186
조성시기	8c(751?)	8c(751?)	9c?	9c?	9c?
쌍탑형식	○	○	○		
높이(m)	10.4	10.5	5.6	3.9	4.42
탑의층수	3	?	3	3	3
층급받침 (1,2,3층)	5,5,5		5,5,5	4,4,4	4,4,4
1층 탑신 돌의갯수	1		1	1	1
상층탱주	2		1	1	1
하층탱주	2		2	1	1
	완성기				

은사지 3층석탑 같은 초기의 거대한 탑들에서는 1층 탑신(몸돌)을 만들기 위해 외부에 4면의 모서리 기둥(우주)과 그 사이의 면석을 각각 별도로 만들었기 때문에 총 8개의 돌이 필요했고, 그 안쪽에는 수많은 잡석들로 공간을 채웠다.

하지만 나원리 5층석탑은 4면의 모서리 기둥과 면석을 한세트로 묶어서 만들었기 때문에 총 4개의 돌이 필요했다. 탑의 구조를 단순화하려는 첫 변화가 감지된다.

그런데 그 이후의 나머지 석탑들은 완전히 단순화되어 모두 1개의 통돌로써 1층 탑신을 만들었음을 알 수 있다. 즉, 탑신의 모서리 기둥은 모두 기둥의 흔적만을 남기는 것으로 표현하게 되었다. 더 시기가 늦어지면 탑신뿐만 아니라 지붕돌마저도 한세트로 묶어서 한돌로 표현하기도 한다.

그리고 백제계 석탑의 특징이 단층기단이라면, 신라계 석탑의 기단은 2중기단이라는 것이 특징적인데, 상, 하층 기단에 있는 버팀기둥(탱주)의 숫자는 석탑의 시대구분에서 매우 중요한 척도로 사용된다. 특히 하층기단의 탱주가 3개면 석탑의 조성시기는 7세기 또는 늦어도 8세기 초로 볼 수 있으며, 이는 가장 오래된 석탑의 범주안에 들어가는 것을 의미한다. 이런 탱주가 처음으로 2개로 줄어드는 것이 황복사지 3층석탑이다.

한편 하층기단, 상층기단, 그리고 탑신들 사이에는 그 위의 석탑부재들을 받쳐주는 고임돌(굄대)이 끼어있는데 그 모양이 네모진 각형(角形)과 둥근 모양의 호형(弧形), 두 모양이 함께 있는 호각형(弧角形)으로 나뉘고, 굄대의 숫자도 시대에 따라 차이를 보인다.

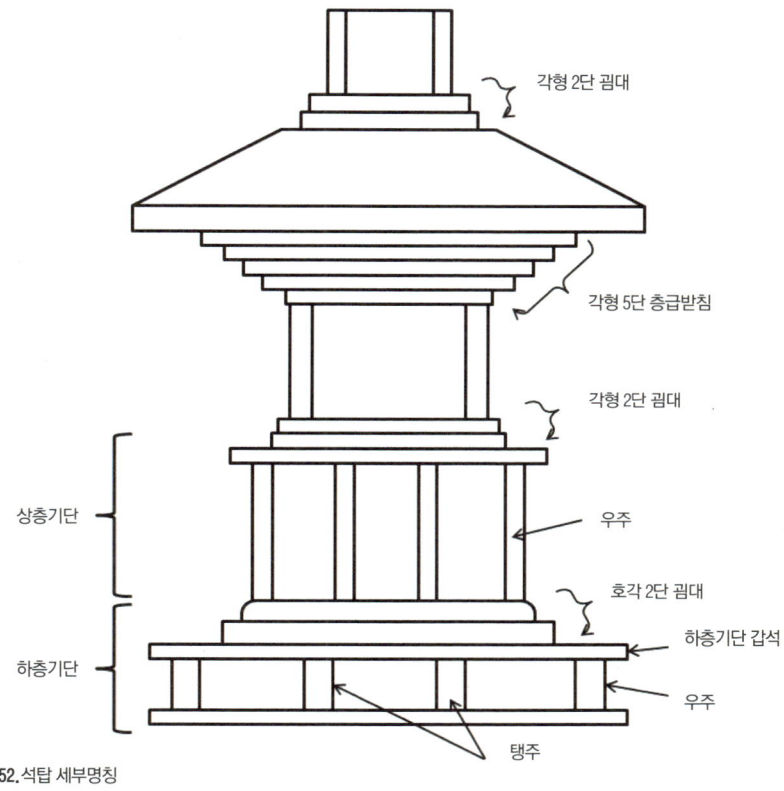

052. 석탑 세부명칭

형성기: 신라계 석탑의 기원 – 분황사 모전석탑
원효와 자장이 거쳐간 전통의 사찰

앞서 살펴본 바와 같이 분황사 모전석탑은 신라석탑의 기원을 이루는 탑으로서 신라석탑의 발달사를 연구하는데 있어서 없어서는 안될 매우 중요한 탑이다. 따라서 신라석탑의 답사는 반드시 분황사 모전석탑에서 출발해야 한다.

분황사 모전석탑은 신라 선덕여왕 3년(634)에 분황사 창건과 함께 만들어진 것으로 추측된다. 지금의 분황사는 작고 아담한 크기이지만 처음부터 작은 절은 아니었다. 삼국사기와 삼국유사에도 당당히 기록이 되어있는 절인데, 불교가 크게 중흥했던 신라의 전성기와 함께 한 사찰이면서 신라 고승의 대명사인 원효대사와 자장율사가 거쳐가기도 했다.

　특히 원효대사는 이 곳에서 저술 활동을 하여 많은 저작을 남겼고, 원효 사망 후에 그의 아들인 설총이 원효의 유해로 상(像)을 만들어서 이곳에 봉안했다고 하는데, 원효의 뼈를 부수어 만들었다는 그 소상(塑像)은 고려시대까지 분황사에 남아 있었다고 일연이 삼국유사에 전하고 있다. 또 643년에 자장율사가 당나라로부터 대장경 일부와 불전(佛殿)을 장식하는 번(幡), 당(幢), 화개(花蓋) 등을 가지고 귀국하자 선덕여왕은 그를 분황사에 머무르게 한 뒤 극진히 대접하였다고 한다.

　하지만 그런 오랜 전통의 사찰이었던 분황사는 고려 말 몽골 제국의 침략과 조선시대 임진왜란을 거치면서 사찰의 대부분이 사라졌는데 분

황사 모전석탑도 원래는 9층이었지만 임진왜란 때 크게 훼손되었다고 동경잡기(東京雜記)는 전하고 있다.

분황사 모전석탑에서 찾아보는 전탑, 목탑의 흔적

분황사 모전석탑은 전체적으로는 한 변의 길이가 약 13m, 높이 약 1m인 막돌 단층기단 위에 회흑색의 안산암(安山岩)을 작은 벽돌모양으로 잘라 전탑양식으로 탑을 쌓아 올렸는데, 일제강점기인 1915년에 일본인들에 의해 해체수리되어 현재는 3층까지만 남아있다.

1915년 조선총독부에서 수리할 때 2층과 3층 사이에 들어 있던 사리함을 꺼냈는데, 함 안에는 각종 옥류, 가위, 은바늘 및 숭녕통보, 상평오수 등 고려시대의 중국주화가 발견되었다.

분황사 탑은 모전석탑이라서 당연히 전탑의 양식과 석탑의 양식도 볼 수 있지만 심지어 목탑의 흔적도 찾아볼 수 있다. 1층 탑신에는 4면에 감실을 만들었는데, 감실은 곧 1층 탑신의 내부공간이 된다. 이렇게 1층 탑신 4면에 감실을 만든 예는 목탑양식을 충실히 따르는 백제계 석탑의 기원인 미륵사지 석탑에서도 찾아볼 수 있다.

아름: 기단위 네 귀퉁이에 동물들이 하나씩 있는데, 탑에 동물이 있는 것은 다보탑하고 비슷한 것 같아요. 여기의 동물도 다보탑처럼 모두 사자인가요?

불교의 교리대로 해석하자면 불탑을 수호하는 동물은 모두 사자로 보는 것이 타당하다. 그런데 유독 동해쪽을 바라보는 두 개는 물개처럼 생겨서 물개라고 주장하는 사람도 있는데 동해바다와 연관을 지어 생각하기 때문이다.

호림: 물개 중에는 바다사자도 있어요. 결국은 모두 사자로 볼 수도 있겠네요.

전체적으로 이 탑의 탑신은 석탑에서 볼 수 있는 모서리 기둥이 없고, 지붕은 위아래가 모두 층단을 이루고 있어서 외관상으로는 전형적인 전탑의 모습이다. 게다가 1층 탑신은 높이가 매우 높지만 2층부터는 탑신

054. 경주 분황사 모전석탑의 사자상

높이가 현저하게 줄어들어서 지붕을 여러층으로 올린 모습을 하고 있는데 이러한 특징은 우리나라의 전탑이나 모전석탑에서 공통적으로 나타나는 현상이다.

또한 이 탑에서 눈여겨볼 것 중의 하나는 감실 입구의 양쪽을 지키고 있는 '인왕상'이다. 탑신의 동서남북 4면에 입구가 뚫려져 있는 감실 입구 좌우에 인왕상을 배치하고 두 짝의 돌문을 달아 여닫게 했는데, 지금까지 우리나라에 남아 있는 인왕상 중에서 가장 오래된 것으로 본다. 이 인왕상을 바탕으로 한 세기 후인 8세기 중엽에 만들어진 석굴암의 인왕상에 이르러서는 그 조각 수법이 최고 절정에 다다른다. 이 인왕상은 모두 8구이고 반라(半裸)인데 자세히 보면 옷무늬가 각기 다르다.

055. 경주 분황사 모전석탑의 감실입구

형성기: 신라계 석탑 ver 1.0 – 고선사지 3층석탑
📍 현재위치: 국립경주박물관 뒤뜰

고선사지 3층석탑은 원래 경주시 암곡동에 있던 고선사터에 있었으나 그 자리가 덕동댐 건설로 인해 물에 잠기게 되자 1975년에 현재의 위치인 국립경주박물관으로 옮겨졌다.

고선사는 원효가 머물렀던 사실이 있고 또한 그의 입적(入寂)이 신라 신문왕 6년(686)이므로 고선사지 3층석탑의 건립연대는 대체로 이때로 보는 것이 학계의 정설이다.

056. 경주 고선사지 3층석탑, 국보 제38호

고선사지 3층석탑과 감은사지 3층석탑의 공통점

 그런데 고선사지 3층석탑과 규모나 제작수법이 거의 비슷한 탑이 있으니 그것은 바로 감은사지 3층석탑이다. 감은사 역시 신라 신문왕 2년(682)에 창건되었으므로 감은사지 3층석탑과 고선사지 3층석탑의 규모와 제작수법이 닮은 것은 어쩌면 당연한 일인지도 모른다.

 그렇다면 고선사지 3층석탑과 감은사지 3층석탑의 의미와 공통된 제작수법은 무엇일까? 우선 두 석탑 모두 전탑계열의 분황사 모전석탑을 거치면서 최초의 전형적인 석탑형식을 갖춘 점에서 의미를 찾을 수 있다. 이번에는 구체적으로 두 탑에 공통적으로 적용된 제작수법을 하나씩 살펴보자.

1. 2중기단

 우선 석탑의 하단부에 2중의 기단이 자리를 잡았다. 이는 단층기단이 정형화된 백제계 석탑과 확실하게 차별화되는 부분이다. 그리고 그 이중기단의 너비는 탑신부의 최대폭보다 더 넓다. 따라서 전체적으로 신라석탑은 삼각형의 모습을 보인다.

 반면 백제계 석탑은 단층기단의 너비가 탑신부의 최대폭보다 좁은 경우가 많다. 이는 백제계 석탑이 목탑계열이어서 기단이 처마보다 안쪽에 있어야만 처마에서 떨어지는 빗방울이 기단위로 튀지 못하게 하는 목조건축물의 특성을 잘 반영하고 있는 것이다. 따라서 전체적으로 백제계 석탑은 오각형의 모습을 보인다.

 그럼 왜 신라계 석탑은 대부분이 2중기단인데 백제계 석탑은 단층기단일까? 그 이유는 탑의 층수에서 확인할 수 있다. 일부의 예를 제외하고 대부분의 신라계 석탑은 3층석탑인 반면, 백제계 석탑은 5층 이상이다. 따라서 신라계 석탑은 탑의 조형적인 면에서 백제계 석탑에 비해 상승감이 떨어지는데 이를 적절히 보완하는 것이 바로 높은 2중의 기단인 것이다.

2. 하층기단 3개의 탱주

기단부의 버팀기둥(탱주)을 하층기단에는 한면에 3개씩을, 상층기단에는 한면에 2개씩을 조성했다.

석탑의 부재수를 직접 확인해 보는 것이 매우 중요하다.

3. 12매의 지대석+하층기단 면석

지대석(地臺石)과 하층기단 면석(面石)을 같은 돌 12매로 구성했다. 지대석은 탑의 가장 아래쪽에 있는 돌로서 탑이 세워질 지면을 단단하게 다진 후에 놓여진다. 그런 지대석과 하층기단의 면석이 독립되지 않은 같은 돌로 되어있으면서 총 12매로 구성된 것이다. 크기는 네 모퉁이의 것이 가장 크고 그 사이에 두개씩의 면석이 들어가 있다. 즉, 지대석과 하층기단은 위아래로 분리되지 않고 12개의 세트로 묶여있는 셈이다.

여기서 한가지 꼭 명심할 점은 고선사지 3층석탑과 같이 오래된 탑일수록 탑의 부재수를 직접 확인해 보는 것이 매우 중요하다는 사실이다. 탑을 몇바퀴 돌더라도 부재수는 꼭 확인해보는 습관을 가지자.

4. 12매의 하층기단 갑석+상층기단 면석

하층기단의 갑석(甲石)과 상층기단 면석은 다른 돌 12매로 구성했다. 이 말은 하층기단과 상층기단은 물리적으로 완전히 상, 하 구분되어 있다는 것을 뜻한다.

면석은 상층기단과 하층기단의 중심부분인 네 면을 이루는 벽체부분을 뜻하고, 갑석은 대석(臺石) 위에 올려놓는 납작한 돌인데, 대석이나 석대를 평탄하게 하는 역할을 한다. 쉽게 표현하자면 덮개돌 쯤으로 이해하면 된다.

5. 8매의 상층기단 갑석

상층기단 갑석은 8매로 구성했다. 하층기단과 비교했을 때, 상층기단의 갑석이 12매에서 8매로 줄어든 이유는 하층기단의 버팀기둥(탱주)이 3개인데 비해서 상층기단의 탱주는 2개이기 때문이다.

6. 8매의 1층 몸돌

탑신부의 1층 몸돌(옥신, 屋身)은 모서리 기둥(우주, 隅柱)과 면석을 각각 다른 돌 8매로 구성했다. 하지만 층수가 올라갈수록 몸돌의 크기가 줄어들기 때문에 2층 몸돌은 각 면 1매씩의 4매로 구성했고 3층 몸돌은 아예 통돌 1개로 구성했다

7. 4매씩의 독립된 지붕돌과 받침

한편, 지붕돌(옥개, 屋蓋)은 지붕돌과 받침을 각각 다른 돌 4매씩으로 구성했다.

8. 5단의 지붕돌받침

지붕돌받침(옥개받침)은 정확히 모든 층에서 5단으로 구성했다.

고선사지 3층석탑과 감은사지 3층석탑의 차이점

하지만 두 석탑이 완전히 똑같지는 않다. 감은사지 3층석탑과는 달리 고선사지 3층석탑의 1층 몸돌에는 문(門)을 의미하는 장엄장식인 문비(門扉)가 조각되어 있다.

057. 경주 감은사지 3층석탑, 국보 제112호

부도나 탑에는 문(門)을 의미하는 장엄장식이 있는데 생긴 모양에 따라서 문비형(門扉形), 문호형(門戶形), 문약형(門鑰形)으로 나뉜다. 문비형의 비는 문짝처럼 생긴 것이며, 문호형의 호는 창문처럼 생긴 것이며, 문약형의 약(鑰)은 자물쇠 모양이다. 그러나 대체로 문비라는 말이 포괄적으로 사용된다.

부도나 탑에 이런 식으로 입구를 의미하는 조각을 하는 이유는 부도나 탑에 공간성을 부여하는 의미가 있고, 아울러 그 안에 부처나 스님의 사리가 있음을 자연스럽게 암시한다.

형성기: 최초의 쌍탑형식 – 감은사지 3층석탑
◉ 현재위치: 경주 양북면 용당리 감은사지

감은사지 3층석탑의 구조적인 면은 이미 살펴본 고선사지 3층석탑과 크게 다르지 않다. 따라서 감은사지 석탑에서의 답사요령은 석탑자체에 대한 분석이 아니라 최초로 쌍탑이 출현한 배경을 알아보는 것이다.

돌로 만들어진 쌍탑가람의 출현은 신라 불교건축 역사상 가장 특징적인 변화이며 아마도 세계 불교건축에서도 유례를 찾아보기 힘들 것이다. 하지만 갑작스런 쌍탑의 출현배경에 대해서는 아직 확실한 증거나 학설이 없는 상황이다. 그래도 분명한 것은 당시 신라불교의 교리나 신앙내용에서 큰 변화가 있었기 때문에 기존의 가람양식이 바뀐 것으로 볼 수 있다.

여기서 우리는 특정한 이론이나 주장이 아니라 나름대로 설득력있는 여러 학설을 모두 살펴보고자 한다.

불교문화권에서 강력한 왕권을 가진 임금은 곧 부처였다

1. 전륜성왕설

감은사와 감은사탑의 조성은 삼국통일의 대업을 완수한 신라 문무왕과 그의 아들 신문왕 때의 일이다. 삼국유사와 삼국사기에 따르면, 문무왕이 왜구를 진압하고자 경주에서 동해로 통하는 동해구(東海口)에 감은

058. 경주 감은사지 금당자리

사를 짓기 시작하였으나 완성을 보지 못하고 죽었기 때문에, 그의 아들 신문왕이 호국의 용이 되고자 한 부왕의 유지를 이어받아 나라를 지키는 호국사찰로서 682년에 완공하였다. 그 때문에 이 절의 구조는 금당(金堂)의 아래쪽에 빈 공간이 있으며, 이는 부왕이 죽은 뒤 그 화신인 용이 출입할 수 있도록 배려한 것이다.

그런데 문무왕의 입장에서는 자신이 삼국통일의 대업을 이루었고, 이에 왕권의 위엄을 상징하는 자신의 호위탑을 부처의 금당 앞에 좌우로 나란히 세워 부처와 자신을 동일시 하게끔 유도했다고 보는 것이다. 이는 곧 위대한 사람은 재가(在家)하면 전륜성왕이 되고 출가(出家)하면 부처가 된다고 한 불교신앙(이를 왕즉불 사상이라 한다)을 그대로 차용하여, 왕권강화에 불교를 그대로 이용한 것으로 볼 수 있다.

뱀의 발 전륜성왕(轉輪聖王)

전륜성왕은 글자 그대로를 직역해서 풀이하자면 '바퀴를 돌리는 왕'이라는 이상한 뜻이다. 그런데 불교에서 바퀴는 중요한 의미를 가진다. 불법의 바퀴라는 뜻에서 법륜(法輪)이라고 하는데, 법륜이라는 말이 생겨난 사연이 있다. (SNS에서 즉문즉설로 유명한 법륜스님의 이름 역시 같은 사연을 가지고 있다.)

고대 인도에는 차크람이라는 무기가 있었다고 한다. 이 무기는 바퀴처럼 생겼는데 가운데는 구멍이 뚫려 있고, 바깥쪽에는 칼날이 많이 붙어있었다. 그런데 전투에서 이 차크람을 돌리면서 적군에게 던지면 적군은 치명상을 입었다. 왜냐하면 다른 일반 창과는 달리 회전하는 칼날이 많기 때문이었다.

그래서 바퀴처럼 생긴 이 차크람을 돌리면서 잘 싸우면 무적의 군대가 되었고, 그런 무적의 군대를 이끄는 강력한 왕을 전륜성왕, 글자 그대로 풀이하자면 차크람(바퀴)를 돌리는 (회전시키는) 성스러운 왕이란 뜻이다.

그런 전륜성왕이 출가를 하면 부처가 된다고 했다. 왕을 부처로 보는 동양의 왕즉불사상이 그것이다. 따라서 불교에서 법륜이란 말은 강력한 무기인 차크람처럼 강력한 불법을 퍼뜨린다는 것을 뜻하는 말로 변형된 것이다. 그런 이유로 불교문양 중에서 바퀴문양은 매우 쉽게 발견할 수 있고, 고대 인도의 불교조각품 중에는 부처님의 발바닥에도 바퀴문양을 새기기도 했다.

2. 법화경(法華經) 견보탑품(見寶塔品) 설

지금까지 가장 주목을 많이 받아왔던 학설로 '법화경 견보탑품'에 등장하는 석가여래와 다보여래의 사연을 그대로 탑으로 만들었다는 것이다. 즉 법화경을 설하는 자리라면 어디서나 땅 속에서 탑으로 솟아나와 법화경을 설법하는 자를 찬미하겠다는 다보여래의 서원을 그대로 이미지화 한 것인데, 이 장면을 가장 완성도있게 만들어낸 것이 바로 불국사의 석가탑과 다보탑이다. 좀 더 자세한 내용은 불국사 편에서 다시 한번 살펴보기로 한다.

3. 삼신불(三身佛)설

우리나라 불교에서 삼신불 사상은 '세상에는 부처가 많다' 즉 '어디서나 부처를 만날 수 있고, 누구나 부처가 될 수 있다'는 다불(多佛)사상의 매우 중요한 개념 중의 하나인데, 부처가 다양한 중생들을 제도하기 위하여 여러 모습(법신, 응신, 보신)으로 나타난다는 것을 상징하는 말이다.

삼신불은 글자 그대로 해석하면 부처의 몸이 3개라는 뜻이다. 그러나 여기서 숫자 3은 단순히 셋, three를 의미하는 것이 아니라 '많다'라는 것을 뜻한다. 동양에서는 줄곧 숫자 3을 많다라는 뜻으로 사용해왔다. 예를 들어 노자의 도덕경 제42장은 다음과 같은 구문으로 시작한다.

道生一 一生二 二生三 三生萬物 (도생일 일생이 이생삼 삼생만물)

도(道)는 하나[一]를 낳고[生], 하나[一]는 둘[二]을 낳고[生],

둘[二]은 셋[三]을 낳고[生], 셋[三]은 만물[萬物]을 낳는다[生]

아무튼 금당 하나로는 삼신불을 표현할 수 없지만 쌍탑이 들어섬으로써 삼신불의 구성이 완성된다고 보는 것이다. 즉, 쌍탑가람에서 금당은 법신불로, 나머지 두 탑은 응신불(화신불)과 보신불로 보는 것이다.

    우리나라에서 삼신불 사상을 가장 잘 표현한 사찰이 불국사인데, 불국사는 전체 사찰영역을 크게 법신불로 대표되는 비로전영역, 보신불로 대표되는 극락전영역, 그리고 응신불(화신불)로 대표되는 대웅전영역으로 구분하여, 불국사라는 말 그대로 부처님의 나라를 이 땅위에 구현한 사찰이다.

뱀의 발 | 불교의 삼신불(三身佛)과 기독교의 삼위일체(三位一體)

불교의 삼신불 사상은 기독교의 삼위일체 교리와 개념이 유사한 부분이 많아서 그 둘을 연관지어 설명하면 오히려 이해가 빠르다.

기독교의 삼위일체는 성부와 성자와 성령이 동일한 본질을 공유하는 하나의 실체라는 뜻으로 325년 로마황제 콘스탄티누스 1세가 소집한 니케아공의회라는 세계교회회의에서 인정받은 기독교의 중심교리다. 뒤집어 말하자면 325년 전에는 삼위가 각각 따로 인식되었다는 뜻이기도 하다. 만약 삼위를 각각 따로 놓고 생각해 본다면, 가장 서열이 높은 것은 무엇일까? 분명, 하나님인 '성부'가 가장 서열이 높을 것이다.

삼신불 중에서 법신불(法身佛)은 불법(佛法) 그 자체인 부처님이다. 따라서 영원한 과거부터 이미 존재하고 있던 부처님이고 앞으로도 영원불멸의 존재인 부처님이다. 그리고 절에 모신 법신불을 '비로자나 부처님'이라고 부른다.

개념적으로는 법신불이 만물을 창조했다고 하는 기독교의 유일신인 하나님 '성부'와 유사한 부분이 많다. 그 때문에 삼신불 중에서 법신불은 가장 서열이 높다. 또 그런 이유로 인해 비로봉이라는 봉우리가 있는 대부분의 큰 산에서는 가장 높은 봉우리를 모두 비로봉이라고 부른다. 치악산, 소백산, 금강산, 묘향산의 최고봉은 모두 비로봉이다.

삼신불 중에서 응신불(應身佛)은 화신불(化身佛)이라고도 하는데 응할 응(應), 몸 신(身)자를 써서 사람의 몸 형상으로 대응한 부처님, 또는 될 화(化), 몸 신(身)자를 써서 사람의 몸 형상으로 된 부처님을 뜻한다. 사람의 몸 형상으로 된 부처는 바로 석가모니다. 기독교의 삼위일체에서 인간의 모습으로 태어나신 '성자' 즉 예수님과 비슷하다.

기독교에서의 '성령'은 기독교 신자의 영적생활의 근본적인 힘이 되는 본체를 뜻하는데, '성자'가 완수한 구원의 은총을, 구원 받을 사람에게 적용하는 것이다.
삼신불 중에서 보신불(報身佛)은 갚을 보(報), 몸 신(身)자를 쓰는데, 중생을 구제하겠다는 큰 서원(誓願)을 세워놓고 오랫동안의 수행을 거쳐 그 서원이 완성됨에 따른 보답의 결과로 부처가 되신 분이다. 절에 모신 부처님 중에서는 저승의 모든 중생을 구제하겠다는 서원을 세운 아미타부처나 중생들의 모든 질병을 고쳐주겠다는 서원을 세운 약사부처가 대표적인 보신불이며, 오랜 수행으로 무궁무진한 공덕을 쌓고 정각을 이룬 노사나불(盧舍那佛) 역시 보신불이다.

이런 삼신불의 이름 앞에는 '청정법신(淸淨法身)' 비로자나불, '원만보신(圓滿報身)' 노사나불, '천백억화신(千百億化身)' 석가모니불과 같은 수식어가 붙는 것이 일반적이다.

변화기: 유독 흰색을 자랑하는 나원리 5층석탑

📍 현재위치: 경주시 현곡면 나원리 672번지

호림: 이 탑은 지금까지 보던 탑과는 많이 달라요. 키도 크고 색깔도 너무 하얗고…

나원리 5층석탑은 신라탑으로는 보기 드문 5층석탑이다. 경주지역의 국가지정 문화재급 탑 가운데서도 5층석탑은 오직 나원리 5층석탑과 장항리사지 서5층석탑 뿐이다.

따라서 층수가 높다보니 경주 지역에서는 감은사지 3층석탑이나 고선사지 3층석탑과도 견줄 정도로 크다. 게다가 이 탑은 흰 화강석으로 되어 있고 이끼도 끼지 않아 예로부터 '나원백탑(羅原白塔)'이라하여 신라팔괴(八怪, 여덟가지의 괴이한 것)의 하나로 불렸다.

아름: 그런데 왜 이렇게 탑이 산쪽으로 바짝 붙어 있을까요?

원래 나원리 5층석탑이 있던 절의 가람구조는 아직 금당터가 발견되지 않아 정확히는 알 수 없다. 하지만 탑이 워낙 산쪽으로 바짝 붙어있

059. 경주 나원리 5층석탑, 국보 제39호

는 것으로 봐서는 지형적 특성으로 인해 금당이 앞쪽에 있고 탑이 뒤쪽에 있는 전당후탑형(前堂後塔形) 가람이었을 가능성이 높다. 우리나라에서는 아주 드문 사례이지만 양산의 통도사 정도가 이런 식의 가람배치를 하고 있다.

석탑의 변화과정을 보여주는 단서들

엄마: 이 탑은 먼저 보았던 고선사지 3층석탑이나 감은사지 3층석탑과 어떤 차이가 있죠?

고선사지 3층석탑과 감은사지 3층석탑이 신라계 석탑의 고전적 원형을 보여주고 있다면 나원리 5층석탑은 초기의 고전적 원형이 점차 변화해 나가는 과도기적 과정을 보여주는 변화기의 석탑이라고 할 수 있다.

우선 하층기단에는 버팀기둥(탱주) 3개씩을 조각하고, 상층기단에는 2개씩을 조각한 것은 앞선 고선사지탑과 감은사지탑과 마찬가지다.

하지만 고선사지 3층석탑과 감은사지 3층석탑의 상하층기단이 각각 총 12매의 석재로 이루어진 반면에 나원리탑은 각각 총 8매의 석재로 이루어졌고, 고선사지 3층석탑과 감은사지 3층석탑의 1층 몸돌이 총 8매의 석재로 이루어진 반면, 나원리탑은 총 4매의 석재로 이루어져 있기 때문에 탑을 구성하는 석재의 숫자가 점점 줄어드는 경향을 보인다.

탑을 구성하는 석재의 숫자가 줄어든다는 것은 결국 각 부재를 여러 개의 판석으로 조립하여 짜 맞추던 목탑양식에서 벗어나서 이미 통으로 완성된 부재를 쌓아 올리는 누적식 탑으로의 변화를 보여주는 것으로 이해할 수 있다.

특히 이 탑에서 1층 탑신을 4매의 판석으로 엇물려서 짜 맞추고, 1층과 2층 지붕돌을 받침과 지붕을 따로 제작해서 올린 점은 다른 신라 석탑에서는 찾아볼 수 없는 독특한 특징이다. 3층 이상의 지붕돌은 1개의 통돌로 되어있고, 각 지붕의 모서리에는 풍경을 달았던 작은 구멍이 뚫려 있다.

1996년 해체수리 시에 사리장치가 발견되었는데 일반적으로 다른 석탑들은 탑신석에 사리공을 마련하는데 비해 나원리 5층석탑은 3층 지붕돌 윗면에 사리공을 마련한 점도 특이하다. 사리장치에서는 금동9층탑 3기, 금동3층탑 1기가 발견되어 현재는 국립중앙박물관에서 소장하고 있는데 형태와 세부모양에서 완벽에 가까워 신라탑 형태 연구와 복원에 결정적인 자료를 제공하고 있다고 한다.

특히 사리함 내측에서 필사된 '무구정경(無垢淨經)' 다라니편이 확인되었는데, '무구정경'은 704년 한역되어 국내에 유입된 경전이므로 나원리 5층석탑의 제작시점을 8세기 초반으로 잡는 단서가 되었다.

변화기: 많은 '최초' 타이틀을 보유한 황복사지 3층석탑
📍 현재위치: 경주시 구황동 103번지

060. 경주 황복사지 3층석탑, 국보 제37호

황복사지 3층석탑(별칭: 구황동 3층석탑)은 이전의 고선사지 3층석탑과 감은사지 3층석탑에 비해서 조성시기가 늦음을 알 수 있는 몇가지 증거를 쉽게 찾을 수가 있다.

우선 탑의 크기가 많이 작아졌다. 이중기단 위에 3층의 탑신이 서있는 기본양식은 동일하지만 전체 높이가 7.3미터로 2미터 가량 작아졌다.

하층기단의 탱주가 3개에서 2개로

또한 하층기단의 버팀기둥(탱주)이 3개에서 2개로 줄어드는 최초의 석탑이며, 1층 몸돌도 여러개의 돌로 짜 맞추던 기존의 석탑과는 달리 통돌 1개로 된 최초의 석탑이기도 하다. 모든 지붕돌 역시 통돌 1개로 되어 있다.

하층기단의 면석과 갑석이 각각 8매의 석재로 구성되었지만, 상층기단의 면석은 8매, 갑석은 4매의 석재로 되어있어 점점 더 탑의 구조가 단순화되는 과도기적 경향을 보여주고 있다.

하지만 아직까지 모든 지붕의 층급받침은 5개이고, 지붕의 상단에는 2단의 각형굄대를 마련해서 그 위층의 몸돌을 받치도록 하는 전형적인 신라석탑의 양식을 충실히 따르고 있다.

또한 이 탑은 무구정경이 봉안된 최초의 석탑이기도 하다. 1943년 이 석탑을 해체복원 시에 나온 사리함에서 발견된 명문에 따르면, 신라 효소왕이 아버지 신문왕의 명복을 빌기 위하여 692년에 이 탑을 세웠고, 효소왕이 승하하자 706년 성덕왕이 불사리 4과와 순금 미타상 1구, 무구정광대다라니경 1권을 안치하였다고 한다.

비록 워낙 오랜 세월이 흐른 탓에 무구정광대다라니경이 발견되지는 못했지만 최소한 무구정경이 봉안되었던 최초의 석탑이었음을 알 수가 있고, 이후 현존하는 최고의 목판인쇄물인 무구정광대다라니경은 불국사의 석가탑에서 발견된다.

석가탑보다 더 일찍 무구정광대다라니경을 봉안했던 황복사지 3층석탑

그럼 탑속에 봉안했다던 무구정경은 무엇인가?

무구정경(無垢淨經) 또는 무구정광대다라니경의 뜻을 한자로 하나씩 풀어보면 번뇌의 때가 없는[순진무구] 깨끗하고 빛나는[정광] 큰[대] 주문[다라니]에 대한 불경이다.

원래 탑은 스투파, 즉 무덤이었고 따라서 부처의 몸인 사리를 모시는 것이 원칙이다. 하지만 부처의 사리가 워낙 귀하다보니 탑이 만들어져도 모든 탑에 부처의 사리를 넣을 수가 없었다. 그때 부처의 사리를 대신해서 부처의 말씀을 넣으면 된다는 불교교리가 생겨났으며, 이런 탑을 무구정탑이라고 한다.

이로써 황복사지 3층석탑은 여러면에서 최초의 석탑이라는 타이틀을 보유하게 되었다.

변화기: 도굴의 상처를 안고 서 있는 장항리사지 5층석탑
♀ 현재위치: 경주시 양북면 장항리 1083번지
인간과 자연의 공격에 무너진 장항리사지 석물들

호림: 장항사지 5층석탑?
아름: 장항사지가 아니고 장항리사지 5층석탑이야.

장항리사지 5층석탑이 위치한 절터에 대한 이름은 그 어떤 기록에도 없고 구전되는 이야기도 전혀 없어서 그저 인근 마을이름인 장항리를 따서 장항리사지로 부른다.

그런 오지의 절터가 세상에 알려진 것은 1923년에 이 곳의 석탑과 불상에서 사리장치와 복장유물을 도굴할 목적으로 도굴꾼들이 광산용 다이너마이트로 서5층석탑과 불상을 폭파하는 사건이 일어났을 때였다.

이때 동5층석탑은 이미 계곡속에 무너져있는 상태였다. 그 이유는 장항리사지의 비극이 인간의 훼손뿐만 아니라 자연의 영향도 있었기 때문이다.

원래 이 곳 절터의 지형은 토함산의 계곡안에 들어있어서 매우 협소하면서도 주변이 급경사로 이루어져서 절이 들어서기에는 그다지 적절치 못한 장소다. 그렇기에 큰 비가 내릴 때마다 절터가 조금씩 침식되었고 결국은 동5층석탑은 계곡속으로 무너져 버렸던 것이다.

아무튼 파괴된 불상과 탑은 파손된 채로 방치되어 오다가 1932년에 서

061. 경주 장항리 서 5층석탑, 국보 제236호

탑을 복원하였고, 파손된 불상은 총독부박물관 경주분원(현 국립경주박물관)으로 옮겼다. 그리고 1966년에는 계곡속에 무너져 있던 동탑을 수습하여 서탑 옆 공터에 지붕돌들만 포개놓았다.

현재 복원된 서5층석탑은 높이 9.1m로 2층기단 위에 5층 탑신을 올린 석탑이다. 나원리 5층석탑과 함께 보기 드문 신라계 5층석탑이며 특히 지금은 무너져 버렸지만 동5층석탑과 함께 유일한 5층 쌍탑가람을 형성하고 있었다. 상층기단과 하층기단의 버팀기둥(탱주)이 모두 2개인 점으로 봐서는 조성시대를 8세기 초반으로 보고 있다.

석탑에 금강역사를 새긴 이유

탑신부에서 모든 층의 몸돌과 지붕돌을 각각 1개의 돌로 만든 것으로 봐서는 돌을 짜맞추는 형식에서 통으로 완성된 석재를 쌓아 올리는 형식으로의 단순화 과정을 보여주고 있으며 특히 1층 몸돌의 4면에는 문과 문의 좌우에 금강역사(인왕)상을 조각하였는데 이는 전형적인 석탑에서 조각이 추가되는 새로운 양식을 시험하는 과도기적 모습까지도 보여주고 있다.

특히 문비 조각의 중앙에는 용 얼굴의 정면 모습을 문고리로 만들어 놓은 것을 볼 수 있는데, 이러한 형태는 장항리사지 5층석탑에서 처음 나타나는 것이다.

또한 문비 양쪽의 금강역사는 연꽃을 밟고 서 있는 입상으로 각각 손에 무기를 쥐고 권법의 자세를 취하고 있는데 크기는 작지만 매우 정교하면서도 뛰어난 조각수법을 보여주고 있다. 통상적으로 연꽃 위에는 부처와 보살이 올라가고 불보살보다는 신앙등급이 떨어지는 불교의 수호신중들은 잘해야 연잎 위에 올라가는 것이 일반적이기 때문에 아마도 우리나라에서 유일하게 연꽃 위에 올라간 수호신중(守護神衆)일 것이다.

한편 서탑 옆에 포개놓은 동탑의 잔해에 나타나는 금강역사상은 서탑에 비하여 조각적으로 매우 다른 형식을 보이고 있어서 두 탑이 동시대에 만들어진 탑이 아닐 것이라는 가능성과 함께, 만일 같은 시대의 것이라면 탑을 만든 장인이 서로 다른 사람이었을 가능성도 있다.

그런데 석탑에 왜 금강역사가 새겨졌을까?

062. 경주 장항리 서 5층석탑 문비형과 인왕상, 왼쪽부터 남동북서측

장항리사지가 위치한 토함산 동쪽은 대종천을 따라 동해바다로 빠져 나가는 지역으로 일찍부터 군사적 요충지로 호국사찰들이 창건된 곳이 기도 하다. 인근의 감은사가 호국룡이 되고자 한 문무왕을 위해 지어진 사찰임은 주지의 사실이다. 따라서 장항리사지 서5층석탑에 새겨진 금강역사는 그런 호국사찰의 성격에 부합하게끔 석탑에 조각되었을 가능성도 조심스럽게 점쳐지고 있다.

완성기: 석가탑과 다보탑은 불국사에서 만나요

아름: 지금까지 8개의 국보 석탑들 중에 6개를 살펴봤네요. 이제 남은 2개는 뭐죠?

아빠: 모든 신라석탑의 최고걸작, 석가탑과 다보탑이지. 석가탑과 다보탑은 여기에 따로 떼어서 설명하기 보다는 불국사에 갔을 때 불국사의 전반적인 내용과 한꺼번에 묶어서 이야기해 주는 것이 훨씬 더 효과적이야. 내일 불국사에서 자세히 설명해 줄게. 그리고 국립경주박물관의 뒤뜰에도 석가탑과 다보탑의 복제품을 만들어 놓았으니 마지막날 또 한번 복습을 할 기회가 있는 셈이야.

불국사

제2일차

162…부처님의 나라 이해하기 - 불국사

- 162…불국사 답사요령 - 가람배치도를 가장 먼저 챙겨라
- 169…불국사 들어가기
- 172…불국사의 창건배경
- 176…부처님을 뵈러 가는 길
- 182…불국사 석축, 그 아름다움에 취해서
- 190…불국사 석축: 부처님나라로 넘어가는 다리 - 청운교/백운교
- 194…불국사 석축: 2% 모자란 복원 - 범영루와 좌경루
- 198…불국사 석축: 극락세계로 넘어가는 다리 - 연화교/칠보교
- 200…대웅전 영역: 쌍탑을 끌어안은 마당
- 205…대웅전 영역: 가장 아름다운 파격 - 다보탑
- 209…대웅전 영역: 순수함의 결정체 - 석가탑
- 217…대웅전 영역: 불국사의 해탈문 - 자하문
- 219…대웅전 영역: 위대한 영웅, 석가모니의 집 - 대웅전
- 225…비로전 영역
- 230…극락전 영역

239…불교이론 핵심정리 노트 - 석굴암

- 239…석굴암을 이해하면 불교가 보인다
- 241…석굴암의 원래 이름찾기
- 245…석굴암의 잘못된 보수공사를 둘러싼 논란
- 255…석굴암의 전체적인 구조
- 263…석굴암의 세부구조 및 논쟁들 - 전실(前室)
- 270…석굴암의 세부구조 및 논쟁들 - 비도(扉道)
- 274…석굴암의 세부구조 및 논쟁들 - 주실(主室)
- 285…석굴암의 형제들

293…황룡사지에서 완성하는 경주답사

- 293…황룡사의 역사
- 296…황룡사지로 들어가기
- 300…황룡사지 발굴조감도
- 306…금당터
- 310…목탑터

부처님의 나라 이해하기 - 불국사

불국사 답사요령 – 가람배치도를 가장 먼저 챙겨라

📍 현재위치: 불국사 대형 안내도 앞

<u>답사의 대원칙 : 나무가 아니라 숲을 봐야 한다.</u>

아름: 사찰의 답사요령도 궁궐의 답사때와 같은 요령인가요?

063. 경주 불국사 안내도

사찰을 답사하기 전에 반드시 그 사찰의 가람배치를 먼저 확인하도록 하자. 가람배치를 제대로 모르는 상황에서 사찰답사를 진행하게 되면, 숲은 보지 못하고 나무만 보는 실수를 범하기 쉽다. 따라서 궁궐 답사때처럼 가람배치도를 가지고 다니는 것이 좋은 답사 습관이다. 또한 가람배치도를 가지고 다니면서 자신이 본 것을 하나씩 체크해 나간다면 그 사찰의 곳곳에 흩어져있는 모든 문화재를 빠짐없이 볼 수 있는 장점도 있다.

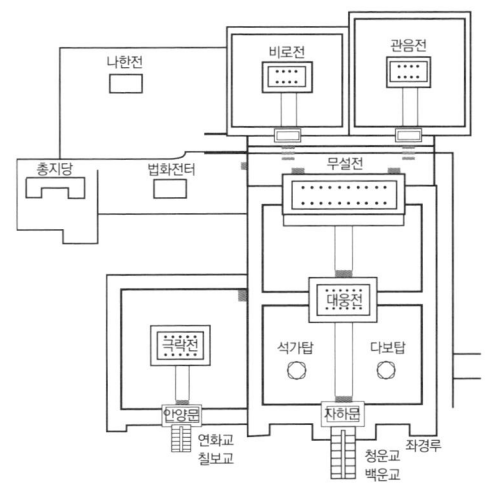

064. 불국사 가람배치도

만약 미리 준비한 가람배치도가 없다면 사찰입구에서 나눠주는 사찰 안내용 팜플렛을 참고하거나 그것마저 없으면 사찰입구의 대형 가람배치도를 디지털기기로 찍어서 활용하면 된다.

자, 이제 불국사 가람배치를 보면서 큰 전각의 이름과 그 전각속에 들어가 있는 주인공에 대해 알아보자. 불국사에는 큰 전각이 6개가 있는데 시계반대방향으로 대웅전, 무설전, 관음전, 비로전, 나한전, 극락전 순이다.

대웅전은 위대한 영웅이신 석가모니 부처를 모신 곳이고, 관음전은 고통받는 중생들의 가장 친근한 벗인 천수천안 대자대비 관세음보살을 모신 곳이며, 비로전은 최고 서열의 부처이신 비로자나 부처를 모신 곳이다. 나한전은 부처님의 제자인 나한(아라한)들을 모신 곳이고 극락전은 서방 극락정토의 교주이신 아미타부처를 모신 곳이다.

　큰 전각 중 다섯 전각은 현판의 내용에 걸맞는 불교의 신앙대상이 다 모셔져 있는데 유독 무설전 만큼은 그렇지가 않다.

　　호림: 무설전? 무서운 설전을 벌이는 곳인가?
　　엄마: 무설전(無說殿)은 없을 무, 말씀 설, 큰집 전이야.
　　아름: 말씀이 없는 집? 묵언수행을 하는 곳인가요?

<u>고대 우리나라의 기본적인 가람배치는 '중문', '탑', '금당', '강당' 의 순이다.</u>

　무설전의 용도를 알기 위해서는 가람배치법을 알아야 한다. 고려때까

지 우리나라의 기본적인 가람배치는 일직선 상에 있는 중문, 탑, 금당, 강당의 순서가 가장 기본이었다. 다만, 삼국시대에는 탑과 금당의 숫자에 따라서 기본적인 배치법에 약간의 차이가 있었다.

우선 고구려는 1탑 3금당 방식인데, 동쪽, 서쪽, 북쪽의 3개의 금당이 모두 가운데의 탑을 향하고 있다.

그리고 백제는 1탑 1금당 방식을 기본으로 하는데, 미륵사지처럼 약간 변형된 형태인 3탑 3금당 방식도 있다. 미륵사지 가람배치를 조금 더 상세히 설명하자면 1탑 1금당 방식을 하나의 기본세트로 해서, 나란히 3세트를 옆으로 붙여 놓은 것으로 이해하면 쉽다. 그러나 3세트가 완전히 동일한 형태는 아니고, 보통 가운데 세트는 목탑형식으로 하되 가장 크게 만들고, 좌우의 보조세트는 석탑으로 하되 목탑보다는 약간 작게 만든다.

하지만 신라의 경우는 통일을 전후해서 가람배치법이 많이 달라진다. 통일되기 전의 신라는 고구려와 비슷하게 1탑 3금당 방식이지만, 고구려의 1탑 3금당 방식과는 형식면에서 약간의 차이가 있다. 즉 고구려의 3금당이 세방향에서 모두 가운데의 탑을 향하고 있다면, 신라의 3금당은 모두 탑의 뒤편인 북쪽에 나란히 한줄로 놓이는 것이 다른 점이다. 그러다가 신라가 삼국을 통일하고 나서는 쌍탑 1금당 방식이 유행하게 된다. 불국사도 쌍탑 1금당 방식인데 쌍탑인 석가탑과 다보탑의 뒤편에 금당인 대웅전이 있다.

무설전은 강당을 역설적으로 표현한 것이다.

호림: 그렇다면 무설전은 금당 뒤에 있으니까 강당이네요?
엄마: 그렇지. 무설전은 불경을 강의하는 강당이야.
아름: 강의를 하는 곳이면, 유설전으로 해야 맞는 표현 아닌가요?

상식적으로는 강당에 적합한 표현은 유설전이 맞다. 하지만 굳이 무설전이라고 한 것은, 불교의 깊은 뜻을 말로는 도저히 표현할 수 없는 언어도단(言語道斷)의 경지에 있음을 나타내기 위함이다. 지혜의 상징 문수보살의 질문에 유마거사가 침묵으로 답한 것은 불교에서는 매우 유명한 이야기다.

한편, 불국사는 부처 불, 나라 국, 절 사, 즉 부처님의 나라를 절의 형태로 만든 곳이다. 그런데 부처님의 나라에 대한 묘사는 불교경전의 종류에 따라서 담고 있는 내용이나 범위가 매우 다양하다. 그래서 사찰을 건립할 때는 불교경전 중에서 일부를 선택하여 그 경전의 내용대로 가람의 모든 것을 표현하는 것이 일반적이다.

그런데 불국사가 만들어질 당시의 신라는 불경 중에서 가장 방대한 양의 경전인 화엄경(華嚴經)을 중심으로 한 화엄사상이 가장 유행하고 있었다. 의상대사가 전국에 세운 '화엄십찰'도 당나라에서 배워온 화엄경을 널리 펼치기 위한 방편이었다.

불국사의 기본적인 배치는 화엄경을 기초로 해서 만들어졌다.

불국사는 바로 그 화엄경을 기초로 해서 만들어진 사찰이며 그래서 불국사의 원래 이름은 '화엄불국사'였다. 그리고 화엄경은 비로자나불(毘盧遮那佛)을 교주로 하면서 부처의 깨달음을 그대로 표명한 경전인데, 화엄사상에서는 부처의 몸을 셋으로 나누어 각각 법신불, 응신불(또는 화

066. 경주 남산의 선각육존불 전경, 경상북도 시도유형문화재 제21호

신불), 그리고 보신불이라는 삼신불(三身佛)로 표현한다. 삼신불은 부처의 몸이 다양한 중생들을 제도하기 위하여 여러 모습으로 나타난다는 것을 상징하는 말이다.

아름: 아, 알겠다! 지금 불국사의 가람배치는 삼신불 사상을 그대로 표현한 것이에요. 뒤쪽 높은 곳의 '비로전'에는 법신불인 비로자나 부처님이 계시고, 앞의 동쪽 '대웅전'에는 응신불인 석가모니 부처님이 계시고, 반대편인 서쪽 '극락전'에는 보신불인 아미타 부처님을 모시고 있어요.

삼신불을 조성할 때는 거의 대부분의 경우 가운데에 법신불인 비로자나 부처님이 오고, 그 왼쪽에는 응신불인 석가모니 부처님, 오른쪽에는 보신불인 아미타 부처님이 자리를 잡는다. 불교교리상 삼신불 중에서도 가장 격이 높은 부처님은 역시 비로자나 부처님이다. 그래서 불국사 공간배치상 세 부처의 영역중에서도 가장 높은 곳에 비로전이 있다.

호림: 산봉우리 중에서도 가장 높은 봉우리에는 비로봉이라는 이름이 많이 붙어 있다고 하셨어요.

그리고 응신불인 석가모니 부처는 보신불인 아미타 부처보다는 조금 더 격을 높게 쳐주는 경향이 있다. 왜냐하면 음양오행에서 왼쪽이 오른쪽 보다는 더 서열이 높을뿐더러, 이 땅의 중생들에게도 죽어서 가는 저승보다는 현실세계인 이승이 더 중요하기 때문이다. 그래서 불국사의 가람배치도를 보면 석가모니의 대웅전 영역이 아미타불의 극락전 영역보다는 규모가 조금 더 크다.

경주 남산의 선각육존불 동쪽의 석가삼존불의 바위가 서쪽의 아미타삼존불 바위보다 조금 더 크다. 물론 우연일 수도 있겠지만, 석굴암과 불국사를 만들 정도의 신라인들이라면 그 정도는 충분히 고려해서 만들었을 가능성도 배제할 수는 없다.

불국사 들어가기

뱀의 발 불국사 관람정보 (2016년 1월 1일 기준)

1. 입장시간 :
- 03~09월 : 07:00 ~ 18:00
- 10월 : 07:00 ~ 17:30
- 11~01월 : 07:30 ~ 17:00
- 02월 : 07:30 ~ 17:30

2. 관람요금 : 신용카드 사용불가

구 분		요 금	비 고
개인	어 른 (19세 이상)	5,000 원	단체요금 적용안됨
	청소년 (만13~18세)	3,500 원	
	어린이 (만 7~12세)	2,500 원	
단체 * 20 명 이상	청소년 (중, 고생)	3,000 원	
	어린이 (만 7~12세)	2,000 원	
	7세이하 어린이	1,500 원	10명 미만 무료

▶무료입장대상자 :
① 만 65세이상 경로증 소지자
② 장애인 복지카드 소지자 (1~3급 동반1인 무료, 4~6급 본인만 무료)
③ 국가 유공자 (신분증 제출자에 한함, 외국인 제외)
④ 조계종 신도증 소지자 (당해년도 교무금 영수증 필히 지참 요망)

3. 주차요금 : 대형: 2,000원, 소형: 1,000원

📍 현재위치: 불국사 매표소 앞

> 호림: 첨성대나 신라왕릉, 안압지, 석빙고 이런 것들은 모두 경주시내에 몰려 있는데 유독 불국사는 경주시내에서 왜 이렇게 멀리 떨어져 있어요?
>
> 아름: 우리가 자동차로도 여기까지 오는데 한참 시간이 걸리는 데 옛날 사람들은 여기까지 오려면 얼마나 멀었을까요?

불국사가 도심에서 멀리 떨어진 이유는 토함산 때문이다.

불국사가 도심에서 멀리 떨어진 이유는 토함산 때문이다. 토함산은 신라의 오악(五岳) 중의 하나이면서 동시에 경주에서는 가장 높은 산이다. 오악은 다섯 오(五), 큰산 악(岳)자를 쓰고, 다섯 개의 이름난 큰 산을 말하는데 고대로부터 내려온 산악숭배사상과 동양의 철학인 음양오행사상의 영향을 받은 개념이다.

예로부터 오악에 대해서는 나라에서 제사를 지낼 정도로 신성시 했다.

> 호림: 산에서 제사를 지내요?

예로부터 국가에서 지내는 큰 제사는 대사, 중사, 소사로 구분이 되는데, 임금이 친히 받드는 가장 큰 제사인 '대사'는 종묘와 사직단에서 치르는 종묘제례와 사직대제 둘 뿐이다. 그 다음으로 큰 제사인 '중사'는 명산대천에 지내는 제사인데, 이것을 오악에서 지냈다. 이런 오악의 개념은 중국에서 시작되었는데, 높은 산의 대명사인 '태산'도 중국 오악 중의 하나다.

중국의 오악은 오행에 따라 각 방위별로 다음과 같다.
- 동쪽에 태산(泰山, 산둥성, 1545m)
- 서쪽에 화산(華山, 산시성, 1997m)
- 남쪽에 형산(衡山, 후난성, 1290m)
- 북쪽에 항산(恒山, 산시성, 2017m)
- 중앙에 숭산(嵩山, 허난성, 1494m)

호림: 높이가 1545m 정도면 태산은 그다지 높은 산은 아니잖아요?

태산은 주변의 지대가 낮아서 상대적으로 엄청 높아 보이기 때문에 높은 산의 대명사가 되었다. 이 태산은 옛부터 신령한 산으로 여겨졌는데, 진시황제나 한나라의 무제, 후한의 광무제 등이 천하가 평정되었음을 정식으로 하늘에 알리는 봉선의식을 거행했던 장소이기도 했다. 지금은 유네스코 문화유산이기도 하다.

그런데, 우리나라에도 오악이 있다.

토함산은 신라의 오악이면서 동시에 경주의 오악이다.

호림: 우리나라의 이름난 큰 산 5개라면 백두산, 지리산, 한라산은 꼭 들어가겠다.

백두산과 지리산은 오악에 들어가지만 한라산은 바다를 건너야 하기 때문에 오악에서는 제외된다. 우리나라의 오악을 살펴보면 '동악'은 금강산, '서악'은 묘향산, '남악'은 지리산, '북악'은 백두산, 그리고 '중악'은 삼각산인데 삼각산은 지금 북한산의 원래 이름이다.

신라시대에도 오악이 있었는데 '신라의 오악'은 동쪽으로는 토함산, 서쪽으로는 계룡산, 남쪽으로는 지리산, 북쪽으로는 태백산, 그리고 가운데는 팔공산이었다. 그리고 범위를 좁혀 '경주의 오악'도 있는데 동쪽으로는 토함산, 서쪽으로는 선도산, 남쪽으로는 금오산(경주 남산), 북쪽으로는 소금강산, 가운데는 낭산이다. 사람에 따라서는 단석산을 포함시키기도 한다.

아름: 토함산은 경주의 오악이기도 하고, 동시에 신라의 오악이기도 한거네요? 토함산은 옛날 신라사람들에게는 매우 신령스러운 산이었구나!

불국사의 창건배경

신라인들이 신령스럽게 여기던 토함산에 불국사와 석불사(석굴암)를 지은 것은 우연이 아니라 고도의 정치적인 계산이 숨어 있었다. 삼국유사에는 김대성이 불국사와 석불사(석굴암)를 만든 것으로 되어 있지만, 세계 최고 품격의 사찰을, 그것도 하나가 아닌 두개씩이나 개인이 만들었다는 것은 상식적으로 납득이 안가는 대목이다.

오히려 국가에서 국책사업으로 만들었다고 보는 것이 훨씬 더 우리의 상식에 부합한다. 그런 이유 때문에 석굴암의 경우도 완공되기 전에 김대성이 죽었지만, 그 이후에도 국가가 공사를 계속해서 완공을 시켰다.

불국사의 창건배경에는 법흥왕의 정치적인 의도가 숨어 있다.

　호림: 불국사를 지은 것에 정치적인 의도가 숨어 있다고요? 어떤 근거가 있나요?

'불국사고금창기'라는 책에는 불국사를 신라의 제23대 법흥왕이 만든 것으로 되어 있다. 그런데 법흥왕이 누구냐 하면 이름에서도 알 수 있듯이 신라에 불법을 일으킨 왕이다. 역사책에도 나오는 법흥왕의 주요업적은 신라에 율령을 반포하고, 공복을 제정하고, 불교를 공인한 것이다.

　아빠: 여보, 고구려에서 율령을 반포하고, 불교를 수입한 왕이 누구인지 혹시 알아?
　아름: 신라 이야기를 하다가 갑자기 왠 고구려 이야기를?
　엄마: 율령반포에 불교를 수입한 고구려의 왕은... 소수림왕이죠.

　소수림왕의 아버지는 고국원왕인데, 고국원왕은 고구려로 쳐들어온 백제의 근초고왕과 맞서 싸우다 평양성 전투에서 전사했다. 당시에는 백제가 최전성기였기 때문에 고구려도 맥을 못추던 시기였다. 그래서 소수림왕은 잇단 패전으로 인해 고구려가 쇠락의 길로 접어드는 것을 막기 위해 특단의 조치를 취했는데 그것은 흔들리는 나라 기강을 바로 잡기 위해서 율령을 반포하고, 기득권 귀족계층의 세력을 누르기 위해 중국으로부터 불교를 수입해서 사회의 새로운 지배 이데올로기로 삼은 것이다. 그런데 그 결과는 대단했다. 소수림왕의 조카인 광개토대왕이 왕위에 올라 고구려를 최전성기의 국가로 만든 것이다.

불교를 도입한 이후 고구려는 최전성기를 맞이했다.

　엄마: 신라의 법흥왕도 고구려와 똑같은 방법을 쓴 것인가요?

　신라는 박혁거세의 건국시점부터 대대로 6부족의 연맹체 부족국가 형태였다. 그래서 신라 제21대 소지왕때 까지는 왕의 칭호도 거서간, 차차웅, 이사금, 마립간이라고 불렀다. 예를 들면 제21대 소지왕의 정식명칭도 '소지마립간' 이었다. 그만큼 기존 기득권 정치세력이 강했던 것이다. 그래서 법흥왕도 왕권강화를 위해 나라의 기강을 바로잡으려고 150여 년 전 고구려의 소수림왕이 했던 것처럼 율령을 반포하고, 불교를 수용해서 새로운 국가의 지배이념으로 삼으려고 했다. 기존 기득권 세력들은 당연히 결사반대를 했다.

　엄마: 동서고금을 막론하고 원래 기득권 집단들의 공통적인 속성은 변화를 거부하는 것이에요.
　아빠: 그런데 법흥왕은 기득권 세력의 반발을 극적인 사건으로 무마시키고 불교를 공인했어.
　호림: 극적인 사건이요?

이차돈의 순교는 법흥왕의 정치적인 의도일 가능성이 농후하다.

법흥왕의 반전카드는 바로 이차돈의 순교였다. 불교를 바탕으로 왕권을 강화하려고 했던 법흥왕의 계획이 기존의 기득권 세력의 강력한 반대로 난항을 겪자, 법흥왕을 가까이에서 보좌하던 이차돈이라는 젊은 신하가 불교의 공인을 주장하면서 순교를 자청하고 나섰다. 그때 그의 나이가 겨우 20대 초중반이었는데, 이차돈은 만일 부처가 있다면 자기가 죽은 뒤 반드시 기적이 있으리라고 예언을 했다고 한다.

아름: 어떤 기적이 있었나요?

그의 목을 베자 잘린 목에서는 피가 아니라 흰 젖이 한길이나 솟아 나왔고 하늘이 컴컴해지더니 꽃비가 내리는 기적이 일어났다. 그 때문에 기득권 세력들도 마음을 돌려서 불교가 공인되었다.

엄마: 신라에서는 젊은 사람들을 희생양으로 삼는 전통이 있나봐요. 화랑 반굴과 관창도 황산벌에서 신라군의 사기를 올리기 위해서 홀몸으로 백제군에 뛰어 들었잖아요. 아, 그렇다면 이차돈의 순교도 결국 법흥왕의 정치적인 계산이 깔려 있었다는 뜻인가요?

이차돈의 값비싼 희생을 바탕으로 공인된 신라불교였기 때문에 법흥왕은 신라인들에게 불교를 통한 종교적인 위대함을 보여줄 필요를 느끼고 있었을 것이다. 또한 그것을 통해 자신의 왕권도 강화하려고 했을 것이다. 그래서 신라인들이 가장 신성시하던 토함산에 초기 불국사를 만들었고, 이후 지속적으로 불국사는 증, 개축이 되다가 751년에 지금과 유사한 모습이 된 것으로 보는 것이 합리적인 해석이다.

호림: 신라에서는 이차돈의 순교로 법흥왕 때 불교가 공인되었다고 하는데, 그렇다면 신라도 고구려처럼 강대국이 되었나요?

법흥왕의 뒤를 이어 왕위에 오른 사람이 바로 신라 제24대 진흥왕이다. 진흥왕은 백제 점령하의 한강 유역의 요지를 획득하고, 백제 성왕을 사로잡아 죽였다. 또 대가야를 평정하고, 새로 개척한 땅에 순수비와 척경비를 세웠는데 가야지방에는 창녕비를 세웠고, 한강유역에는 북한산비를 세웠다. 심지어 함경도 지방까지 진출해서 황초령비와 마운령비를 세웠는데, 아마도 이때 신라최대의 영토를 확보했을 것이다.

아름: 듣고보니 법흥왕이 젊은 이차돈을 순교시켜 가면서까지 신라에 불교를 도입하려고 했던 이유가 확실하네요.

부처님을 뵈러 가는 길
📍 현재위치: 불국사 일주문 앞
<u>현재 불국사의 일주문은 종교적 의미가 없다.</u>

아름: 불국사의 일주문은 좀 이상해요. 보통 일주문은 'XX산 XX사'처럼 산이름이 먼저 나오고 절이름이 뒤따라 나오는데, 여기는 그냥

'불국사' 라고만 되어 있어요.

현재 불국사의 천왕문과 마주보고 있는 일주문은 원래 불국사의 일주문이 아니다. 1970년대 복원공사 때 새로 지은 것인데 불교 교리대로 만들어 진 것이 아니라 매표관리의 편의를 위해 적당한 곳에 세운 것이기 때문에 종교적인 의미는 전혀 없는 그냥 불국사의 정문일 뿐이다.

호림: 사찰의 문은 도대체 몇 개가 있는 거에요? 항상 헷갈려요.

사찰의 문은 사찰의 규모에 따라 달라지기도 하지만 기본적으로는 삼문(三門) 형식을 갖추고 있다. 삼문은 보통 일주문, 천왕문, 해탈문을 가리킨다.

067. 경주 불국사 일주문

삼문중에서 첫번째인 일주문은 신성한 사찰구역으로 들어가기 전에 세속의 번뇌를 깨끗이 씻으라는 상징적인 의미를 가지고 있다. 그리고 두번째인 천왕문은 부처님을 뵙기 위해서 반드시 거쳐야 하는 28개의 하늘나라 중에서도 사천왕이 지키는 첫번째 하늘나라인 사왕천을 시각적으로 표현한 것이고, 세번째인 해탈문은 사찰의 본당에 들어서는 마지막 문이다.

해탈을 하고 나면 그제서야 부처님을 뵐 수 있다는 뜻이기도 하다. 그런데 일주문과 천왕문은 대부분의 사찰에서 이름이 똑같지만, 해탈문은 사찰에 따라 다른 이름으로도 불린다. 주로 불이문(不二門)이라고도 불리는데, 불국사는 특별히 자하문이라고 한다.

아름: 일주문을 지났으니 다음에는 천왕문이 기다리고 있겠죠?

068. 경주 불국사 천왕문

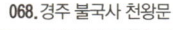

📍 현재위치: 불국사 천왕문 앞

천왕문의 사천왕 배치법

불교의 세계관에 의하면 부처님은 수미산(須彌山)에 계신다고 한다. 그리고 수미산에는 부처님이 계시는 불국토까지 28개의 하늘나라가 층층이 쌓여있는데, 이것을 '28천(天)'이라고 한다. 그런데 첫번째 하늘나라는 수미산의 중턱에 위치하고 두번째 하늘나라는 수미산의 정상에 있다. 나머지 26개의 하늘나라는 인간이 걸어서는 갈 수 없는 공중에 층층이 쌓여있다.

만약 인간이 부처님이 계시는 먼 위의 불국토까지 간다면 무조건 수미산의 중턱에 있는 제일 아래쪽의 첫번째 하늘나라부터 하나씩 차례로 통과해야 한다. 그런데 첫번째 하늘나라는 동서남북 네 방위별로 한 사람의 왕이 지키고 있다. 그들을 가리켜 네 명의 하늘나라 왕, 즉 사천왕이라고 하고, 그들이 지키는 첫번째 하늘나라가 바로 네 명의 왕이 지키는 하늘나라, 즉 사왕천 또는 사천왕천이다. 사찰에 들어설 때 대부분 천왕문을 거치는 것은 바로 이 첫번째 하늘나라인 사왕천을 통과하는 것을 상징적으로 나타낸 것이다.

호림: 천왕문의 사천왕은 각각 동서남북을 지킨다는데 누가 누군지 어떻게 알 수 있죠?

사천왕의 배치법에는 정답이 없다. 왜냐하면 불교경전에 따라 사천왕의 배치에 대한 내용이 모두 다르기 때문이다. 그래도 몇가지 규칙은 있

069. 경주 불국사 사천왕(남방 증장천왕)
070. 경주 불국사 사천왕(북방 다문천왕)
071. 경주 불국사 사천왕(동방 지국천왕)
072. 경주 불국사 사천왕(서방 광목천왕)

는데 두사람씩 짝을 지어서 양쪽에 세우고, 경우에 따라서는 음양오행을 적용하기도 한다.

또 한가지 힌트가 있는데 오행의 영향으로 동방지국천왕의 얼굴이나 몸의 색깔은 푸른색이 많고, 서방광목천왕의 색깔은 흰색이 많다. 남방 증장천왕은 붉은 색이 많고, 북방다문천왕은 검정색이 많다.

한편 4명의 사천왕을 구분하는 방법으로 흔히 손에 들고 있는 지물을 활용하기도 한다. 제일 많은 지물로는 각각 칼, 비파, 용과 여의주, 그리고 당(깃발)과 탑을 들고 있는 경우가 제일 많다. 하지만 소의경전에 따라서 손에 들고 있는 지물이 다양하게 변하기 때문에 단순하게 지물만으로 어느 방위를 지키는 사천왕인지를 판단할 수는 없다.

다만 대체로 지물이 일치하는 예외적인 사천왕이 있는데, 당과 탑을 들고 있을 경우에는 북방 다문천왕일 가능성이 매우 높다고 볼 수 있다. 따라서 부도나 탑, 석등 등에서 탑을 들고 있는 사천왕이 조각되어 있으면 그 쪽이 절대방위든, 상대방위든 간에 대체로 북쪽일 가능성이 높다고 할 수 있다.

아름: 어, 정말! 탑을 들고 있는 북방다문천왕의 얼굴색이 검어요.

한편, 사천왕이 천왕문에 어떻게 배치되어 있느냐도 사찰에 따라서 매우 다양한 사례가 있기 때문에 하나의 정형화된 규칙을 말할 수는 없지만, 대체로 아래와 같은 두가지의 유형을 따르는 경우가 많다.

〈사례 1〉

출구			
서방 광목천		북방 다문천	
남방 증장천		동방 지국천	
입구			

〈사례 2〉

출구			
북방 다문천		동방 지국천	
서방 광목천		남방 증장천	
입구			

사찰들이 대부분 남향으로 지어진다는 것을 감안하면, 이런 사천왕 배치법은 순수하게 절대방위 또는 상대방위를 따른 것으로 보인다. 하지만 이런 배치법에 대한 해석도 결과론적인 해석에 불과하다. 천왕문과 사천왕을 조성하면서 어떤 근거에 의해서 배치를 했는지는 해당사찰의 기록을 꼼꼼히 살펴봐야 한다.

073. 경주 불국사 전경, 사적 제502호

불국사 석축, 그 아름다움에 취해서
📍 현재위치: 불국사 정면 석축앞 마당

아름: 와, 이 모습은 정말 많이 봤어요. 불국사 하면 제일 먼저 떠오르는 모습이에요.

호림: 그런데 불국사 앞에는 왜 이렇게 넓은 운동장을 만들어 놨어요? 스님들이 자주 운동회를 하셨나?

청운교/백운교 이름 속에 숨어있는 구품연지

아빠: 이 청운교(靑雲橋)/백운교(白雲橋)의 이름에서 그 해답을 찾을 수 있어.

엄마: 청운교는 푸를 청, 구름 운, 다리 교! 백운교는 흴 백, 구름 운, 다리 교!

아름: 푸른 구름다리와 흰 구름다리? 다리라고 하면 물이 있어야 하는데...

지금은 아무런 흔적도 남아있지 않지만 원래 청운교/백운교의 바로 앞 정남쪽에는 1970년대의 발굴조사를 통해서 동서길이가 약 40m, 남북 길이가 약 26m, 깊이는 대략 2~3m에 이르는 타원형 연못이 있었던 것이 밝혀졌다. 그 연못의 이름은 구품연지(九品蓮池)였다.

아름: 아! 그런 연못이 있었다면 그 연못 속에 비친 불국사의 모습은 더 환상적이었을 것 같아요. 그런데 절 마당에 왜 연못을 만들었죠?

절 마당에 만든 연못을 '연꽃이 핀 못' 이라는 뜻으로 연지(蓮池)라고 하는데, 불교경전 중에서 서방 극락정토에 대해 묘사한 '관무량수경' 에는 다음과 같은 구절이 있다.

'극락정토에는 연꽃이 피어 있는 큰 연못이 있다. 물은 맑고 깨끗하여 바닥이 들여다보이고, 꽃들은 황금빛으로 빛난다. 극락정토의 성중(聲衆) 들은 이 연지에 둘러앉아 부처님의 설법을 듣는다'

불교사찰에서는 바로 이 모습을 상징해서 연못을 사찰 안에 만든다. 아무튼 연지는 사찰을 찾는 중생들에게 일주문과 사천왕이 지키는 사왕천을 지나왔으니, 이제는 부처님의 나라에 들어왔다는 것을 알려주는 뜻이기도 하다.

074. 속리산 법주사 석연지, 국보 제64호

호림: 그런데 왜 이름을 구품연지라고 해요?

　죽어서 서방 극락정토에 다시 태어나는 사람은 누구나 그 사람이 살아 생전 이승에서 했던 행적에 따라서 상, 중, 하의 세 단계로 나뉘는데 이것을 3생(三生)이라고 한다. 그런데 3생에는 각각 다시 상, 중, 하의 3품이 있어서 이것을 모두 합치면 상상, 상중, 상하, 중상, 중중, 중하, 하상, 하중, 하하의 9단계가 된다. 이것을 9품이라고 하고, 그래서 이들이 둘러앉은 연지를 구품연지라고 한다.

　삼국시대 백제의 대표적인 절인 익산 미륵사지와 부여 정림사지에서도 연지터가 발견되었고, 충남 서산의 개심사 앞 연지도 유명하고, 양산 통도사 대웅전 앞 연못의 이름은 구품연지와 비슷한 구룡지(九龍池)다.

075. 경복궁 교태전 아미산 화계

실제 연못을 만들지 못할 상황에서는 인공연못인 석연지로 대신했다.

엄마: 지난번 답사를 다녀왔던 속리산의 법주사에서는 그런 연지를 못봤던 것 같아요. 법주사도 엄청 큰 절인데 왜 연지가 없죠?

사찰의 지형특성상 연지를 만들지 못할 경우도 있다. 그럴 때에는 법당 앞 적당한 공간에 돌로 연꽃모양의 커다란 물그릇을 만들어 놓기도 하는데 이것을 석연지(石蓮池)라고 한다. 국보 제64호인 속리산 법주사의 석연지는 높이가 사람 키보다 훨씬 높아서 안을 들여다볼 수 없을 정도다. 국립공주박물관과 국립부여박물관에도 석연지가 전시되어 있다.

아름: 궁궐에서도 석연지를 봤던 기억이 나요.

경복궁의 중궁전인 교태전 뒤 아미산 화계에는 '낙하담'과 '함월지'라는 두 개의 석연지가 있고, 향원지 근처에 있는 함화당의 창무문 바로 앞에도 '하지(荷池)'라는 석연지가 있다. 이렇듯이 궁궐의 석연지는 비록 불교의 종교적인 의미를 담고 있는 것은 아니지만 그 뿌리는 불교에 닿아 있고, 우리의 전통 조경방식의 하나로 자리를 잡은 셈이다.

구품연지에는 날아다니는(?) 물이 공급되었다.

아름: 구품연지에는 물이 어떻게 공급이 되었나요? 연지의 아래쪽에 샘이 있었나요?

구품연지에는 토함산 계곡의 물과 대웅전 뒤편 무설전 근처의 샘에서 나온 물이 합쳐져서 공급되었는데, 물이 공급되는 방식을 자세히 기록한 옛날 자료가 남아 있다. 조선 선조때인 1580년에 간재 이덕홍이라는 사람이 남긴 기록을 보면 다음과 같은 대목이 나온다.
'한 돌다리를 건너니 큰 바위 위쪽에 연못이 있고, 그 연못 북쪽에 나무 홈통으로 날으는 샘처럼 물이 횡으로 멀리 흐른다. 물이 떨어지는 아래에는 석조가 있고 날으는 샘 위쪽에는 구름다리가 있는데 그 다리는 돌을 깎아 만든 무지개와 같았다.'

엄마: 나무 홈통을 길게 연결해서 물을 끌어 왔다는 뜻이네요? 그 흔

적이 아직도 남아 있을까요?

구품연지에 물을 공급하던 흔적은 지금도 바로 우리 눈으로 직접 확인할 수 있다. 청운교/백운교 그리고 범영루 사이의 하층석단을 보면 파이프의 위쪽 반을 잘라낸 것과 같은 특이한 모양의 돌이 보인다. 그것이 배수구인데 지금은 그 아래를 보면 바닥에 흙이 패이지 않도록 돌이 깔려져있지만 원래 저곳 배수구에서부터 나무 홈통을 연이어 붙여서 인공 수로를 만든 뒤, 구품연지로 물을 공급했던 것이다.

076. 경주 불국사 구품연지 배수구

구품연지가 갑자기 사라진 미스터리

호림: 그렇게 큰 연못이 어떻게 갑자기 사라졌죠?

불국사 석축 앞 연지가 사라진 것은 아직도 풀리지 않은 미스터리다.

조선 후기 다산 정약용의 벗인 초의선사는 '승천교 밖 연지에 칠보누대 아롱지고 무영탑 그림자를 보노라니 아사녀가 와서 보는 듯 하구나' 라는 기록을 남겼는데, 그것만 봐도 최소한 19세기 중반까지도 구품연지는 그대로 남아 있었다. 그랬던 것이 일제강점기 때에는 한순간에 완전히 없어졌는데 마치 석굴암이 순식간에 폐허가 된 것과 흡사하다.

엄마: 그래서 토함산에 국지적인 큰 지진이 있었을 가능성이 높아지는군요.

불국사 석축에 숨어있는 아름다움

불국사의 석축이 아름다운 이유가 뭘까? 사람에 따라 느끼는 바가 다르겠지만 많은 사람들이 자연석과 인공석의 교묘한 조화에서 나오는 아름다움을 꼽는다. 특히 하층석단을 자세히 보면 아래쪽은 크기가 불규칙한 큰 자연석 바위를 쌓고, 그 위에는 잘 다듬은 인공석을 조합해서 만들었는데 특히 자연석과 인공석이 만나는 부분의 경계를 유심히 보면 자연석의 불규칙한 모양을 따라서 인공석의 밑면을 자연석 모양 그대로 깎았다. 저런 것을 건축용어로 그랭이 공법이라고 한다.

그랭이 공법은 원래 목조건축에서 사용하는 기법인데, 건물의 나무기둥을 울퉁불퉁한 자연석 주춧돌 위에 올려놓을 때, 나무기둥과 주춧돌의 접촉부분이 빈틈없이 잘 맞도록 하기 위해서 자연석 주춧돌의 불규칙한 윗면 모양 그대로 나무기둥의 바닥면을 깎아내는 작업이다. 그런 목조건축기술을 신라사람들은 돌에 적용한 것이니 돌을 마치 목재 다루

듯 한 것이라고 볼 수 있다.

엄마: 마치 목탑을 원본으로 해서, 그 방식 그대로 나무 대신 돌을 사용해서 새롭게 만들어 낸 익산 미륵사지 석탑을 보는 것 같아요.

그리고 또 한가지, 불국사의 석축이 우리에게 말없이 알려주는 것이 있다. 그것은 석축 아래세상은 중생들의 사바세계이고, 석축 위는 부처의 불국토란 뜻이다. 즉 서로 다른 세상이란 뜻이다. 그래서 사바세계에서 불국토를 건너가기 위해서는 반드시 두 세계를 연결해 주는 다리가 필요한 것이다. 그래서 돌계단들의 이름을 청운교/백운교, 그리고 연화교/칠보교라고 붙인것이다.

077.경주 불국사 석축

불국사 석축: 부처님나라로 넘어가는 다리 - 청운교/백운교

　국보 제23호인 청운교/백운교는 석가모니가 있는 대웅전 마당으로 들어가는 돌계단이고, 국보 제22호인 연화교/칠보교는 아미타부처가 있는 극락전 마당으로 들어가는 돌계단이다. 그런데 계단의 이름에 굳이 색깔을 넣은 뜻이 있었을까? 굳이 해석을 하자면 인생을 뜻하는 것이 아닐까? 계단을 하나씩 올라간다는 것은 나이를 한살씩 먹는다는 것과 비슷하다고 볼 수 있지 않을까? 그렇다면, 청운교(靑雲橋)는 청년의 모습을 상징하고, 백운교(白雲橋)는 백발 노인의 모습으로 상징한다고도 할 수 있을 것이다.

　호림: 이 다리들이 국보로까지 지정된 이유는 뭘까요?

　이 다리는 불국사가 중창되던 신라 경덕왕 10년 즉 751년에 세워진 것으로 추정이 된다. 따라서 신라시대의 다리로는 유일하게 완전한 형태

078. 경주 불국사 청운교/백운교, 국보 제23호

로 남아있는 매우 귀중한 유물이다. 그것뿐만이 아니라 홍예라고 부르는 무지개 모양의 다리 아랫부분은 우리나라의 돌다리나 성문에서 보여지는 홍예교의 시작점을 보여주고 있어서 중요한 자료가 되고 있다. 기왕 홍예 이야기가 나왔으니 청운교 밑의 홍예를 잘 살펴보자.

청운교/백운교에 숨어 있는 과학

079. 경주 불국사 청운교/백운교의 홍예

　청운교/백운교의 홍예는 일반적으로 보는 홍예와는 달리 하나가 아니라 이중으로 되어 있다. 원래 홍예는 구조적으로 아래쪽에 지지대가 없기 때문에 잘못 쌓으면 아래로 무너지기 쉽다. 따라서 홍예를 이루는 모든 돌은 아래로 무너지지 않도록 역사다리꼴 모양이며, 최상부의 쐐기돌 역시 같은 모양을 유지하면서 무지개 모양의 맨 윗부분에 박히게 되는데 아래쪽의 홍예는 정석대로 만들어져 있다. 그런데 위쪽의 홍예는 최상부 쐐기돌 모양이 아래쪽과는 정반대로 되어 있다. 이런 식으로 위쪽 홍예의 쐐기돌이 반대방향으로 박혀있으면 구조상 이 홍예는 아래로 무너지지 않을 뿐더러 위쪽으로도 무너지지 않는다.

　호림: 홍예가 아래로 무너질 수는 있어도 위쪽으로 무너질 수는 없잖아요?

지진이 발생했을 경우 땅의 진동은 좌우방향뿐만 아니라 상하방향으로 올 수도 있다. 그렇게 되면 순간적으로 돌들이 위로 튀어오를 수도 있다. 홍예가 이중으로 되어 있지 않다면 아무리 튼튼한 돌로 다리를 만들었다 해도 구조에 균열이 가고 결국에는 다리가 무너질 수도 있다. 청운교/백운교를 만든 사람은 그런 것 까지도 고려해서 만든 것이 아닐까? 그리고 이 다리는 건축적으로만 잘 만든 것이 아니라 다리의 좌우 측면은 판석으로 막고 가로, 세로로 기둥과 중방(中枋)을 세웠는데, 목조 건축물의 형태를 보여주고 있어서 저토록 아름답게 보이는 것이다.

아름: 청운교/백운교는 쌍둥이처럼 똑같이 만들어졌나요?

청운교/백운교의 계단 숫자 33이 의미하는 바는?

청운교와 백운교는 제작수법은 동일한데 청운교가 조금 더 크다. 계

080. 경주 불국사의 자하문

단 수를 확인하면 금방 알 수 있는데 청운교가 17단, 백운교가 16단이어서 합치면 33단이다. 불교에서 33이란 숫자를 들으면 금방 33천을 떠올리게 된다. 33천은 지상을 다스리는 최고의 신, 제석천이 살고 있다는 도리천의 별명이다.

도리천은 불교의 세계관에서 부처님께 가는 28개의 층층이 쌓인 하늘나라(28천)중 맨 아래에서 두번째 하늘나라로 부처님이 계시는 수미산의 정상에 있다. 네명의 왕이 지키는 첫번째 하늘나라인 사왕천은 이미 천왕문을 지나올 때 거쳐왔다. 그래서 도리천으로 형상화된 백운교의 끝까지 올라가면 부처님이 계신다는 수미산의 정상에 도달하는 것이다. 최대한 사람이 걸어서 갈 수 있는 곳까지 간 것이다. 그렇기 때문에 수미산의 정상부분에 해탈문인 '자하문'이 위치하고 있다.

아름: 다른 절들은 모두 '해탈문'이나 '불이문'인데 불국사는 왜 이름을 어렵게 '자하문'으로 지었을까요?

자하문의 한자는 자주빛 자(紫), 노을 하(霞), 문 문(門)자를 쓴다. 중국의 황제가 사는 궁궐을 자금성(紫禁城)이라고 하는데 자금성(紫禁城)의 뜻은 자주빛의 금지된 성이란 뜻이다. 또 황제가 사는 궁을 자주빛 궁이라는 뜻인 자궁(紫宮)이라고도 한다. 이렇듯 자주빛 자(紫)라는 글자는 동양천문학에서 천자의 별자리인 자미원(紫微垣)에서 나온 말인데 자주빛은 곧 황제 또는 최고권위의 사람을 상징한다.

따라서 자하문이라 함은 자주빛의 노을이 낀 문이란 뜻이므로 부처님이 어렴풋이 보이는 문이란 뜻이다. 왜냐하면 이제까지 겨우 두 개의 하

081. 경주 불국사 전경, 왼쪽부터 안양문, 범영루, 자하문, 좌경루

늘나라만 지나왔을 뿐이고, 아직도 거쳐야할 26개의 하늘나라가 더 남아 있으니, 당연히 부처님이 바로 앞에 있는 것처럼 또렷하게 보이지는 않고 노을이 낀 것처럼 은은하게 보인다는 시적인 표현을 쓴 것이다.

불국사 석축: 2% 모자란 복원 - 범영루와 좌경루

자하문의 양쪽에는 누각이 있는데 묘하게도 생김새가 비슷한 것 같으면서도 다르다. 자세히 보면 건물은 거의 똑같이 생겼는데 건물을 받치고 있는 돌기둥이 다르다. 왼쪽의 돌기둥은 화려하고, 오른쪽의 돌기둥은 수수하다. 우리가 보기에 왼쪽의 것이 범영루(泛影樓)고 오른쪽의 것이 좌경루(左經樓)다.

호림: 오른쪽에 있는데 웬 좌경루?

우리 문화재에서의 방향설정은 관찰자가 아니라 주인이 기준이 된다. 그래서 관찰자인 우리가 보기에는 오른쪽에 있어도 사찰의 주인인 부처님의 입장에서는 왼쪽이므로 좌경루가 되는 것이다. 좌경루는 글자를 풀이하면 불교경전을 보관하는 왼쪽 누각이라는 것을 쉽게 알겠는데, 범영루는 무슨 뜻일까?

범영루는 뜰 범(泛), 그림자 영(影), 누각 누(樓)자를 써서, 그림자가 뜨는 누각이라는 뜻이다. 바로 범영루와 청운교/백운교 바로 앞쪽에 구품연지가 있었기 때문에 이런 이름이 붙었다. 즉, 청운교/백운교 뿐만 아니라 범영루라는 이름 자체도 구품연지의 존재를 알려주고 있다.

아름: 상식적으로 생각해봐도 좌경루가 있으면 우경루도 있어야 정상 아닌가요?

불국사 복원의 실패사례로 꼽히는 것 두 가지

1970년대 불국사의 복원공사 때, 실패한 대표적인 사례로 꼽는 것이 구품연지를 그냥 묻어둔 것과 우경루를 **빼먹은** 것이다. 불국사에 관련된 각종 기록을 살펴보면 불국사 전경은 지금처럼 범영루가 우경루 역할을 한 것이 아니라, 불국사의 전면부 전체를 대상으로 양쪽 끝편에 좌경루와 우경루를 두고, 그 가운데에 안양문과 범영루 그리고 자하문을 두는 것이었다. 만약 그렇게 복원이 되었다면 우리가 불국사를 쳐다봤을 때, 가장 왼쪽 끝편에 우경루가 있고, 그 다음에 안양문 - 범영루 - 자하문, 그리고 가장 오른쪽 끝편에 좌경루가 있었을 것이다.

082. 경주 불국사의 범영루

엄마: 상식적으로 생각해봐도 그렇게 구성이 되어야 좌우 균형이 맞을 것 같아요. 지금 모습은 너무 대웅전 쪽으로 치우쳐서 몰려있는 모습이에요.

호림: 그런데 유독 범영루 돌기둥은 왜 저렇게 화려하죠? 너무 튀는 모습이에요.

범영루의 원래 이름은 수미범종각(須彌梵鐘閣)이었다고 한다. 청운교/백운교가 수미산의 정상을 상징하기 때문이다. 불교의 세계관에 따르면, 수미산은 부처님이 상주하시는 세계의 중앙에 있는 거대한 산인데, 그 중턱에는 네명의 왕 즉 사천왕이 동서남북을 지키고 있고, 그 꼭대기에는 지상을 다스리는 최고의 신, 제석천왕이 상주한다고 했다. 따라서 수미범종각은 수미산에 있는 범종각이라는 뜻이고, 이 범종소리를 들으면 누구든 인간의 온갖 번뇌를 상징하는 108번뇌가 사라진다고 믿었다.

범영루는 수미산 꼭대기에 있는 도리천이라는 하늘나라에 있다는 가정을 하고 있다. 따라서 돌기둥의 모습을 자세히 보면 허리부분에서 가늘게 되었다가 뭉게뭉게 피어나는 구름처럼 다시 넓게 퍼지면서 범영루 기둥을 받치고 있기 때문에, 범영루가 마치 구름 위에 솟아서 떠오른 듯한 느낌을 주려고 저렇게 만든 것 같다. 한편 돌기둥 사이의 빈 공간은 마치 물항아리와 같은 모양인데 아래쪽에 구품연지가 있었던 것을 감안한다면 구품연지와 더불어 물이라는 소재로써 서로 이미지를 맞춘 것 같기도 하다.

뱀의 발 불국사의 사물(四物)과 당간지주(幢竿支柱)

083. 경주 불국사의 당간지주, 경상북도 시도유형문화재 제446호

보통의 사찰에서는 범종각에 사물(불교의식도구인 법고, 운판, 목어, 범종)을 한꺼번에 모아 두는 경우가 많다. 그러나 불국사에서는 사물이 3곳에 분산되어 있다. 좌경루에는 목어와 운판, 범영루에는 법고, 그리고 극락전 옆쪽의 범종각에 범종이 있다.

한편 사찰에서 법회 등의 행사를 치를 때 사찰이 신성한 구역임을 알리기 위해 입구에 깃발을 내 거는데, 이것을 당(幢)이라고 한다. 또한 이 깃발을 다는 장대를 당간(幢竿)이라고 하고, 당간을 양쪽에서 지탱하는 돌기둥을 당간지주(幢竿支柱)라고 한다. 쉽게 말해서 국기게양대라고 보면 된다.

당간지주는 보통 한 쌍이 대부분이지만, 불국사의 당간지주는 연화교/칠보교 맞은편에 두

084. 경주 불국사의 연화교/칠보교, 국보 제22호

쌍이 동서로 마주보는 형태로 놓여 있다. 두 쌍 모두 정상부를 둥글게 처리하고 안쪽에 당간을 고정시키기 위한 간구(竿溝)를 시공하였다. 돌기둥 사이 바닥에 설치하여 당간을 받치도록 만든 간대석(竿臺石)은 한 쪽에만 남아 있다.

불국사 석축: 극락세계로 넘어가는 다리 – 연화교/칠보교

 연화교/칠보교는 청운교/백운교와 비교했을 때, 규모만 작고, 나머지는 거의 같은 구조다. 아래쪽에 있는 연화교 단수가 10단이고 위쪽의 칠보교는 8단인데 연화교의 10단짜리 계단에는 모두 10개의 연꽃이 새겨져 있다. 특히 맨 위쪽 계단의 연꽃이 가장 크다.

그런데 청운교/백운교에는 없는 연꽃이 왜 이 곳에만 새겨져 있을까? 그것은 아마도 이 연화교(蓮華橋)가 서방 극락정토로 가는 길이기 때문일 것이다. 그럼 위의 칠보교(七寶橋)에는 왜 연꽃이 없을까? 칠보교는 말 그대로 일곱가지 보물로 된 다리라는 뜻이다. 연화교는 연꽃으로 장엄을 했지만, 칠보교는 그 자체가 보물로 만들어져 있기 때문에 굳이 따로 장엄할 필요가 없었을 것이다. 그리고 연화교/칠보교를 지나서 다다른 맨 위의 문이 안양문(安養門)이다.

안양시민은 극락에 살고 있다.

호림: 안양문? 해탈문이 아니고요? 안양은 도시이름인데...

안양은 서울의 남쪽에 있는 위성도시 이름이다. 그런데 안양(安養)이라는 말은 불교에서 극락을 달리 부르는 이름이다. 그래서 안양문을 들어서면 아미타 부처를 모신 극락전이 바로 앞에 나타나는 것이다.

아름: 결국 안양시에 사는 사람들은, 극락에 사는 사람들이네요. 안양시민들은 참 좋겠다.

뱀의 발 불국사 석조 (보물 제1523호)

청운교/백운교 오른쪽의 대웅전 영역으로 올라가는 길목에는 방문객들의 갈증을 씻어주는 돌로 된 수조(水槽)가 있다. 대부분 목을 축이고는 그냥 지나가지만 이 석조는 엄연히 국가지정 문화재 보물 제1523호로 지정되어 있다. 그런데 2007년 이 불국사 석조가 보물로 지정된 것은 한 자원봉사 문화해설사의 노력 덕분이었다. 이 석조 이외에도 불국사 경내에는

3개의 석조가 더 있다.

백제시대의 석조는 수조 모양이 원형이고 통일신라시대 및 그 이후의 석조는 대부분 직사각형이다. 불국사석조의 경우는 직사각형을 기본으로 하면서도 네 모서리와 긴 변의 중앙부에서 안쪽으로 둥글게 모접기하여 유려한 형태를 이루고 있다. 또한 아래로 내려갈수록 점차 좁아져 입면상으로는 사다리꼴 형상을 이루고 있고 다른 석조에 비해 내, 외면에 조각 장식이 있다는 점에서 특이한 양식을 보여주고 있다.

085. 경주 불국사 석조, 보물 제1523호

바깥면에는 중앙부와 상부에 가로로 도드라진 띠를 돌리고 중앙부의 돌림띠 아래로는 긴 변에 각 6개, 짧은 변에 각 3개씩 모두 18개의 안상을 조각하였으며, 안쪽면에는 연화문을 조각하여 화려하게 장식하였다. 이는 석조에 물을 채우면 연꽃이 피어오르는 듯한 모습을 구현하고자 하는 의도가 있는 것으로 추정된다. 석조의 바닥 중앙에는 지름 약 3.5cm의 출수구가 있다.

대웅전 영역: 쌍탑을 끌어안은 마당

📍 현재위치: 불국사 대웅전앞 마당

호림: 와! 다보탑이다. 10원짜리 동전에 있던 바로 그 탑!

아름: 저기 뒤쪽에 석가탑도 보여요.

불국사처럼 금당(법당) 앞에 탑이 두개 있는 가람배치를 쌍탑 1금당 방식이라고 한다. 신라에서 최초의 쌍탑 1금당 방식의 사찰은 문무왕 수중릉(대왕암) 가는 길에 있는 감포 인근의 감은사다. 쌍탑을 보유한 감은사가 최초로 만들어지고 난 뒤, 약 70년 후에 불국사의 다보탑과 석가탑이 만들어졌다.

086. 경주 불국사 대웅전 앞 다보탑과 석가탑

아름: 그런데 감은사의 쌍탑은 정말 쌍둥이처럼 닮았는데, 불국사의 석가탑과 다보탑은 쌍탑이라면서 왜 저렇게 모양이 달라요?

호림: 이란성 쌍둥이인가?

불국사가 쌍탑가람 임에도 탑의 모양이 서로 다른 이유

쌍탑 1금당 방식이라고 해서 탑의 모양이 완전히 똑같지는 않다. 쌍탑 1금당 방식의 쌍탑 중에는 완전히 똑같은 모양의 쌍탑도 있지만 서로 다른 모양의 쌍탑도 많다. 그런데 쌍탑의 모양은 탑을 만들때 근거로 삼는 불교경전의 내용에 따라 좌우된다. 문화재로 지정된 우리나라의 불상 또는 불화중에서는 이불병좌상(二佛竝坐像)이라는 양식이 있다. 글자 그대로 두 부처님이 나란히 앉아있는 모습을 나타낸 것인데, 이 두 부처님이 바로 석가여래와 다보여래다.

> **호림:** 다보여래(多寶如來)를 한자로 쓰면 보물이 많다는 뜻인데, 부처님 중에서 가장 부자인 부처님이신가?

불교 용어는 산스크리트어를 음역한 것이 많기 때문에 한자의 뜻만으로 해석하려고 하면 안되는 것이 많다. 다보여래는 불교경전 중에서 보통 법화경이라고 부르는 '묘법연화경'의 견보탑품(見寶塔品)에 나오는 부처님이다. 다보여래는 부처가 되기 전 보살행을 닦을 때 큰 서원(誓願)을 세웠는데, "내가 장차 성불하여 입멸하면 온몸 그대로 진신사리가 되고, 어떠한 부처든지 '법화경'을 설법하는 장소에는 반드시 내가 나타나서 그의 설법을 증명하리라"라고 하였다.

> **아름:** 온 몸이 진신사리가 되었으면, 보석이나 다름 없네요. 그래서 다보여래라는 이름이 붙었구나.

그런데 석가모니 부처가 영취산에서 법화경을 설법하시자, 자신의 서원대로 땅 속에서 보탑의 모습으로 솟아올라서 그 설법을 증명하였다. 그러면서 다보여래는 보탑 속 자기 자리의 반을 석가모니께 내주면서 그곳에 함께 앉으시기를 청하였다. 그러자 석가모니는 즉시 보탑속으로 들어가 결가부좌하고 다보여래와 자리를 나누어 앉으셨다. 이불병좌상은 그 법화경 내용을 이미지로 나타낸 것이다.

이처럼 다보여래는 언제나 석가모니불과 같은 연화대에 나란히 앉은 모습으로 조성된다. 다보여래가 있는 곳에는 이미 석가모니불이 자리를 나누어 앉을 곳을 마련해 놓고 있다고 보면 된다. 따라서 다보탑을 세울 경우에는 반드시 쌍탑을 세우되 나머지 하나로 석가탑을 만들고 그것으로 석가모니 부처를 상징한다. 그래서 석가탑의 원래 이름이 '석가여래 상주설법탑' 이고, 다보탑의 원래 이름이 '다보여래 상주증명탑' 이다.

087. 경주 불국사 다보탑, 국보 제20호

한편, 쌍탑이라고 하지만 석가탑과 다보탑의 경우에는 거의 자리가 지정되어 있다고 보면 된다. 왜냐하면 불교경전에 따르면 다보여래는 동방 보정세계(寶正世界)의 교주라고 되어 있기 때문에 동쪽에 자리를 잡는 것이 원칙이다. 이와 비슷한 예로는 아미타불은 서방정토를 주관하시는 분이기 때문에 삼존불로 조성할 경우에는 항상 서쪽자리의 주인이 된다.

뱀의 발 불국사에 얽힌 풍수지리

풍수지리 형국론에서는 불국사를 옥녀세발형이라고 한다. 처녀가 머리를 감는 형국이라는 뜻이다. 불국사는 법흥왕때 처음부터 정치적인 목적으로 만들어졌지만 751년인 경덕왕 때에는 엄청난 규모로 중창이 되었다. 이 때는 불국사만 중창된 것이 아니라 토함산의 맞은 편의 석불사(석굴암)까지 건설되었다. 경덕왕은 이에 그치지 않고 그의 아버지 성덕왕을 위해 에밀레종으로 더 널리 알려진 성덕대왕신종까지 제작에 들어갔다. 그렇다면 경덕왕은 왜 이렇게 큰 국가적 불교사업에 치중했을까? 1991년 4월 남천우 박사는 경덕왕이 아들을 낳기 위해 대규모 불사를 일으켰다는 학술발표를 했다. 경덕왕은 통일신라의 최전성기를 누리던 왕이었다. 그런 왕에게 후사가 없다면 큰 일이 아닐 수 없을 것이다. 그렇다면 풍수지리로 이를 설명할 수 있을까? 아마 가능할 것 같다.

경덕왕은 다른 곳을 놔두고 굳이 시내에서 멀리 떨어진 토함산 한쪽 기슭에 불국사를 중창했다. 그리고 그 반대편에는 석불사까지 건설했다. 그런데 불국사와 석불사는 토함산의 옥녀봉으로부터 동서로 갈라지는 같은 산줄기를 타고 있다. 이는 무슨 뜻일까? 불국사와 석불사는 같은 생기를 나눈다는 뜻이다.

1. 굳이 왜 토함산인가?
토함산의 이름은 음양을 잘 반영하고 있는데 한편으로는 토하고, 또 한편으로는 품는다는 뜻이다. 경덕왕이 득남을 기대했다면 기왕이면 음양의 기운이 충만한 산을 택했을 것이다.

2. 불국사의 반대쪽에 석불사는 왜 지었을까?
불국사는 옥녀세발형이라고 했다. 결국 처녀의 기운을 갖고 있는 땅이다. 그렇다면 처녀에게 양기를 불어넣어 줘야 한다. 동향을 하고 있는 석굴암의 구조를 보면 여자의 자궁과 흡사하다. 게다가 본존불의 방향은 정확히 동지날 일출에 맞춰져 있다. 동지가 어떤날인가? 일년중 짧아졌던 해가 다시 길어지기 시작하는 때이다. 따라서 음기가 양기로 바뀌는 때이다. 그것도 가장 신선한 양기! 또한 동양의 관습중에 동입서출이 있다. 동쪽으로 들어가서 서쪽으로 나온다는 말로 모든 통행방법은 동입서출을 기본으로 하고 있다. 석굴암 본존불로 들어간 동지날의 신선한 양기를 품은 태양은 산줄기를 타고 토함산 옥녀봉의 반대편으로 내려가서 불국사에 그 기운을 전해준다.

이렇게 전해진 생기는 불국사 대웅전의 혈자리에서 솟아오르게 된다. 신라시대에는 한때 왕즉불, 왕은 즉 부처라는 사상이 지배적이었다. 일례로 진평왕은 자신의 이름을 석가의 아버지 이름인 '백정'으로, 왕비의 이름은 석가의 어머니인 '마야부인'으로 할 정도였다. 그런 생각이 지배적이었던 만큼 왕은 석가모니의 불상이 곧 자신의 분신이라고 여기고 그 앞의 다보탑과 석가탑을 생기를 보호하는 역할을 담당토록 했다.

그렇다면 다보탑과 석가탑을 어떻게 배치해야 할까? 기본적으로 풍수지리로 지세(地勢)를 살필 때, 전후좌우에 있는 네 개의 산인 사신사(四神砂)의 형태는 다음과 같다.

동으로 청룡은 완연하고[靑龍婉蜒], 서로는 백호는 준거하다[白虎蹲踞]. 남으로 주작은 상무하며[朱雀翔舞], 북으로 현무는 수두하다[玄武垂頭].

풀이하자면 동쪽 청룡은 힘차게 구불구불해야 하고[동적], 반대로 서쪽 백호는 잔뜩 웅크리고 있어야 한다[정적]. 남쪽 주작은 날아오르는 듯 춤을 춰야 하고, 북쪽 현무는 머리를 숙이듯 해야 한다.

따라서 동쪽의 탑은 모양의 변화가 심해야 하고, 서쪽의 탑은 반대로 단순해야 한다. 그래서 화려한 모양의 다보탑이 동쪽에 서고, 수수한 모양의 석가탑이 서쪽에 위치한 것이다.

088. 창덕궁 후원의 청의정

대웅전 영역: 가장 아름다운 파격 - 다보탑

아름: 이 다보탑은 도대체 몇 층짜리에요?

다보탑의 층수에 대해서는 정답이 없다. 이 탑은 너무 파격적이어서 우리가 알고 있는 탑에 대한 일반상식으로는 도저히 해석이 안되기 때문이다. 이런 식의 탑을 이형석탑이라고 한다. 그렇기 때문에 사람마다 주장하는 탑의 층수가 모두 다르다.

다보탑의 층에 따른 모양의 변화는 천원지방사상을 뜻한다.

그래도 굳이 다보탑의 층수에 대한 표현을 하자면 다보탑의 층을 숫자로 말하기 보다는 '3층 양식' 이라는 표현을 쓰는 것이 옳다고 본다. 왜냐하면 탑의 기단부는 사각형과 팔각형이 섞여 존재하고, 탑신부는 아래쪽에서 위로 올라가면서 사각형이 점점 팔각형으로 변화하고, 맨 위쪽의 상륜부는 원형이기 때문이다.

즉 전체적으로 보았을 때 사각형에서 팔각형을 거쳐 맨 위쪽의 원형으로 변화하는 천원지방사상을 건물구조에 반영한 것으로 볼 수 있다. 이런 양식의 정자 건물이 창덕궁의 후원에도 있는데, 창덕궁 후원 옥류천 지역 청의정(淸漪亭)이 바로 이와 같은 양식이다. 청의정은 건물의 바닥은 네모난 모양이고, 네 개의 기둥머리에 창방은 네모지게 만들었지만, 그 위에 올라간 도리는 팔각이 되도록 연결을 했다. 그리고 그 위의 서까래도 역시 팔각으로 만든 뒤에 지붕은 둥글게 만들었다. 이처럼 청의정 또한 다보탑과 기본 구성원리가 비슷하다.

아름: 와! 불교사찰 문화재와 전혀 상관없는 궁궐 문화재 속에서 유사점을 찾아내다니!

아빠: 아름아, 내가 항상 강조하는 것 알지? 문화재는 눈 앞에 있는 그것만 보면 절대 안돼. 항상 다른 문화재와 비교하는 습관이 중요해.

다보탑은 마치 목조건축물을 보는 것 같은 착각이 든다. 조금 과장해서 표현하자면, 인간의 솜씨로 만들 수 있는 작품이 아니라는 느낌이 들 정도다. 다보탑의 기단부에 동서남북 사방으로 계단이 있고 계단의 끝에 양쪽으로 돌기둥이 서 있는데 어디서 많이 본 느낌이 들지 않는가?

다보탑에서 난간의 흔적을 찾아 보기

정답은 멀지 않은 곳에 있다. 대웅전 영역에 들어서기 바로 직전에 봤던 것에서 찾을 수 있다. 청운교/백운교의 시작부분에 있던 돌기둥! 다보탑과 청운교/백운교는 각각 계단의 시작부분 돌기둥 모습이 똑같다.

다만 서로 다르게 보이는 것은 청운교/백운교는 난간의 돌란대(난간 맨 위쪽에 나란히 돌려 댄 나무)가 있는 반면, 다보탑은 난간 자체가 없다.

그런데 만약 다보탑 계단 시작부분의 돌기둥이 난간의 돌기둥이 확실하다면, 무엇으로 증명할 수 있을까? 돌기둥의 뒤쪽을 자세히 보면 난간을 끼웠던 구멍이 있다.

089. 경주 불국사 다보탑 돌기둥의 난간구멍

호림: 그런데 다보탑의 사자는 왜 한마리만 있죠? 외로워 보인다.

안타깝게도 다보탑에는 우리가 일제강점기에 나라를 빼앗겼던 설움이 고스란히 담겨있다. 1925년경에 일본인들이 다보탑을 완전히 해체보수했는데, 이 때 탑을 철저하게 휘장으로 가리고 작업했다고 한다. 그리

090. 경주 불국사 3층석탑(석가탑), 국보 제21호

고 이에 관한 기록을 전혀 남겨놓지 않았다. 그 때 인부로 일했던 몇몇 조선인들의 증언에 의하면 일본인들이 보자기에 싼 무엇인가를 여러차례 날랐다고 한다. 그 때 탑 속에 두었을 사리와 사리장치, 그 밖의 유물들이 모두 사라져 버려서 지금은 그 행방을 전혀 알 수 없게 되었다.

돌사자도 그 때 훔쳐간 것으로 보이는데 원래 돌사자는 모두 네마리였다고 전해지고 있다. 그리고 그 돌사자 가운데서 보존상태가 가장 좋았을 듯한 3마리가 그 때 약탈된 것으로 보인다.

대웅전 영역: 순수함의 결정체 – 석가탑

석가탑은 대한민국 석탑의 교과서라고 할 수 있다. 분황사 모전석탑에서 기원하여 고선사지 3층석탑과 감은사지 3층석탑에서 전형적인 석탑으로서의 첫 모습을 갖춘 신라계 석탑의 흐름은 나원리 5층석탑, 황복사지 3층석탑, 장항리 5층석탑이라는 실험적인 변화기를 거친 후 드디어 한세기 만에 석가탑에서 완성을 이루었다.

그런데 같은 공간의 다보탑은 말로 형용할 수 없을 정도로 화려한데 비해, 상륜부(머리장식)를 제외하면 석가탑에서는 전혀 꾸밈이라고는 찾아볼 수가 없다. 석가탑뿐만 아니라 대부분의 우리 전통석탑들 모습도 탑 자체로는 석가탑과 비슷한 양상인데, 석가탑의 모습에 특별한 꾸밈이 없는 이유는 석가모니 부처가 이미 완전한 존재여서 더 이상 꾸밀 필요가 없기 때문이다. 보살의 경우에는 아직 부처가 되지 못한 불완전한 존재이기 때문에 머리의 보관뿐만 아니라 몸에는 주렁주렁 각종 영락장식을 달고 있지만, 부처는 법의(法衣) 하나만 입고 있어도 그 자체로 완벽한 존재인 것이다.

091. 경주 불국사 3층석탑(석가탑)의 상륜부   092. 남원 실상사 3층석탑(동쪽) 상륜부

아름: 석가탑이 우리나라 석탑의 교과서라면, 가장 완벽하게 보존이 잘된 석탑이라는 뜻인가요?

석가탑에서 원형이 아닌 부분은 상륜부다.

    석가탑은 기단부와 탑신부는 지금까지 잘 보존이 되었지만 안타깝게도 상륜부는 통째로 없어졌다. 그래서 석가탑의 조성시기와 가장 가까우면서도 상륜부가 완벽히 남아있는 석탑을 찾아 전국 방방곡곡으로 뒤졌는데, 그 결과 선택된 것이 남원 실상사의 3층석탑이었다. 그래서 실상사 3층석탑의 상륜부를 참고하여 만든 것이 석가탑의 상륜부다. 하지만 실상사 3층석탑은 석가탑보다도 무려 백년이나 뒤에 만들어진 탑이어서 상륜부가 전체적인 석가탑의 분위기에는 다소 맞지 않는다는 지적도 많다.

그런데 석가탑은 다른 별칭도 많다. '석가여래 상주설법탑'이라는 원래 이름도 있지만, 또 '무영탑(無影塔)'이라는 별명도 있다. 하지만 그것들은 문화재청에 등록된 정식명칭이 아니다. '경주 불국사 3층석탑'이 정식 명칭이다. 다보탑의 정식명칭도 '경주 불국사 다보탑'이다.

뱀의 발 무영탑에 얽힌 전설-아사달과 아사녀, 무영탑(無影塔)의 얽힌 애절한 사랑이야기

무영탑이라 불리는 탑은 바로 불국사 경내에 있는 국보 제21호인 석가탑을 말한다. 황룡사 9층목탑을 지을 때와 마찬가지로 신라는 이 탑을 창건할 때 신라보다 건축기술에 있어서 앞선 백제의 '아사달'이라는 유명한 석공을 초빙하여 공사를 했다. 온 신라의 많은 석공들을 제치고 이 공사를 맡게 된 '아사달'은 전심전력을 다하여 돌을 다듬고 깎아 탑을 세우는 일에 몰두하였다.

그런데 고향에 두고 온 사랑하는 아내 '아사녀'는 남편의 일이 하루속히 성취되어 기쁘게 만날 날을 고대하다 못해 남편이 일하는 신라땅 경주 불국사까지 찾아오게 되었다. 그러나 성스러운 공사가 진행되고 있는 불국사에는 들어 갈 수가 없었다.

천릿길을 멀다 않고 찾아 온 그녀는 한꺼번에 세상이 무너지는 듯 하였으나 남편을 만나려는 그 애틋한 사랑이 여기서 좌절될 수는 없었다. '아사녀'는 매일 매일 불국사 앞을 서성거리며 먼 발치에서나마 남편을 바라보려 했다. 그러나 완강한 문지기의 저지로 그 작은 바람조차도 이룰 수가 없었다.

매일같이 그 측은한 광경을 보아야 하는 문지기는 보다못해 그녀를 달래기 위하여 이야기를 꾸며댔다. "여기서 얼마 떨어지지 않은 곳에 자그마한 못이 하나 있소. 그 곳은 옛부터 신령스러운 곳이라, 당신이 지성으로 빈다면, 탑의 공사가 완성되는 날에 그 탑의 그림자가 못에 비춰질 것이니, 당신의 남편 모습도 볼 수가 있을 뿐 아니라, 그 때 찾아오면 만날 수도 있을 것이오."라고 했다.

'아사녀'는 뛸 듯이 기뻤고 다음날부터 그 못에서 온종일 못을 들여다보며, 행여나 그리운 남편의 모습이 나타나려나 싶어 기다렸다. 그러나 안타깝게도 탑의 그림자나 남편의 모습은 나타나지 않고 세월만 흘러갔다. 초조한 기다림 속에 견디다 못한 그녀는 지친 몸을 이끌고 결국 못에 몸을 던지고 말았다.

그 후, '아사달'은 각고의 노력끝에 석가탑을 완성시켰다. 그는 고향에 두고 온 아내에 대한 그리움으로 단숨에 집으로 달려갔으나 아내는 없었다. 그리고 아내가 몇 달 동안을 남편을 찾아 헤맸다는 소식과 함께 석탑의 그림자가 비친다는 말을 듣고 찾아갔다는 그 못으로 달려갔다.

하지만 어디에도 아내의 모습은 보이지 않았다. 아사달은 몇날 며칠을 아내의 이름만 애타게 부르며 못가를 헤맸다. 그러던 어느날 건너편에 보이는 바윗돌에서 홀연히 아내의 모습을 보았다. 단숨에 그 바윗가에 이른 아사달의 손에는 차가운 바윗돌만 잡혔다.

그는 미친 듯이 그 돌 속에서 아내의 모습을 찾으며, 아내의 모습을 새기기 시작했다. 그러나 그것은 돌일 뿐! 아내는 아니었다. 아내의 모습을 돌에 새겨놓은 채, 아사달은 힘없는 발걸음을 어디론가 옮겼다. 정처도 없이…, 아무도 지금까지 그의 뒷일은 아는 사람은 없다. 훗날 사람들은 이 못을 그림자 못, 영지(影池)라 불렀다.

아름: 학교에서 '무구정광대다라니경'이라는 세계 최초의 목판인쇄물이 석가탑에서 나왔다고 배웠어요.

탑은 무덤이다.
그리고 부처의 진신사리가 없는 탑은 무구정탑이다.

탑은 원래 스투파라고 불리던 무덤이었다. 그리고 최초의 탑들은 아주 거대한 건축물이었는데 주로 목탑이나 전탑들이었다. 그런데 이 땅에서는 목탑이나 전탑이 시간이 흐름에 따라 점점 석탑으로 변화되었다. 그렇지만 목탑이 되었건, 석탑이 되었건 간에 탑은 원래 부처님의 무덤이기 때문에 초창기에는 부처님의 진신사리를 사리장치와 함께 그 속에 넣었다. 하지만 한정된 부처님의 진신사리(眞身舍利)는 금방 동이 났다.

그래서 진신사리를 대신해서 부처님의 말씀을 담은 불경을 탑에 넣게 되었다. 부처님의 말씀은 곧 부처님과 같다고 보았기 때문에 탑에 넣은 불경을 법신사리(法身舍利)라고 불렀고, 이런 법신사리를 넣은 탑을 '무

093. 경주 불국사 3층석탑(석가탑) 팔방금강좌

구정탑'이라고 했는데, 석가탑에 넣은 불경의 이름이 바로 '무구정광대다라니경'이었다.

'무구정광대다라니경'은 1966년 석가탑의 보수공사 도중에 사리장엄구와 함께 발견되었는데 이 다라니경의 제작시기는 대략 700년대 초에서 751년 사이로 추정하고 있다. 아무리 늦어도 석가탑의 건립연도인 751년보다 더 내려올 수는 없다. 그런데 '무구정광대다라니경'이 발견되기 전까지 세계최고의 인쇄물로 알려진 것이 770년에 인쇄된 일본의

'백만탑다라니경'이었기 때문에, 당연히 우리의 무구정광대다라니경은 세계 최고(最古)의 목판인쇄물로 인정을 받았다.

상승감과 안정감을 완벽하게 조화시킨 석가탑의 황금비율

아름: 화려함의 극치를 보여주는 다보탑은 한눈에도 국보급이라는 느낌이 오는데, 석가탑은 도대체 어떤 이유로 국보로 지정받았나요?

석가탑이 보여주는 아름다움은 군더더기가 하나도 없는 완벽한 균형미다. 자세히 보면 석가탑 1층 몸돌과 2, 3층 몸돌의 비율은 4:2:2다. 보

094. 경주 불국사 3층석탑(석가탑) 바닥부분

통 탑의 전체적인 느낌이 홀쭉할 경우에는 상승감이 큰 반면에 안정감이 떨어지고, 반대로 안정감이 크면 상승감이 떨어지는 상반적인 관계에 있다. 그런데 4:2:2의 비율은 서서 탑을 바라보는 사람의 시선을 고려한 것인데, 안정감과 상승감을 동시에 만족시키는 황금비율이라고 한다.

그리고 석가탑의 주위로 땅 위에는 한바퀴를 빙 돌아가면서 둥근 연꽃무늬 8개가 있다. 이것을 팔방금강좌라고 하는데 그것을 만든 이유는 법화경 속에 답이 있다. 석가여래가 영축산에서 제자들에게 법화경을 설법할 때 다보여래를 상징하는 칠보탑이 땅에서 솟아 나와서 큰소리로 석가의 말이 진리라고 했다. 그것이 다보탑이다.

그런데 탑만 보일 뿐 다보여래는 눈에 보이지가 않았다. 그래서 제자들이 석가여래에게 다보여래를 뵙기를 청했는데, 석가여래는 미간의 백호에서 빛을 내어서 찬란한 부처의 세계를 임시로 만들고, 팔방에 금강좌를 만들어서 온 우주에 가득차 있는 부처님의 분신을 모여앉게 하고 나서, 다보여래를 친견할 수 있도록 하였다는 법화경 내용을 반영한 것이다. 결국, 석가탑 주위에 이 팔방금강좌를 놓은 까닭은 석가탑에 석가여래가 상주한다는 것을 상징하기 위한 것이다.

**<u>석가탑 바닥의 울퉁불퉁한 돌들은
영축산의 바위를 상징적으로 표현한 것이다.</u>**

호림: 석가탑의 맨 아래쪽 땅과 만나는 부분이 울퉁불퉁해요. 이런 완벽한 탑을 만들면서 왜 저렇게 마무리를 깨끗하게 하지 않았을까요? 신라인들도 대충대충 넘어가려고 한 것일까요?

석가탑의 정돈되지 못한 바닥부분을 보면 오해를 하기 쉽지만 그것도 모두 이유가 있다. 석가탑은 영축산(영취산)에서 석가모니가 제자들에게 법화경을 설법하는 광경을 묘사한 것이라고 했다. 바로 그 모습을 그린 불화를 불교용어로는 영산회상도(靈山會上圖)라고 한다. 영산이란 영축산을 뜻하고 회상이란 모임을 가졌다는 뜻이다. 그리고 사찰에서 영산회상도를 걸어놓은 전각을 영산전이라고 하고, 석가모니를 모신 여러 전각 뒷벽 후불탱화에도 영산회상도는 많이 걸려 있다. 그런데 그 영축산은 온통 바위산이었기 때문에 석가탑의 바닥부분에 바위산이었던 영축산을 표현한 것이다.

095. 경주 불국사 대웅전, 보물 제1744호

대웅전 영역: 불국사의 해탈문 – 자하문

 이 곳 대웅전 마당에서는 눈앞의 다보탑과 석가탑에 눈이 팔려서, 다른 것들을 놓치게 되는 경우가 많은데, 자하문도 눈여겨 볼 필요가 있다. 자하문은 불국사의 삼문 중에서 가장 마지막 문인 해탈문이다.

 자하문이 사람들의 주목을 받지 못하는 또다른 이유는 불국사에 진입하는 경로 때문이다. 원래 제대로 불국사에 들어오려면 청운교/백운교를 거쳐서 자하문으로 들어와야 한다. 그래야 해탈문으로서의 자하문이 제 기능을 하게 된다. 그렇지만 지금은 문화재를 보호하는 차원에서 청운교/백운교의 통행을 막고 대웅전 동쪽행랑의 옆을 터서 출입하는 바

096. 경주 불국사 자하문
097. 경주 불국사 자하문 천장 계량
098. 경주 불국사 자하문 용머리장식

람에 자하문을 놓치는 경우가 많다.

　석조 문화재는 오래 보존이 되지만 목조 문화재는 화재에 취약하기 때문에 오래 보존하기가 어렵다. 특히 임진왜란 때에는 전국의 주요 목조 건축물이 전란통에 거의 다 소실되었기 때문에 현재 남아있는 고려시대의 목조건축물은 한 손에 꼽을 정도다. 불국사도 예외는 아니어서 모든 목조건축물은 임진왜란 이후에 만들어졌다. 이 자하문도 조선후기 건물인데 1966년 수리 때 발견된 상량문에 의하면 정조 5년인 1781년에 최종적으로 중수되었다는 것을 알 수 있다.

　자하문의 천장에는 계량이라는 재미있는 건축부재가 있다. 모양이 참 독특한데 하나는 위로 휘어졌고, 또 하나는 아래로 휘어졌다. 이 자하문

099. 경주 불국사 대웅전 삼세불

은 낮은 기둥인 평주와 높은 기둥인 고주 사이에 앞뒤 방향으로 계량(繫樑)이라고 부르는 보를 걸어서 구조적으로 건물의 안전을 꾀하고 있는데 자하문의 경우에는 자연스럽게 휘어진 건축부재를 그대로 활용해서 위, 아래 반대방

100. 서산마애삼존불

향으로 걸어놓았다. 이렇게 자하문은 계량을 통해 색다른 멋을 부리고 있는데 이는 의도적으로 음양을 맞춘 것 같다. 게다가 바깥기둥위로 뻗어 나온 용머리 장식도 꽤 볼만 하다.

대웅전 영역: 위대한 영웅, 석가모니의 집 – 대웅전

불국사 대웅전도 임진왜란 때 소실된 것을 영조 41년인 1765년에 중창을 했는데, 돌로 된 기단과 초석은 불국사 창건 당시의 모습 그대로다. 정면 5칸, 측면 5칸의 다포식 팔작지붕 목조건물인데 건물의 사방으로 계단이 설치되어 있다.

101. 경주 불국사 대웅전 계단 소맷돌

불국사 대웅전에는 제화 갈라보살, 석가모니, 미륵보살의 삼세불을 모셨다.

대웅전에서 모시는 주불은 당연히 석가모니 부처님이다. 그런데 대체로 석가모니 부처님의 좌우 협시보살로는 문수보살과 보현보살이 오는 것이 통례인데, 이곳 대웅전에는 석가모니 부처의 좌우에 미륵보살과 제화갈라보살이 모셔져 있다. 그리고 그 양쪽에는 10대 제자의 대표로 가섭존자와 아난존자가 추가로 시립하고있는 독특한 배치법이다.

과거불인 제화갈라보살, 현세불인 석가모니불, 그리고 미래불인 미륵보살의 삼존불은 삼세불(三世佛)의 구성을 위한 배치법이다. 삼세불은 삼존불과 마찬가지로 다불(多佛)사상의 하나이지만 모든 공간에 부처가 계신다는 삼신불사상(법신불, 응신불, 보신불)과는 달리, 시간에 상관없이 과거, 현재, 미래의 모든 세상에 부처가 존재한다는 다불사상을 표현한 것이다. 이런 배치는 백제의 미소로 유명한 서산마애삼존불과도 똑같다.

호림: 제가 재미난 것을 찾아냈어요. 지난번 TV에서 방영한 1박2일 프로그램에서 보니까 불국사 건물의 계단 옆에 버선코와 비슷한 장식이 그려져 있었는데, 그것이 바로 이 대웅전 계단이었어요.

계단의 옆면을 막은 돌을 소맷돌이라고 하는데, 이 대웅전 소맷돌에 새겨진 무늬는 참 독특하다. 다른 절의 경우에는 보통 화려한 무늬들이 많이 들어가는데 비해서, 이 대웅전의 소맷돌에는 아주 단순한 모양으로 처리를 했다. 아마도 대웅전은 석가모니를 모신 곳이어서 바로 앞의 석가탑처럼 요란한 장식 없이 수수한 모양으로 처리를 한 것 같다. 그렇지만 마치 버선코 같기도 하고 한복저고리의 소매같기도 한 것이 단아하고 기품있는 맛을 느끼게 해 주고 있다.

아름: 아빠 말씀은 소맷돌의 문양을 통해서 대웅전과 석가탑의 조화를 시도했다는 뜻인가요?

불국사 대웅전 영역에서 찾아보는 음양의 조화

대웅전 영역에서는 서로 다른 조형물로 조화를 시도한 흔적이 여럿 보인다. 앞서 본 자하문 계량에서의 조화도 있었고, 이곳 대웅전 정면입구에서 보면 석가탑 뒤로는 범영루가 보이고, 다보탑 뒤로는 좌경루가 보인다. 지금은 범영루와 좌경루 모양을 똑같이 복원을 했지만, 바깥쪽에서 보면 주춧돌의 모양은 범영루가 훨씬 화려하다. 그렇지만 옛날 기록을 보면 안쪽에서 봐도 좌경루보다는 범영루가 훨씬 더 화려한 건물모양이었다고 한다. 그렇게 되면 대웅전 정면입구에서 봤을 때 수수한 석가탑 뒤에는 화려한 범영루가 있고, 화려한 다보탑 뒤에는 수수한 좌경루가 있어서 전체적인 조화가 잘 맞았다고 한다.

음양의 조화는 우리 조상 대대로 이어온 우리 민족의 독특한 미감이다. 또한 우리 민족은 너무 틀에 박힌 듯이 똑같은 것을 반복적으로 만

102. 경주 불국사 대웅전 조각상(용)

103. 경주 불국사 대웅전 조각상(원숭이)

104. 강화 전등사 대웅전 처마 원숭이

들지는 않고, 조금이라도 약간씩의 변화를 준다. 예를 들면 이 곳 대웅전 소맷돌의 버선코 무늬도 정면계단과 동쪽계단의 무늬가 약간 다르다.

그리고 이 대웅전의 가운데 어칸은 좌우 협칸보다 2배 이상 넓다. 사실 이런 건물은 흔치 않다. 이런 식의 건물형태가 나온 것은 통일신라 때의 기단 위에다 그대로 조선후기의 건물을 올려서 그런 것이다. 그래서인지 어칸의 기둥 간격이 너무 넓은 탓에 구조적으로 불안정할 것을 염려해서 기둥 윗몸을 2중보로 연결하고 있다. 그래도 기둥머리를 연결하는 창방이 지붕의 무게 때문에 서서히 주저앉게 되고, 결국에는 건물의 수명이 점차 줄어들게 되어서 주기적으로 중창을 해야만 한다.

불국사 대웅전에서 불법을 수호하는 동물 찾아보기

호림: 또 재미난 것을 찾아냈어요. 대웅전 안쪽 기둥과 대들보 위에 용, 원숭이, 쥐의 조각상이 있어요.

아름: 쥐? 법당안에 웬 쥐? 저기 흰거 말이야? 진짜 쥐처럼 보이기도 하네…

대웅전 대들보 위에는 여러 동물조각이 올라가 있는데 쥐처럼 보이는 것은 사실 쥐가 아니고 코끼리다. 불법을 수호하는 동물 중에는 쥐는 없다. 불법을 수호하는 동물로는 사자, 코끼리, 용, 원숭이 등 종류가 많다.

호림: 원숭이도 불교를 수호해요?

105. 경주 불국사 대웅전 석등

원숭이도 불교의 수호동물로 자주 등장하는데 그 이유는 불교의 각종 설화 속에 원숭이가 자주 등장하기 때문이다. 또한 동물 중에서 원숭이가 가장 지혜롭기 때문에 깨달음과 지혜를 중시하는 불교에서 원숭이는 지혜를 상징하는 동물로 의미가 있다. 강화도에 있는 전등사 대웅전 처마에도 지붕을 떠받치고 있는 원숭이가 조각되어 있는데, 꽤나 유명세를 타고 있다.

106. 경주 불국사 극락전 석등

불법수호 동물 중에 코끼리는 주로 흰색이 많다. 왜냐하면 일반적인 석가모니의 협시보살 중 오른쪽에서 시립하고 있는 보현보살이 타고 있는 것이 코끼리인데 음양오행에 따라서 보현보살의 위치가 서쪽(우측)에 해당되기 때문에 흰색이 되는 것이다.(우백호=서백호) 그래서 흰 코끼리를 탄 보현보살의 대좌를 백상좌라고 한다. 보현보살의 맞은편(동쪽, 좌측)에는 문수보살이 자리잡고 있는데 보현보살이 자비행(실천)의 상징이라면, 문수보살은 지혜의 상징이며 푸른 사자를 타고 있다.(좌청룡=동청룡)

대웅전 영역: 위대한 영웅, 석가모니의 집 - 대웅전 | 223

107. 경주 불국사 비로전의 비로자나불, 국보 제26호

108. 경주 불국사 비로전

뱀의 발 불국사 석등

불국사 대웅전과 극락전 앞에는 전형적인 통일신라 양식의 석등이 각각 1기씩 놓여 있다. 화강암 재질에 동일한 형식으로 조성되었고, 외관 또한 비슷하게 생겼다고 생각하기 쉬우나 둘을 한꺼번에 비교해 보면 확연하게 차이가 난다. 특히, 하대석과 상대석을 연결하는 팔각기둥의 간주석 굵기가 확연히 다른데, 대웅전 것이 굵고, 극락전 것이 가늘다. 이것 역시 대웅전과 극락전의 위계질서를 반영하는 것이 아닐까 한다.

화사석은 통돌로 조성된 8각형인데, 4면에 화창(火窓)이 있다. 화창의 주변에는 1단의 턱을 형성하여 구획한 뒤, 상하좌우 4곳에 구멍을 뚫어 놓았다. 이 같은 양식은 미륵사지 석등에서 시작된 것으로 이는 아마도 문비(門扉)를 달았던 흔적으로 생각된다.

또한 각각의 석등 바로 앞에는 봉로대(奉爐臺)라고도 불리는 배례석이 놓여 있다. 글자 그대로 향로를 봉안했던 곳이다. 형태는 직사각형으로 비슷한데 극락전 앞 봉로대는 중간에 절단선이 있고 아래쪽에 3단의 층이 있다.

불교 사찰에서 예배형태는 시대에 따라 달랐다고 한다. 조선시대 이전에는 일반 불교신도들은 예배를 법당안에서 드리지 않았고 전각의 바깥쪽이나 탑 주위에서 예배를 드렸다. 야단법석이라는 말 속에 옛날의 예배관습이 들어있는데 말 뜻을 풀어보면 야외에 불단을 만들고 법회의 자리를 만든 것이 야단법석이다. 그래서 불상은 대체로 전각의 가운데쯤에 모셨다.

그러다가 조선시대로 접어들면서 예배를 법당안에서 드리게 됨에 따라 예배공간을 확보하기 위해 불상은 전각의 뒤편으로 바짝 붙여서 옮기게 된다. 따라서 통일신라시대에 조성된 불국사의 경우 법당에 일반 신도들의 출입이 어려웠기 때문에 배례석인 이 곳에서 향을 피우고 절을 올렸다고 한다.

비로전 영역

📍 현재위치: 불국사 비로전앞 마당

<u>비로전은 복원할 때 고려시대의 건물 양식으로 지어졌다.</u>

대웅전 영역 뒤쪽으로 가면 비로전 영역으로 진입하게 되는데 비로전 영역은 상대적으로 지대가 높다. 마치 비로자나 부처가 석가모니 부처보다는 격이 높은 분이라서 이렇게 높은 곳에 모신 것 같기도 하다. 그리고 비로전은 임진왜란 후에 한번 중창이 되었다가 다시 조선말기에 화

109. 경주 불국사 사리탑의 사방불

재로 소실되어서 터만 남아 있었는데 1973년 불국사 복원공사때 새롭게 만들었다. 그렇지만 소실되기 전의 건물이 어떤 모양이었는지를 알 길이 없어서 일단 고려시대 건물 양식으로 복원을 했다.

그런 까닭에 건물 지붕은 기둥 위에만 공포가 올라가 있는 주심포 건물로 지어졌다. 비로전은 새로 만들어진 건물이어서 문화재로서의 가치는 없지만 그 안의 비로자나불 만큼은 국보로 지정될 만큼 대단하다.

비로전에 모셔진 비로자나 부처는 당연히 법신불이 취하는 지권인을 하고 있는데, 재미있는 것은 비로자나 부처의 지권인이 왼손 집게손가락을 곧게 펴고 오른손으로 감싸 쥐는 보통의 지권인과는 정반대 모양을 취하고 있다는 사실이다. 하지만 왜 그런지는 정확히 알려진 바가 없다. 게다가 그 뒤의 후불탱화는 손모양이 정상적으로 되어 있어서 왼손 집게손가락을 오른손을 감싸 쥐고 있다.

불국사 비로전 부처님은 국보 제26호로 지정되어 있는데 국보 제27호인 '불국사 금동아미타여래좌상'과 국보 제28호인 '백률사 금동약사여래입상'과 더불어 통일신라 3대 금동불상으로 불리고 있다.

<u>불국사 사리탑(부도)이 다른 일반 부도와 차이나는 점을 찾아보자.</u>

호림: 어, 여기에도 탑이 있네?
아름: 오빠, 그건 탑이 아니고 부도야.

비로전 마당 한쪽편에는 부도(승탑)가 하나 서 있다. 불국사사적기에도 광학부도라는 말이 나오는데, 아마도 그 부도가 아닐까 생각된다. 조형

111. 경주 불국사 관음전

110. 경주 불국사 낙가교
112. 경주 불국사 관음전의 관음보살상과 후불탱화

적으로 봐서 참 잘 만들었고 그래서 보물 제61호로 지정되었다. 또한 이 부도는 다른 부도에서 볼 수 없는 특징도 많은데 우선 지붕돌이 12각이다. 보통의 부도는 8각원당형 구조를 가지는데 이것은 그런 범주에서 벗어난 셈이다. 하지만 기단은 8각이다.

따라서 화려한 조형과 섬세한 조각수법으로 봐서는 아마도 8각원당형이라는 기본형에서 탈피하여 새로운 형태로 바뀌어 가는 시기인 고려 초기 작품으로 추정이 된다. 또한 탑신에도 특이한 부분이 있는데. 마치 석굴암처럼 탑신의 4면에는 감실을 마련해서 사방불(또는 사면불)을 새겨 넣었다.

사방불이라면 보통 동쪽에는 약사여래, 서쪽에는 아미타여래, 남쪽에는 석가여래, 북쪽에는 미륵불을 모시는 게 일반적이다. 그런데 이 부도는 특이하게도 석가여래와 다보여래, 그리고 범천과 제석천을 새겼다. 석가여래와 다보여래는 대웅전 앞마당처럼 법화경 교리대로 만든 것 같고, 범천과 제석천은 도리천을 상징하는 청운교/백운교와 연관이 있는 것으로 보인다.

뱀의 발 관음전 영역

대웅전 구역 뒤로는 동쪽 언덕에 관음전이 가장 높게 자리잡고 있는데 관음보살은 사바세계에서나 극락세계에서나 일체 중생들의 고뇌를 해소해주는데 가장 앞장서는 대자대비의 보살이기 때문이다.

법화경에서 관음보살은 석가모니 부처님이 이루어내는 영산정토에서도 중심적인 역할을 맡고 있고, 관무량수경에서도 관음보살은 아미타 정토에서 아미타불의 좌협시보살로 첫째 보좌역을 맡고 있으니, 살아서나 죽어서나 중생들이 가장 편안히 기댈 수 있는 존재였다. 따라서 당시 신라 사람들의 관음신앙이 얼마나 열렬했는지 가늠해 볼 수 있다.

113. 경주 불국사 극락전 뒷마당

한편, 대웅전 영역에서 관음전 영역으로 올라가는 경사가 급한 계단이 있는데 그 이름이 '낙가교' 이다. 이는 관음보살의 상주처가 보타낙가산(또는 보타낙산, 줄여서 낙산)이라는 불교경전에서 이름을 따 온 것이다. 또한 관음전이 불국사에서 가장 높은 곳에 위치하고 있는 것도 보타낙가산을 의미하는 것이다.

현재의 관음보살상과 후불탱화는 1973년 불국사 복원공사때 조성한 것이다. 보살상이 쓰고 있는 보관에는 아미타불의 화불이 있어 관음보살임을 나타내고 있고, 후불탱화에는 십일면 관음보살과 천수천안 관음보살을 동시에 나타내었다. 천개의 손이 빼곡하게 그려져 있고, 그 손에는 천개의 눈이 들어있다

극락전 영역

📍 현재위치: 불국사 극락전 뒷마당

극락전 영역 48계단에 숨어있는 비밀

　대웅전 영역과 담을 맞대고 있는 극락전 영역은 삼신불 중에서도 보신불인 아미타 부처의 나라를 형상화한 것이다. 원래 제대로 이 곳에 오려면 석축 앞의 연화교/칠보교를 통해서 들어와야 하지만, 지금은 문화재 보존상 어쩔 수 없이 뒤쪽으로 돌아 들어와야 한다.

　그리고 극락전 뒷마당에서 대웅전쪽으로 올라가는 계단을 보면 일반적인 모습이 아니다. 마치 궁궐의 삼도(정로)처럼 세줄로 나뉘어 있다. 사실 이 계단의 숫자에도 청운교/백운교처럼 비밀이 숨어 있는데 계단의 숫자를 세어보면 알 수 있다. 계단은 한 줄에 16계단씩 3줄이라서 모두 48계단 이다.

　불교에서 48이란 숫자는 아미타 여래의 48대원, 즉 48가지 서원을 말한다. 아미타 여래는 부처가 되기 전 '법장' 이라는 비구승이었는데, 이 분은 불국토에서 태어나는 모든 중생들을 구제하고자 하는 48개의 큰 서원을 세우고 오랜 수행 끝에 드디어 그 서원을 모두 이루고 난 뒤, 부

114. 경주 불국사 극락전

처가 되어서 서방 극락세계를 다스리게 되었다. 그 때문에 불교에서 48이라는 숫자는 곧 아미타 여래를 상징하게 되었다. 참고로 약사여래도 부처가 되기 전 '약왕' 보살일 때 12대원을 세우고 오랜 수행 끝에 약사여래가 되었기 때문에 12라는 숫자는 약사여래를 상징하게 되었다.

📍 **현재위치: 불국사 극락전 앞마당**
<u>극락전은 의도적으로 대웅전보다 격을 낮추어서 표현하고 있다.</u>

극락전 영역은 앞마당에 쌍탑이 없다는 것을 제외하면 대체로 대웅전 영역과 느낌이 비슷하다. 그렇지만 극락전 영역은 대웅전과 비교해 봤을 때 의도적으로 격을 낮추어서 표현하고 있음을 알 수 있다.
우선 석축 앞에서 살펴본 연화교/칠보교가 청운교/백운교에 비해서 계단 수가 작고, 대웅전 앞의 석축은 2층으로 되어 있지만, 극락전 앞의 석축은 단층으로 되어 있다. 물론 쌍탑도 없고, 건물의 지대도 대웅전

영역보다 낮게 되어 있다.

　그뿐만 아니라 건물의 칸수도 차이가 난다. 대웅전은 정면 5칸, 측면 5칸인데 비해 극락전은 정면 3칸, 측면 3칸이다. 건물 기단의 계단도 대웅전은 사방으로 4개인데, 극락전은 앞뒤로 2개뿐이다.

　심지어 석등의 간주석도 대웅전의 것은 굵은 데 비해 극락전의 것은 가늘다. 또 건물 안에 모셔진 불상도 대웅전은 5구를 모셨는데, 극락전에는 달랑 아미타 부처 한분 뿐이다.

　아름: 도대체 왜 이렇게 대웅전 보다 극락전의 격을 일부러 낮추어서 만들었어요?

115. 경주 불국사 극락전 뒷면

극락전 영역과 대웅전 영역에 이처럼 차이를 둔 것은 아마도 죽어서 가는 내세보다 살아있는 현세가 더 중요하다는 뜻을 나타내려고 한 것 같다. 그리고 이 극락전은 임진왜란으로 불국사가 완전히 소실된 후에 효종 10년인 1659년에 다시 지어졌다. 그런데 어떤 이유인지 알 수는 없지만 약 90년 후 영조 26년인 1750년에 다시 중창되었다. 목조건축은 보통 150년에서 200년만에 한번씩 중창을 하는데 90년만에 중창을 했다면 무슨 이유였을까?

전문가들의 생각으로는 임진왜란 직후에 건물을 복구할 때는 전후 경제나 물자사정도 넉넉지 않아서 긴급하게 복구하느라 부족한 점

116. 경주 불국사 변기 추정 돌들

이 많았다가, 이후에 시간이 더 흘러서 좀 더 여유가 생겼을 때 다시 중창을 한 것 같다고 한다. 그래서 그런지 이 극락전 건물은 좀 독특한 구성을 하고 있다. 앞서 극락전은 정면 3칸, 측면 3칸이라고 했는데 다시 뒤편으로 가서 칸수를 세어보면 3칸이 아니라 4칸임을 알 수 있다. 목조건축물에서 건물의 정면 칸수와 후면 칸수가 다른 것은 극히 예외적인 경우다.

불국사 대부분의 전각은 임진왜란 이후에 새롭게 지어졌지만 돌로 만든 기단부분은 신라시대 것 그대로다. 따라서 새로 만드는 건물기

117. 경주 불국사 극락전 불상과 탱화

둥을 신라시대 기단에 맞춰서 전각을 짓다보니 건물의 가운데 칸인 어칸 간격이 엄청나게 넓다.

　신라시대 목조건물은 지금껏 온전하게 남아 있는 것이 없어서 우리가 직접 확인할 수는 없지만, 이렇게 어칸이 넓도록 주춧돌을 놓았다는 것은 신라인들의 목조건축기술이 그만큼 뛰어났다는 것을 증명하는 것 같다. 석굴암을 만든 기술만 보더라도 충분히 그 정도의 기술력을 짐작할 수 있을 것 같다.

　하지만 그런 뛰어난 목조건축기술이 조선시대까지 제대로 전승되지는 않았던 것 같다. 그래서 어칸의 기둥머리를 연결하는 창방이 지붕의 무게때문에 서서히 내려앉는 등 구조적으로 불안정한 부분이 생겼고,

118. 경주 불국사 극락전 계단 소맷돌　**119.** 경주 불국사 극락전 현판 뒤 황금돼지

따라서 극락전 뒷면의 어칸 중앙에 기둥 하나를 추가로 더 세웠던 것으로 파악된다.

뱀의 발 불국사의 변기돌(?)

불국사의 기념품판매장 뒤편 위쪽으로 석재들이 많이 뒹굴고 있다. 이들 중에서 변기돌로 추정되는 것들이 있다. 좌우로 갈라진 것은 대변용이고, 소변용은 하나의 돌인데 큰 타원형의 홈을 파고 안에 소변이 빠져나가도록 구멍도 뚫어놓았다.
한편 변기돌 중에는 한쪽으로 홈이 경사지게 만들어진 것들도 눈에 띈다. 굳이 홈을 경사지게 만들었다는 것은 결국 수세식화장실의 원리를 쓴 것으로 보인다.

극락전 안에 모셔진 부처는 당연히 아미타 부처다. 따라서 수인은 아미타 구품인을 하고 있는데, 재미있는 것은 조금전 비로전에서 보았던

120. 경주 불국사 법화전터

것처럼 부처의 오른손과 왼손의 위치가 정상적인 구품인과는 정반대로 서로 바뀌어 있다는 것이다. 하나도 아니고 두 불상이 모두 양손의 위치가 바뀌어 있다니... 참으로 알 수 없는 노릇이다. 게다가 둘 다 국보라는 공통점도 있다. 불국사 아미타부처는 국보 제27호다.

또 아미타 부처 좌우에는 보통 관음보살과 대세지보살이 협시보살로 있는 것이 대부분인데, 이 곳에는 협시보살도 없다. 단지 후불탱화에만 관음보살과 대세지보살이 있을 뿐이다.

　　호림: 이곳의 계단 소맷돌에도 버선코 무늬가 있어요.

극락전의 수호동물을 찾아라.

극락전 건물의 계단 소맷돌에 있는 무늬만으로도 우리는 불국사가 창건될 때 대웅전과 극락전 기단이 함께 만들어 졌다는 것을 알 수 있다. 그리고 대웅전 안에 불법을 수호하는 동물로 원숭이가 있었는데 이곳 극락전에도 불법을 수호하는 동물이 있다. 하지만 극락전은 전체적으로 이웃하고 있는 대웅전보다도 일부러 격을 낮추었기 때문에 원숭이보다는 서열이 낮은 동물을 채용한 듯 하다.

극락전 건물의 옆쪽 모서리 끝으로 가서 '극락전' 이라고 쓰여진 현판의 뒤를 자세히 보면 나무로 만든 돼지가 있다. 저 돼지는 2007년에 한 관람객에 의해 우연히 발견되어서 언론에 알려졌는데 나무가 황금색을 띠고 있어서 불국사 황금돼지, 또는 불국사 복돼지로 불린다. 또 우연히도 저 돼지가 발견된 2007년은 60년만에 한번씩 찾아온다는 황금돼지해

였다고 한다. 그럼 돼지가 왜 불법을 수호하는 동물로 쓰여졌을까? 소설 서유기는 삼장법사와 함께 손오공, 저팔계, 사오정이 천축국(인도)으로 불경을 구하러 가는 이야기를 그리고 있다. 등장인물 중 저팔계는 돼지인데 원숭이인 손오공 보다는 한단계 서열이 낮다고 볼 수 있다.

 극락전 영역에 대한 답사가 끝났으면 극락전 옆의 경사로를 따라 내려가면서 비탈길의 석축을 한번 눈여겨 볼 필요가 있다. 극락전 옆 비탈길의 석축은 수평으로 놓인 가운데 부분 장대석이, 위쪽에는 경사지게 놓였지만 아래쪽에는 수평으로 놓였다. 따라서 아래쪽에는 안정감을 주고, 위쪽에는 상승감을 주고 있어서 어느 한쪽으로 치우치지 않는 적당한 대비효과를 나타내고 있다.

뱀의 발 법화전터

불국사 극락전 뒤쪽은 현재 복원되지는 않았으나 법화전터로 알려진 건물터가 남아있다.

그런데 현존하는 불교사찰의 전각중에는 법화전이라는 전각은 없기 때문에 이 법화전의 성격에 대해 알 수 있는 길이 막막하다. 다만 여러가지 정황을 통해 추정할 수는 있는데 여기서는 최완수 선생의 의견을 중심으로 나름대로 정리해 본다.

치열한 전쟁을 통해 삼국을 통일한 신라인들은 불교의 모든 경전에서 각기 다른 방식으로 서술하고 있는 불국세계를 신라 화엄사상의 질서 속에서 한 자리에 모두 표출해보려고 국가의 모든 역량을 모아 정치적인 시도를 했다. 그것이 바로 불국사와 석불사(석굴암)이다. 이것은 바로 신라땅이 모든 불교 경전에서 얘기하는 그 불국세계에 해당한다는 사실을 강조하기 위한 자부심의 표출이라고 할 수 있겠다.

그래서 당시 신라인들의 산악숭배대상이던 토함산 전체를 화엄불국세계(華嚴佛國世界)로 보고 우선 그 서남쪽 산허리에 당시 신라사람들이 가보기를 가장 염원하던 대표적인 불국세계를 한꺼번에 표출했다.

그래서 현실세계를 중시하는 석가모니 부처님이 이루어낸 영산정토(靈山淨土)가 대웅전 영역이고, 죽어서 가는 서방정토의 극락세계를 표현한 것이 극락전 영역이다. 또한 살아서나 죽어서나 중생들이 가장 편안히 기댈 수 있는 존재를 모신 관음전 영역도 있고 모든 불국세계를 조화시켜 배후에서 중심을 잡는 역할을 하는 것이 비로전 영역이다.

그런데 불국사 조성 당시의 신라 불교환경을 종합해 볼 때, 아직 생명력을 잃지 않고 있던 미륵신앙의 중심인 미륵불의 용화세계(龍華世界)가 빠져 있다. 따라서 지금 법화전 터로 추정하고 있는 극락전 뒤쪽이 미륵전 혹은 용화전(龍華殿) 터로서 미륵불이 하생할 용화세계를 구현한 것이 아니었을지 모르겠다

불교이론 핵심정리
노트 - 석굴암

석굴암을 이해하면 불교가 보인다

뱀의 발 석굴암 관람정보 (2016년 1월 1일 기준)

1. 관람시간:

구분	기간	입장시간	비고
봄, 가을	2월 ~ 3월중순, 10월	07:00 ~ 17:30	마지막입장객은 입장후 1시간 내에 퇴장해야함
하절기	3월중순 ~ 9월	06:30 ~ 18:00	
동절기	11월 ~ 1월	07:00 ~ 17:00	

2. 관람요금:

구분		요금	비고
개인	어른 (19세 이상)	5,000 원	단체요금 적용안됨
	청소년 (만13~18세)	3,500 원	하사이상제외 (외국군인 제외)
	어린이 (만 7~12세)	2,500 원	
단체 * 20 명 이상	청소년 (중, 고생)	3,000 원	
	어린이 (만 7~12세)	2,000 원	
	7세이하 어린이	1,500 원	10명 미만 무료

* 무료입장대상자:
① 만 65세이상 경로증 소지자
② 장애인 복지카드 소지자 (1~3급 동반1인 무료, 4~6급 본인만 무료)

③ 국가 유공자 (신분증 제출자에한함, 외국인 제외)
④ 조계종 신도증 소지자 (당해년도 교무금 영수증 필히 지참 요망)

3. 주차요금:
대형(버스): 4,000원, 일반: 2,000원, 경차: 1,000원

불교문화의 교과서, 불국사와 석굴암

아름: 지금까지 아빠랑 불교유적 답사를 많이 다녔고, 저 나름대로 열심히 공부했지만, 부처님, 보살님뿐만 아니라 불교의 수호신들까지 종류도 너무 다양하고 분량도 많아서 정리가 잘 안돼요.

호림: 혹시 그 많은 불교이론을 교과서처럼 빠짐없이 단 한번에 정리할 수 있는 답사코스가 있나요?

우리나라에는 그 누구도 반론을 제기할 수 없는 최고의 불교문화 현장학습 교과서가 있다. 소승불교의 관점과 대승불교의 관점을 모두 관찰할 수 있으면서도 문화재로서의 가치가 세계 최고이자, 전세계가 그것을 공식적으로 인정한 곳! 우리 모두가 이름만 들어도 금방 알 수 있을 것 같은 곳이지만, 실제로는 제대로 알지 못하는 곳!

그곳이 바로 불국사와 석굴암이다. 그런데 불국사는 우리나라의 모든 불교문화재가 그렇듯이 대승불교의 관점에서 만들어 진 것이다. 전체적으로 불교를 폭넓게 이해하려면 대승불교뿐만 아니라 개인의 해탈을 중요시 여기는 소승불교의 관점도 놓쳐서는 안된다. 석굴암은 비록 소승불교의 문화재는 아니지만 그나마 우리나라에서 소승불교의 관점을 찾아볼 수 있는 좋은 문화재다.

121.경주 석굴암 전경, 국보 제24호

따라서 불국사와 석굴암까지 묶어서 한 세트로 답사를 하면 완벽한 불교문화답사가 되는 셈인데, 범위가 넓은 불국사 보다는 한 눈에 모든 것을 파악할 수 있는 석굴암이 좀더 효과적이라 할 수 있겠다. 다만 정말 아쉬운 점은 문화재 보호 차원에서 유리벽으로 석굴암 실물을 격리시켜 놓았기 때문에 일반인들은 먼발치에서 유리벽 너머로만 관찰해야 한다는 것이다.

석굴암의 원래 이름찾기

석굴암(石窟庵)은 '돌로 만든 동굴속의 암자' 라는 뜻이다. 영어로 하면 Seokguram Grotto라고 하는데 Grotto는 인공적으로 만든 작은 동굴을 뜻한다. 문화재청에 등록된 정식명칭도 '석굴암 석굴' 이다.

그렇지만 처음부터 이름이 석굴암이었던 것은 아니었다. 석굴암은 신

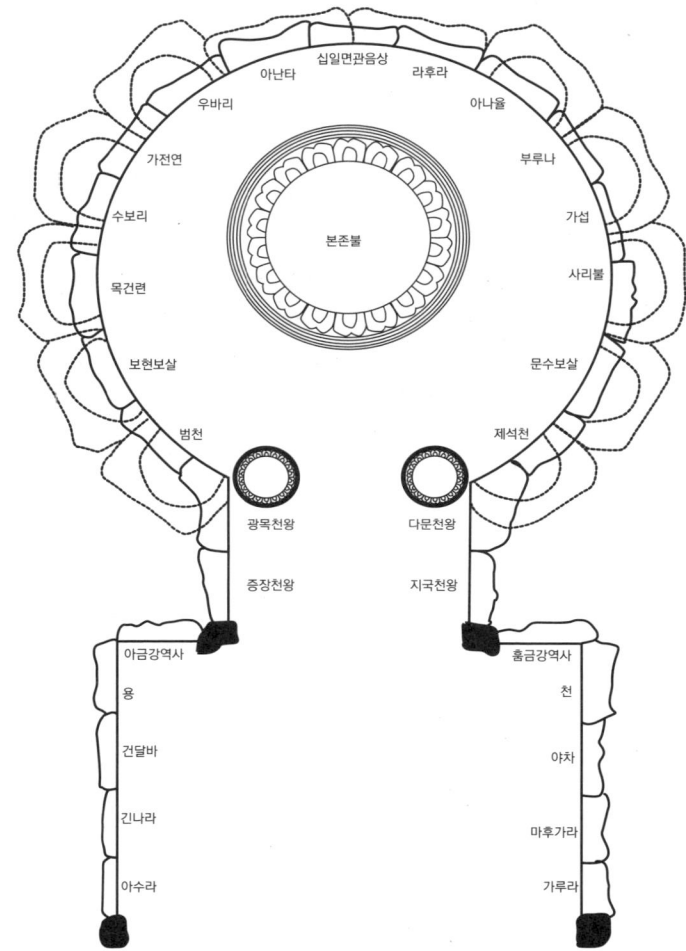

122. 석굴암 전체 배치도

라 경덕왕 10년인 751년, 당시 재상이었던 김대성이 창건을 시작했는데 아쉽게도 완성을 보지 못하고 죽었다. 그 뒤로는 나라에서 공사를 맡아서 혜공왕 10년인 774년에 완성을 했는데 건립당시에는 이름을 석불사

(石佛寺)라고 불렀다.

아름: 그렇다면 지금은 왜 석불사라는 이름을 안 쓰나요?

석굴암을 원래 이름인 석불사로 다시 바꾸자는 시도가 일부 미술사학계에서 여러 차례 있었지만 번번히 실패했다. 왜냐하면 명칭 변경에 반대하는 측의 세력이 강하기 때문인데, 그들은 100년 이상 사용되어 와서 이미 사회적으로 정착된 석굴암이라는 명칭을 다시 석불사로 바꾸게 되면 사회적, 경제적 비용만 커지고 혼란을 초래한다는 명분을 내세워 석굴암 명칭 변경에 반대하고 있다.

호림: 아빠는 어떻게 생각하세요?

석굴암의 이름은 반드시 불국사와 연관해서 생각해야 한다.

아빠: 당연히 석불사로 불러야 해.

석굴암은 원래 명칭이 석불사였다는 것도 있지만, 그것보다는 불국사와 석불사를 동시에 만들려고 했던 김대성의 의도를 정확히 반영하기 때문이다. 우리나라 문화재 이름은 대부분 뜻글자인 한자로 되어 있기 때문에, 단순히 문화재를 불러주는 용도로만 쓰이는 것이 아니라, 그 이름이 해당 문화재의 성격을 가장 압축적으로 잘 전달하고 있다는 사실을 반드시 기억해야 한다.

아름: 석굴암보다는 석불사가 더 김대성의 의도를 잘 전달한다고요?

석굴암의 뜻은 그냥 '돌로 만든 동굴속의 암자' 일 뿐이다. 그러나 석불사는 '돌로 만든 부처님을 모신 절' 이다. 둘 중 어느 것이 '부처님의 나라' 인 불국사와 잘 어울리는 이름일까?

뱀의 발 김대성의 불국사 및 석불사 창건 설화

(삼국유사 권5 대성효이세부모신문왕대, 大城孝二世父母神文王代)

모량리(牟梁里)의 가난한 여인 경조(慶祖)에게 아이가 있었는데, 머리가 크고 이마가 평평하여 성(城)과 같았으므로 이름을 대성(大城)이라 하였다. 집이 궁색하여 생활하기조차 어려워 부자 복안(福安)의 집에 가서 품팔이를 하고 그 집에서 준 약간의 밭으로 의식의 자료로 삼았다. 어느날 점개(漸開)라고 하는 스님이 흥륜사(興輪寺)에서 육륜회(六輪會)를 열고자 하여 복안의 집에 와서 시주를 권했다. 복안이 베 50필을 시주하니 점개 스님이 축문을 읽으며 축원하였다. '신도께서 보시를 좋아하니 천신(天神)께서 항상 지켜주소서. 하나의 보시로 만배를 얻고 안락하게 장수하소서'

대성이 이를 듣고 뛰어들어가 그 어머니께 말하였다. '제가 문 밖에서 스님의 축원하시는 소리를 들으니 하나를 보시하면 만배를 얻는다고 합니다. 생각컨대 우리가 전생에 선한 일을 못했기에 지금 이렇게 가난한 것이니 지금 또 보시하지 않는다면 내세에는 더욱 가난하게 살 것입니다. 제가 고용살이로 얻은 밭을 법회에 보시하여 훗날의 과보를 도모하면 어떻겠습니까?' 어머니도 옳다고 하여 그 밭을 점개 스님에게 보시하였다. 얼마 뒤 대성이 죽었다.

그날 밤 재상 김문량(金文亮)의 집에 하늘의 외침이 있었다. '모량리 대성이란 아이가 지금 너의 집에 태어날 것이다' 집안 사람들이 매우 놀라 사람을 시켜 모량리를 조사하게 하니 대성이 과연 죽었는데 그날 하늘에서 외치는 소리가 나던 때와 같았다. 김문량의 아내는 그 때에 임신하여 아이를 낳았는데 왼손을 쥐고 펴지 않다가 7일만에 폈다. 손 안에 '대성' 이라는 두 자를 새긴 금간자(金簡子)가 있어 또 대성이라고 이름하였으며 그 어머니를 모셔와 함께 봉양하였다. … (중략) … 이로 인해 마음에 감동하는 바가 있어 자비의 원력이 더욱 깊어갔다.

이에 현세의 양친을 위해 불국사(佛國寺)를 짓고, 전생의 부모를 위해 석불사(石佛寺)를 창건하여 신림(神琳), 표훈(表訓) 두 성사를 청하여 각각 거주케 하였다. 아름답고 큰 불상을 설치해 부모의 기르신 은혜를 갚았으니 한 몸으로 전세와 현세의 두 부모에게 효도한 것은 옛적에도 드문 일이었다. 어찌 착한 보시의 영험을 믿지 않겠는가.

장차 석불을 조각코자 큰 돌 하나를 다듬어 감실의 뚜껑돌을 만드는데 갑자기 돌이 세 조각으로 갈라졌다. 대성이 통분하면서 선잠을 잤는데 밤중에 천신이 내려와 다 만들어놓고 갔다. 대성이 자리에서 일어나 남쪽 고개로 급히 달려가 향나무를 태워 천신께 공양하였다. 이로써 그 곳 이름을 향령(香嶺)이라 하였다. 불국사의 구름다리[雲梯]와 석탑은 나무와 돌에 조각한 그 기교가 경주의 어느 절보다도 뛰어나다.

석굴암의 잘못된 보수공사를 둘러싼 논란
폐허가 된 석굴암을 일본인이 발견했다는 식의
이야기에는 나쁜 의도가 숨어 있다.

석굴암에 대한 기록을 보면 폐허로 방치되어 있던 석굴암을 1907년경 우연한 기회에 일본인 우편배달부가 발견해서 사람들에게 알렸고 그 이후로 일본이 과학적인 기법을 동원하여 적극적으로 발굴하였다고 되어 있다. 그런 이야기를 들으면 마치 일본인들이 아주 오랜 기간 동안 주인 없이 버려져 있던 석굴암을 기적적으로 발견해서 선진기술을 동원하여 체계적으로 발굴한 것처럼 들린다.

하지만 그런 이야기의 저변에는 석굴암의 주인이 우리민족이 아니라, 주인없는 상태에서 최초로 발견하고 발굴한 일본인이라는 인식을 심으려고 한 의도가 깔려있다고 볼 수 있다. 또한 석굴암 최초발견 소문이 유포됨에 따라서 석굴암과 주변의 많은 유적들이 상당부분 밀반출 되거나 파손되는 결과도 빚어졌다. 그렇지만 실제 석굴암이 아주 오랜기간 동안 돌보는 사람없이 방치되어 있었다는 것은 사실이 아니다.

조선후기 정시한(丁時翰)이라는 사람의 산중일기(山中日記)라는 기록에 그 근거가 되는 자료가 있는데 1688년 5월 15일에 정시한이 석굴암을 찾았을 때 석굴의 석상(石像)들이 완전한 형태로 건재할 뿐 아니라 입구의 홍예(무지개 문), 본존불과 좌대, 둘레석의 여러 조각들과 천개석(天蓋石)들이 모두 질서정연하게 자리잡고 있다고 했다. 따라서 최소한 이 때까지는 석굴의 상태에 별 이상이 없었음을 알 수 있다. 게다가 '불상들이 마치 살아 있는 것 같다' 고 표현하고 있는데, 이는 석굴의 보존상태가 어떠했는지 알려주는 중요한 문구다.

뱀의 발 산중일기(山中日記) - 무진년(1688년) 5월 15일

뒤쪽 봉우리에 오르니 자못 험하고 가파르메 힘을 다해 십여리를 가서 고개를 넘어 1리쯤 내려가니 석굴암에 이르렀다. 명해스님이 맞아들여 자리에 잠깐 앉았다. 석굴에 올라 보니 모두 사람이 공들여 만든 것이다. 돌문밖 양변은 네다섯 개의 큰 바위에 불상을 남김없이 조각하였는데 그 기이하고 교묘함은 하늘이 이룬 듯 하다.
굴 문은 무지개 모양으로 돌을 다듬었다. 그 안에 거대한 돌부처님이 있으니 살아 있는 듯 엄연하다. 좌대석은 반듯하게 서 있어 하나도 기울어지거나 어긋난 것이 없다. 줄지어 서 있는 불상들은 마치 살아 있는 듯 하지만, 기괴한 모습들은 그 모습을 표현 할 수 없다. 이러한 기이한 모습은 보기 드문 것이다. 완상을 하며 오랫동안 머물다가 내려와 암자에서 잤다.

123. 1910년경 경주 석굴암 전경

엄마: 1688년의 상태가 그 정도라면 석굴암이 건축된지 무려 900년이 훨씬 넘도록 잘 보존이 되어 있었다는 뜻이네요.

석굴암은 숙종 29년인 1703년과 영조 34년인 1758년에 각각 수리된 기록이 남아있고, 조선 말엽인 1891년에도 울산병사 조순상(趙巡相)에 의해 수리된 적이 있다고 한다. 또한 진경산수화로 유명한 겸재 정선(鄭敾)이 1733년에 명승지를 그린 교남명승첩(嶠南名勝帖) 2권 가운데에는 경주의 골굴암과 석굴암을 그린 부분이 남아 있다.

조선말기까지 석굴암은 잘 보존이 되고 있었다.
그런데 16년만에 폐허가 된 이유는?

엄마: 경주의 골굴암과 석굴암이 18세기 조선시대에도 명승지였구나. 그런데 1891년까지도 잘 관리되고 있던 석굴암이 겨우 16년 후인 1907년 당시에는 왜 그렇게 폐허상태로 되어 있었죠?

20세기초 석굴암 발견(?) 당시의 폐허상태는 참 불가사의한 일이다. 기록에 남은 것만으로도 무려 1100년이 넘도록 잘 보존 및 관리되어 오던 석굴암이었다. 우리가 유추할 수 있는 과학적인 추정으로는 1891~1907년 사이에 경주 토함산 지역에 아마도 강력한 국지적 지진이 있었던 것 같다. 그것에 대한 근거로는 비슷한 시기에 찍은 불국사의 청운교/백운교 정면사진이 있는데 마치 폭격맞은 것과 같은 형태를 보이고 있다. 불국사와 석굴암은 토함산을 사이에 두고 가까운 거리에 있기 때문에, 만약 토함산 지역에 국지적 지진이 있었다면 똑같이 영향을 받았을 것이라는 추정이 가능하다.

아무튼 원인 모를 이유로 비록 폐허처럼 변했지만 워낙 뛰어난 예술적 가치를 가진 석굴암이었기 때문에 석굴암에 매료된 일제는 석굴암 전체를 해체해서 일본 본토로 운반하려는 계획까지 세웠다. 하지만 현지 주민들의 강한 반발로 계획실행이 늦어지다가 한일합방의 효과가 확고하게 나타나자 그 계획을 포기했다. 왜냐하면 1910년 한일합방으로 조선반도 전체가 일본 소유가 되었기 때문에 굳이 막대한 비용을 들여가면서까지 험준한 토함산 속의 석굴을 해체해서 일본 본토로 반출할 필요가 없어졌기 때문이다.

대신 석굴암을 제자리에 두되 현지에서 보수한다는 결정을 내렸다. 일제강점기때의 석굴암 보수는 1913~1915년, 1917년, 1920~1923년 사이에 세 차례에 걸쳐서 대대적으로 이루어졌다. 그렇지만 석굴암을 제

124. 경주 석굴암 가는 길목에 있는 석조부재들

대로 보수한 것이 아니라, 일부 돌이킬 수 없는 잘못을 저질렀다는 지적을 받고 있다.

1913~1915년 첫 보수공사 당시에 일제는 석굴을 완전히 해체하여 보수한 뒤에 다시 발견 당시의 모습대로 조립을 했다. 이때 상태가 나쁜 일부 석재들은 새로 만들어 교체했고 또한 조립하고도 남은 석재들이 많이 생겨서 지금도 석굴암으로 가는 길 옆에 쌓여있다. 하지만 보수관련 기록이 매우 부실해서 재조립시 석굴암의 원래 모습 그대로 모든 석재들을 재조립했다라는 증거가 하나도 없다.

석굴암을 시멘트로 덮어 씌운 것은 돌이킬 수 없는 잘못이었다.

이 부분에서 석굴암의 원형을 둘러싼 치열한 논쟁은 시작이 되었다. 물론 나름대로는 당시의 최첨단 기술과 자재로 최선을 다해서 복원을 했다고는 하지만 그래도 우리에게는 아쉬움이 많이 남는 부분이다. 특히 1915년의 공사에서는 부실해진 석벽을 보강한다는 구실로, 석벽 뒤편에 당시로는 최첨단 건축재료인 시멘트를 거의 1미터 두께로 발랐다.

호림: 그러면 석굴암이 무척이나 튼튼해졌겠다. 그때부터 석굴암은 걱정 끝, 행복 시작인가요?

그렇게 되자 석굴암에는 건축된 후 지난 1140년이 넘는 기간동안에도 결코 없었던 이상한 현상이 생기기 시작했다. 석굴암 전체에 누수현상이 생기고 습기가 가득 차서 푸른 이끼가 자라기 시작했다. 그래서 1917

년과 1920~1923년까지 대대적인 재보수 공사를 실시했는데 그럼에도 불구하고 습기문제가 해결되지 않자 1927년에는 푸른 이끼를 없애기 위해 석굴암 전체에 고압의 뜨거운 증기 세척을 했다. 이런 방법은 해방후에도 계속 되었는데 1947년, 1953년, 1957년에도 고온 고압의 증기세척을 했다. 하지만, 당시로서는 이 방법 이외에는 이끼를 제거할 다른 방법이 없었던 것이다.

> 아름: 아무리 석굴암의 재질이 단단한 돌이라지만 돌에 낀 이끼를 떨어내기 위해 고온 고압의 증기세척을 했다면 분명히 돌에 문제가 생겼을 것 같아요.

그런 걱정이 실제 현실로 나타났다. 그렇게 단단한 줄로만 알았던 석굴암의 화강암 석조물에서 가는 입자들이 떨어져 나가는 현상이 생겼다. 그래서 증기 세척 방법은 중단되었다. 그 이후에 다시 우리정부의 주도하에 대대적인 보수공사를 했는데, 그 때의 처방은 일본인들이 만든 시멘트 벽 위에 약간의 공간을 확보한 뒤 다시 2차로 시멘트로 된 돔을 덧씌웠다. 그래도 습기문제가 좀처럼 해결되지 않자, 드디어 1966년에는 인공적으로 에어컨을 설치해서 지금까지 습기와 온도조절을 해 오고 있다. 하지만 365일 돌아가는 기계의 진동이 석굴의 안정성에 좋지 않은 영향을 주고 있다고 한다.

<u>현재 석굴암의 습도조절은
에어컨을 이용해서 강제로 하고 있다.</u>

호림: 궁금한 것이 두 개가 있는데요, 석굴암을 보수할 때 왜 시멘트를 사용했나요? 그리고 보수하고나서 왜 갑자기 이끼가 끼기 시작한 건가요?

20세기에 들어오면서 전세계 건축계에는 일대 변혁이 일어났는데, 그것은 시멘트와 콘크리트의 등장으로 대도시마다 이전에는 꿈도 꾸지 못하던 마천루라고 불리는 고층빌딩들이 들어선 것이다. 따라서 1913년 당시 일본의 실무자들은 석굴암을 해체복원하면서 습기를 완전하게 차단하고 구조적으로도 가장 안정적인 공법을 찾았는데, 그들의 결론은 당시 세계적으로 가장 각광받고 있던 최첨단 건축기법 중의 하나였던 시멘트였다.

당시로서는 최첨단 기술을 석굴암 복원에 사용했다고 볼 수도 있다. 그러나 당시의 과학자들은 시멘트와 콘크리트에서 나오는 탄산가스와 칼슘이 석굴암의 주재료인 화강암을 손상시킨다는 것을 몰랐다. 지금은 덮어 씌운 시멘트가 너무 단단히 굳어져서 문화재의 손상없이 원상복원을 하는 것도 거의 불가능하다는 이야기가 있을 정도다.

석굴암에 덮어 씌운 시멘트는 주재료인 화강석을 손상시키고 있다.

호림: 그렇다면 이끼 문제는 시멘트와 무슨 연관이 있어요?

전문가들의 연구결과에 의하면 원래 석굴암은 전체가 자연스럽게 통풍이 되도록 설계가 된 구조물이었다. 주실의 벽은 이중의 돌로 축조되어 있었고, 지붕에는 판석을 덮어서 빗물을 처리하였고, 천장의 위쪽은 흙으로 덮은 봉분과 같은 형태를 띠고 있었고, 주실의 벽 위쪽에 있는 10개의 작은 감실 배후에도 반달모양의 바람이 통하는 창구가 있어서 구조물 전체가 숨을 쉴 수 있도록 했다는 것이다. 마치 우리나라의 전통 옹기처럼 숨을 쉬는 구조라는 뜻이다.

하지만 석굴암의 초기 발견 및 수리과정이 일본의 주도하에 이루어지다보니 석굴암의 원형에 관련된 논란이 지금도 계속되고 있는데 20세기 초 발견 당시 석굴암 상태가 너무 나빴던 탓에 8세기에 신라인들이 만들었던 석굴암의 원형을 도저히 알 수 없는 부분도 많았던 탓도 있다.

엄마: 원형을 제대로 모르니 논란이 있는 것은 당연한 일이죠. 그런데 어떤 논란들이 있어요?

대표적인 논란중의 하나는 석굴암 출입구에 지금처럼 보호각이 있었느냐, 아니면 완전히 개방된 구조였느냐가 있고, 또 출입구 상부에는 빛이 들어오는 광창이 있었느냐, 아니면 없었느냐 하는 것 등이다.

그뿐만이 아니라, 최근의 한 연구결과에 따르면 석굴암 바닥의 지하수 처리문제가 중요한 원인이 되었다고 해서 논란이 한층 더 가열되었고 그 내용은 TV 다큐멘터리에서 방영되기도 했다.

호림: 보수공사를 하면서 석굴암 바닥을 잘못 건드려서 지하수가 솟아났고, 그 때문에 습기가 차기 시작했다, 이런 식의 이야기인가요?

아빠: 아니, 정반대야. 일부 전문가들은 자신들의 연구결과를 토대

로, 원래 석굴암은 지하에서 솟아나는 차가운 지하수 물이 석굴암 바닥에 있는 암석의 기초층을 관통해서 흐르도록 만들어져 있었다고 주장하고 있어.

엄마: 흐르는 물 위에 집을 지었다는 것은 상식 밖의 일이에요. 그 습기를 어쩌려구요?

그런데 그 연구결과의 결론은 좀 의외인데 요약하면 이렇다. 일제가 1910년대 최초로 석굴암을 보수하기 이전에 실시했던 기초 조사의 평면도를 살펴보면, 원형으로 된 주실의 뒤쪽과 2시 방향의 바로 옆면에 샘이 있었다고 한다. 상식적으로 생각하면, 집 밑을 흐르는 물 때문에 집에는 습기가 많이 생길 수 있다.

그렇지만 석굴암이 지어진 지 1100년이 넘는 기간 동안, 여러 기록에는 석굴암 석조물의 이끼문제에 대한 언급이 전혀 없었다. 아무튼 일제강점기의 보수공사 때도 공사를 맡은 사람들은 상식적인 판단에 근거해서 이 지하수가 다른 곳으로 방출되도록 구조를 변경했는데 이때부터 여름철을 전후로 해서 집중적으로 석굴암 전체에 이슬이 맺히는 결로현상이 생겨났다고 한다.

아름: 집 밑을 흐르는 지하수를 없애버렸더니 집안에는 이전에 없었던 습기가 생겼다? 이게 상식적으로 말이 되나요?

**석굴암 밑을 관통하는 지하수는
천연 습도조절 장치였다는 주장도 있다.**

그것이 신라인들의 놀라운 지혜라는 것이 연구결과의 핵심이며, 집 밑을 흐르던 지하수가 자연적인 습도조절을 했다는 결론을 내리고 있다. 먼저 석굴암 전체에 결로현상이 집중적으로 일어나는 시기는 여름철을 전후로 한 시기다. 이때 석굴암의 바닥에는 차가운 샘물이 석굴 밑 석재 아래로 흐르면서 바닥면 온도를 자연스럽게 낮추게 되는데, 더운 여름철에 냉장고에 있던 차가운 물병을 꺼내면 물병 주위에 물방울이 맺히는 원리처럼 공기중에 포함되어 있는 습기는 자기 온도보다도 낮은 바닥면과 접촉해서 물방울로 변하게 된다. 그렇게 되면 바닥 이외의 다른 곳은 건조한 상태가 유지된다는 것이다.

그런데 바닥을 흐르던 차가운 지하수가 없어지고, 게다가 석굴의 전체를 시멘트로 덮게 됨으로써, 구조적으로는 튼튼하게 되었을지 몰라도, 석굴암은 더 이상 자연적인 습도조절 및 통풍조절이 불가능하게 되어 이끼가 낄 수 밖에 없었다는 것이 그 연구결과다.

호림: 듣고보니 나름대로 충분히 설득력이 있네요.

그렇지만 이런 연구결과에 대한 반론도 만만치 않다. 상식적으로 물 위에 집을 짓는다는 것은 도무지 납득할 수도 없고, 만약 그런 공법이 충분히 고려가 된 사항이라면 왜 다른 건축물에서는 그런 지하수 처리 방식을 전혀 찾아볼 수 없느냐, 그리고 수천년동안 지하수가 막힘 없이 그냥 흐를 수는 없다. 왜냐하면 오랜기간동안 미세한 침전물들이 계속 쌓이면 결국 물줄기가 막힐 것이다. 만약 그렇게 된다면 그 무거운 석굴암을 해체해서 수리해야 하는데, 그것이 가능하겠느냐? 등등 이다. 아무튼 석굴암의 원형을 둘러싼 논쟁은 지금도 계속되고 있다.

석굴암의 전체적인 구조

뱀의 발 신라역사과학관 관람정보 (2016년 4월 1일 기준)

1. 관람시간 :

도슨트가 상주하고 있으면서 전시물에 대한 설명을 하고 있음
단체의 경우, 사전에 홈페이지에 요청하면 됨.

구분	기간	개관시간	비고
하절기	03월 ~ 10월	09:00 ~ 18:30	관람소요시간 개인 평균 30분
동절기	11월 ~ 02월	09:00 ~ 17:30	단체 40분 ~ 50분

2. 관람요금 :

구 분		요 금	비 고
개인	어 른	5,000 원	주차비 무료
	학 생	3,500 원	
단체	어 른	4,000 원	주차비 무료
	학 생	3,000 원	

📍 **현재위치: 신라역사과학관 매표소 앞**

　　호림: 여기는 석굴암이 아니잖아요? 신라역사과학관이라고 쓰여 있잖아요!

　　엄마: '신라역사과학관' 이라는 글 밑에 뭐라고 쓰여있는지 잘 봐.

　　아름: 어? '제2석굴암' 이라고 되어 있네?

　　토함산에 있는 실제 석굴암은 일제강점기때의 잘못된 보수공사로 인

해 스스로의 통풍과 환기기능을 완전히 잃어버렸고 그런 이유로 지금은 에어컨을 이용해서 습도와 온도조절을 인위적으로 해주고 있다. 따라서 석굴암 전실의 앞면을 통유리로 막아놓았기 때문에 우리 같은 일반인들은 석굴암 내부를 유리벽 너머로 먼발치에서 볼 수 밖에 없다. 그래서 최근에는 석굴암 바로 앞에 실제 석굴암과 똑같은 실물모형을 만들어서 일반인들이 직접 체험할 수 있도록 하자는 논의가 불국사와 문화재청을 중심으로 있었고, 그 프로젝트 이름을 '제2석굴암 건립'이라고 했다.

사실 지난 2001년에도 똑같은 논의가 있었는데 세계문화유산인 석굴암 경관의 파괴 우려가 크다는 환경단체와 전문가 등의 반발로 무산된 적이 있었다. 앞으로 어떤 결론이 나올지는 모르겠지만 아무튼 지금으로서는 일반인들이 실제 석굴암 내부로는 들어가지 못하기 때문에 석굴암을 제대로 공부하려면 실물 석굴암 보다는 신라역사과학관의 모형을 통한 간접체험이 훨씬 효과적이라고 하겠다.

신라역사과학관의 '제2석굴암'에는 실제 석굴암의 1/10 축소모형이 7개가 있고, 1/5 축소모형이 1개가 있어서 석굴암 내부구조를 속속들이 들여다보고 확인할 수 있다. 뿐만 아니라 석굴암을 둘러싼 여러 학술적인 논쟁거리도 눈으로 직접 확인할 수 있다. 그렇기 때문에 이 곳을 꼼꼼히 다 둘러본 다음, 실제 석굴암으로 가서 재차 확인을 한다면, 최고의 답사효과를 얻을 수 있을 것이다.

아름: 와, 대단한데? 이곳에는 석굴암 말고도 볼 것이 많구나! 저기 신라왕경도 그림 좀 봐요! 신라시대 때의 경주가 얼마나 큰 도시였는지가 상상이 가요. 저기 첨성대의 모형도 있어요!

125. 경주 석굴암 모형(신라역사과학관)

<u>석굴암은 크게 전실(前室) – 비도(扉道) – 주실(主室)의
세 구역으로 나뉜다.</u>

　신라역사과학관 지하 1층은 모두 석굴암 관련 전시실이다. 우선 석굴암의 전체 구조를 살펴보면 크게 세 구역으로 나뉘는데, 본존불이 있는 내부의 가장 깊은 곳인 원형공간이 주실(主室)이고, 반대쪽에서 팔부중과 금강역사가 지키는 사각형의 진입공간이 전실(前室)이다. 그리고 주실과 전실을 연결하는 통로를 비도(扉道)라고 한다.

　엄마: 역시 동양적인 천원지방사상이 여기 석굴암에도 고스란히 녹아 있네요.

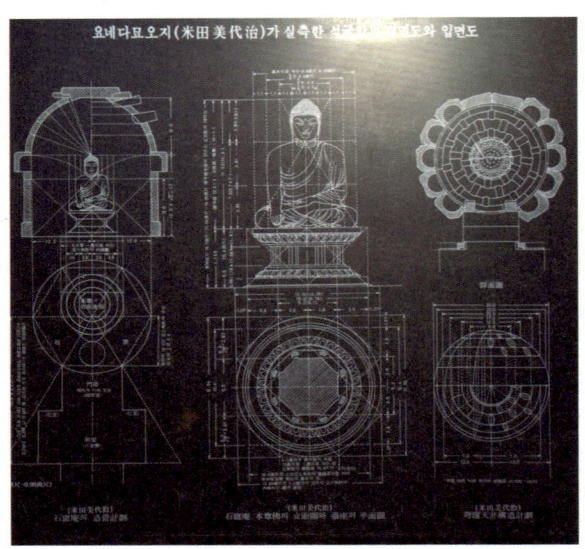

126. 요네다 묘오지의 석굴암 실측도면(신라역사과학관)

　벽에는 석굴암의 도면이 걸려 있는데 일제강점기때 조선총독부 박물관의 측량기사였던 '요네다 묘오지'라는 사람이 실측한 자료다. 석굴암 전체가 삼각형, 사각형, 육각형, 팔각형 등 기하학적인 도형으로 분석이 가능하고 또한 그 속의 수치가 일정한 비율을 유지하고 있다. 따라서 석굴암은 그저 뛰어난 조형미를 갖춘 단순미술품이 아니라 고도로 정밀한 과학적인 원리까지도 갖춘 종합예술품이란 결론이 나온다.

　아름: 여기 모형을 보세요, 석굴암의 바닥으로 물이 흘러요. 그러니 정말 연기가 아래쪽으로 내려가네요? 아빠가 설명해 주신 내용과 똑같아요.

　호림: 석굴암의 천장에는 왜 뾰죽하게 튀어나온 부분이 많아요?

석굴암 본존불이 있는 주실 천장을 '궁륭천장'이라고 하는데 널리 알려진 용어로 하자면 돔(Dom)형 천장으로 여의도 국회의사당 천장과 같은 모습이다. 그런데 궁륭천장은 구조적인 특성상 아래쪽에 지지대가 없기 때문에 둥글게 쌓을 수 밖에 없는데 그러다보면 자칫 안쪽으로 무너지기 쉽다. 그래서 중간중간에 쐐기돌을 박아 넣어서 안쪽으로 쏠리는 하중을 밖으로 분산시키고 결과적으로 지붕전체를 든든하게 고정시키는 역할을 하는 것이다. 이런 이유 때문에 석굴암은 최고의 예술품인 동시에 최고의 과학적인 건축물로 인정받고 있다.

석굴암의 천장은 하늘을 상징하고 3단의 쐐기돌은 별을 상징한다.

127. 경주 석굴암 외형 모형(신라역사과학관)

엄마: 여보, 설명책자를 보니 석굴암의 천장은 하늘을 상징했다고 하는데 왜 이런 설명이 가능하죠?

동양의 천문학에서 하늘을 상징한다면 보통 네 가지가 필수적으로 있어야 한다. 우선, 천구(天球)라고 부르는 둥근 모양의 '하늘 틀(Frame)'이 있어야 하고, 그 속에 들어갈 세가지 천체(天體) 요소가 있는데, 해와 달과 별이다.

호림: 그런데 석굴암에 해와 달과 별이 있을까? 어디에서도 못본 것 같은데...

석굴암 천장은 돔형 궁륭천장이므로 '하늘의 틀'을 상징한다. 그리고 천장 한 가운데 있는 둥근 덮개돌은 '태양'을 상징하고, 그 주위에 불쑥 불쑥 튀어나온 쐐기돌들은 '별'들을 상징한다.

아름: 그런데 '달'이 안보이네... 어딘가에 보름달이든 반달이든 초승달이든 달 모양이 있을텐데...
아빠: 내가 힌트를 하나 줄게. 후광효과 알지?
아름: 후광효과라면 부처님이나 예수님처럼 성인들의 머리 뒤쪽에 보름달처럼 환한 둥근 원을... 아! 부처님의 광배구나!

석굴암 천장에 있는 쐐기돌은 별을 상징한다고 했다. 그런데 석굴암 천장 덮개돌들은 가운데 큰 천개석(天蓋石)을 중심으로 해서 동심원을 그리고 있다. 그리고 가장 안쪽에 있는 작은 동심원으로부터 바깥 쪽으로 나가면서 3단에 걸쳐서 한 단에 10개씩 총 30개의 별들이 배열되어 있다. 그걸 보면 마치 태양을 중심으로 30개의 별들이 빙빙 도는 것 같다. 가운데 천개석은 '태양'을 상징하는데, 불교에서는 태양은 곧 빛이고, 빛으로 상징되는 것은 '비로자나 부처'다. 그래서 비로자나 부처를 큰 태양이라는 뜻의 '대일여래(大日如來)'라고 한다. 그런데 재미있는 것은 석굴암 하늘에 3단으로 된 30개의 별들에

128. 경주 석굴암 주실 모형(신라역사과학관)

대응되는 것이 석굴암의 땅쪽에도 표현되어 있다는 것이다.

하늘의 '별' 30개와 대응되는 땅의 '스타' 30개

호림: 땅에도 별이 있어요?

아빠: 별이라기 보다는 뭐랄까... 그래 하늘의 별과 구분하기 위해서 '스타'라고 생각하자.

석굴암의 내부에도 태양과 같은 부처님을 둘러싸고 서열에 따라 3개

의 등급으로 나누어진 10개씩의 '스타'급 군단들이 있다. 석굴암 속 등장인물들을 비슷한 그룹끼리 묶어보면 서열에 따라 아마도 3그룹으로 나눌 수 있을 것이다. 일단 제일 높은 제1등급은 곧 부처가 될 보살들이고, 제2등급은 부처님의 10대 제자들이 되겠다. 그리고 제3등급은 부처를 수호하는 수호신(신중, 신장)들일 것이다.

우선, 석굴암의 사각형 전실에서 제3등급인 신중들이 몇명인지 세어보면 팔부중과 2명의 금강역사를 합쳐 딱 10명의 신중들이 있다. 그 10명의 신중들이 가장 바깥쪽의 동심원에 박혀있는 10개의 별과 1:1로 대응이 된다고 볼 수 있다. 그 다음 제2등급인 부처님 제자들도 10대 제자이므로 이것도 딱 10명이다. 이제 마지막으로 부처님에게서 가장 가까운 동심원인데, 석굴암의 주실에서 10대 제자들의 머리 위쪽으로 보살들을 모신 감실의 숫자가 딱 10개이다.

호림: 그렇지만, 맨 앞의 감실 두개는 비어있어요!

아쉽게도 앞쪽 두 감실은 비어있다. 지금으로서는 원래부터 비어 있었는지, 아니면 누가 훔쳐갔는지 알 수가 없다. 그런데 공교롭게도 비어 있는 두 감실의 아래쪽에는 문수보살과 보현보살이 10대 제자들과 함께 나란히 조각되어 있다. 따라서 혹시 그 두 보살이 감실에서 아래쪽으로 내려온 것이 아닐까 하는 상상도 가능하고 결과적으로 감실의 보살상들도 원래는 10개였을 것으로 추정이 가능하다. 그렇게 되면 하늘의 별 10-10-10과 땅의 스타군단 10-10-10이 멋진 대조를 이루는 것으로 볼 수도 있다.

석굴암의 세부구조 및 논쟁들 - 전실(前室)

이제부터는 석굴암의 세부적인 구조를 하나씩 살펴보자. 우선 석굴암의 가장 앞쪽에는 전실(前室)이 있다. 글자 그대로 '앞쪽에 있는 방'이라는 뜻이다. 이 곳은 원래 참배공간으로 벽면에는 팔부신중(팔부중)과 금강역사라는 신중들이 모여있는데 뒤쪽 주실에 계신 부처님으로부터는 가장 거리가 멀다. 따라서 신중들 중에서도 가장 서열이 낮다고 보면 된다.

129. 경주 석굴암 전실 모형(신라역사과학관)

팔부신중 구분해 보기

팔부신중은 불법을 수호하는 여덟 부류의 신들에 대한 총칭으로 하늘의 신들인 천(天), 물속의 신들인 용(龍), 지옥을 다스리는 아수라, 건달의 어원이기도 한 음악의 신 간달바, 하늘의 날짐승을 다스리는 가루라, 도깨비와 같은 야차, 그 외 긴나라, 마후라가까지 총 여덟 부류의 신들을 뜻한다. 팔부신중은 사천왕의 지휘를 받는 권속들이라는 것 정도는 꼭 기억해 둘 필요가 있다.

석굴암 팔부중 조각중에서 자세히 보면 우리가 쉽게 구별할 수 있는 것이 몇 있는데, 용(龍)은 머리에는 용관을 쓰고 있고 손에는 여의주를 들고 있다. 또한 간달바는 역시 음악의 신답게 사자탈을 쓰고 있다. 건달이라는 말의 어원이 바로 이 간달바인데 남들은 힘들게 일해도 항상 음주가무로 놀고 먹는 사람을 간달바에 비유한 것에서 그 기원을 찾을 수 있다.

    호림: 탈춤을 추면서 노는 구나! 역시 건달의 조상은 노는 데는 안빠지네요.

또 아수라는 얼굴이 셋, 팔이 여덟이기 때문에 쉽게 알 수가 있는데, 위로 든 손에는 해와 달을 들고 있고 다른 손에는 무기를 들고 있다. 팔이 하도 많아서 여덟 개의 팔을 모두 휘두르면 온 세상은 뒤죽박죽이 되고, 그런 상태를 아수라장이라고 한다. 마지막으로 날짐승들의 신인 가루라는 두 귓가에 날개모양이 선명하다.

원래 팔부신중의 배치는 지금처럼 일자형이 아니라 끝 부분이 안쪽을 향해 90도로 꺾여져 있었다?

    엄마: 석굴암을 둘러싼 논쟁 중에는 이 팔부중과 관련된 부분도 있다고 들었어요.

팔부중과 관련된 논쟁의 핵심은 전실의 구조가 원래 일자형이냐, 아니면 굴절형이냐 하는 것이다. 무슨 말이냐 하면, 현재 전실의 좌우 벽은 팔부중이 조각된 8개의 석판이 양쪽으로 각각 4구씩 서로 마주보고

130. 일제강점기 때 석굴암 사진

있는, 소위 일자형이다. 그런데 일제가 석굴암을 보수공사하기 직전인 1910년대 초반에 찍은 사진을 보면, 전실의 가장 앞부분인 '아수라'와 '가루라' 자리가 안쪽으로 90도 각도로 꺾여 있었다는 사실이 확인 되었다. 만약 그 사진이 조작된 것이 아니라면 그것이 석굴암 본래 모습일 가능성이 많을뿐더러 전실 양쪽 끝에 있는 '아수라'와 '가루라'는 금강역사들과 서로 마주보고 있는 형상이 된다.

우리가 확보한 석굴암에 대한 상세그림이나 도면 등의 자료는 모두 일제가 남긴 것들뿐이다. 그리고 그 모든 자료들이 한결같이 전실 앞부분은 안쪽으로 90도 각도로 꺾여있다. 따라서 석굴암 원형은 90도 각도로 꺾여 있는 것이 확실하다는 판단이 대세를 이루고 있다.

다만 우리나라 문화재관리국이 1961년부터 1964년사이에 다시 보수공사를 하면서 전실 입구에 꺾여있던 좌우 팔부중 한쌍을 다른 팔부중

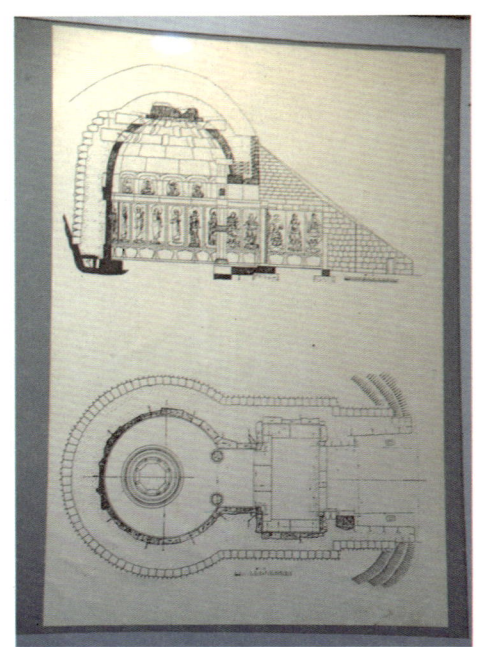

131. 일제강점기 때 그린 석굴암 도면 사진

들과 일렬이 되도록 일자형으로 재배치를 했다.

엄마: 내 추측으로는 관람의 편의를 위해서가 아닐까요? 일자로 되어야 잘 보일테니까...게다가 팔부중의 성격상 8신들을 모두 똑같은 배치를 하는 것이 오히려 자연스러울 것 같아요.

이 전실의 배치를 둘러싸고 지금까지 많은 논란이 있었다. 불교 교리만을 놓고 따져본다면 같은 서열인 팔부중은 모두 같은 식의 배치를 해야 온당할 것 같다. 게다가 석굴암에 대한 기하학적인 분석을 바탕으로 하는 일부 주장에는 '두 신중을 꺾어서 배치를 했을 경우에는 주실과 전실의 총연장 치수가 44당척(唐尺)에 머무르고, 일자형으로 배치를 했을 경우에는 48당척이 되기 때문에 석굴암의 전반적인 공간분할 기준치수인 12당척으로는 일자형 구조만이 수용될 수 있다' 라는 논리를 내세우고 있다.

결국 논란의 핵심은 석굴암 원형의 기준이 무엇이냐는 것이다. 한쪽 주장은 일제가 찍었다 하더라도 객관적으로 실존하고 있는 1910년대 사진으로 해야 한다는 주장이고, 다른 한쪽은 이미 상당부분 훼손된 상태의 그것을 원형으로 결코 인정할 수 없다는 논리다. 논란은 거기에서 그치지 않는다. 그 1910년대의 사진들을 자세히 살펴보면 전실입구에서 꺾인 부분에는 팔부중 조각이 없고 그냥 돌로 쌓은 벽만이 보인다. 즉 조각상이 안보인다는 거다. 불교 교리에 팔부신중은 있어도 육부신중은 없다.

우리나라 불교미술 어디를 찾아봐도 육부신중은 없다. 그리고 이 정도의 걸작을 만들어 낼 수 있는 신라인들이 팔부중을 조각하면서 6개만 조각을 했을 리도 없다. 아무튼 일제는 석굴암을 보수하면서 석굴암 주변에서 팔부신중상 중 꺾인 부분에 꼭 들어맞는 두 구의 신중상을 찾아내서 그 곳에 붙였는데, 그 두 구의 신중상이 원래 어디에 어떤 모습으로 있었던 것인지를 명확히 밝히지를 않아서 이런 논란이 벌어지게 된 것이다.

훔형 금강역사의 잘려나간 손

132. 경주 석굴암의 우금강역사 모형(신라역사과학관)

133. 경주 석굴암의 좌금강역사 모형(신라역사과학관)

호림: 오른쪽에 보이는 금강역사는 왼손이 없어요. 손 부위에 구멍만 뚫려 있는데 왜 그런가요? 로케트 주먹을 쏜 마징가 제트가 생각나요.

아빠: 그것은 원래 손이 있었는데 잘려나간 것으로 보여. 그리고 손 부위의 구멍은 후대에 손을 따로 만들어서 끼워넣으려고 한 것 같아. 이렇게 보수된 흔적은 옆에 있는 사천왕에서도 찾아볼 수 있어. 그런데 두 금강역사를 잘 비교해 봐. 뭔가 특이하거나 차이나는 점을 알겠니?

호림: 오른쪽의 금강역사는 입을 꾹 다물고 있고, 왼쪽의 금강역사는 입을 벌리고 있어요.

아름: 오른쪽의 금강역사는 비록 한 손밖에 없지만 손을 펴고 있구요, 왼쪽의 금강역사는 주먹을 불끈 쥐고 있어요.

엄마: 나는 팔부신중과 비교를 해 보았는데, 팔부신중에는 머리 뒤에

두광(頭光)이 없는데, 금강역사는 머리 뒤에 커다란 원형의 두광이 있어요.

금강역사는 음양을 상징한다.

팔부중에게는 없는 두광이 금강역사에게 있는 것은 일단 팔부중보다는 금강역사의 서열이 높다는 것을 의미하기도 하고, 또한 금강역사는 단순히 힘만 센 존재가 아니라, 신성한 지혜를 고루 갖추고 있음을 상징하고 있다. 한마디로 문무를 겸비했다는 표현이 꼭 어울린다.

그리고 금강역사는 세상의 모든 것의 이치인 '음양'을 이미지로 표현하고 있다. 입을 벌리고, 주먹으로 공격적인 자세를 취한 것은 '양', 그리고 입을 다물고, 손을 펴서 수비적인 자세를 취한 것은 '음'을 상징하는데, 음양은 곧 시작과 끝, 열림과 닫힘을 시각적으로 나타내면서 우주의 순환성과 영원함을 의미한다.

아름: 사찰에서 항상 모든 문의 양쪽을 지키는 것은 왜 금강역사인가요? 분황사 탑에서도 봤구요, 탑이나 부도에 새겨진 문의 양쪽에도 금강역사가 조각되어 있었어요.

금강역사는 언제나 탑 또는 사찰의 문 양쪽을 지키는 수문장 역할을 하는 신중이다. 근본비나야잡사경(根本毘奈耶雜事經)이라는 불경에 의하면 기원정사를 만들때 석가모니 부처님이 '문 양쪽에 몽둥이를 들고 있는 야차를 만들라' 라고 하신 것에서 유래를 했다고 한다. 그런데 금강역사

중에서 입을 벌리고 있는 금강역사를 '아형(阿形) 금강' 또는 '나라연(那羅延) 금강' 이라고 하고, 입을 다물고 있는 금강역사를 '훔형(吘形) 금강' 또는 '밀적(密赤) 금강' 이라고 하는데, 고대 산스크리트어에서 '아'는 첫 글자이고, '훔' 은 마지막 글자다. 처음이자 끝이라면, 모든 것을 다 포함한다는 뜻이며, 기독교 성경에서 창조자이며 완성자임을 뜻하는 '알파, 오메가' 와 의미가 비슷하다고 볼 수 있다.

석굴암의 세부구조 및 논쟁들 - 비도(扉道)

아름: 금강역사를 지나면서부터는 통로가 좁아져요.

전실과 주실을 이어주는 통로를 사립문 비(扉)에, 길 도(道)자를 써서, 비도라고 부르는데 순우리말로 하면 '문길' 로 출입문이면서도 길이란

134. 경주 석굴암 비도부분 모형(신라역사과학관)

뜻이다. 그런데 이 곳에서 갑자기 폭이 좁아지는 이유는 이 곳이 쉽게 지나갈 수 있는 곳이 아니란 뜻이다. 그래서 양쪽 벽면에는 사천왕이 새겨져 있다.

석굴암의 비도는 첫번째 하늘나라인 '사왕천' 이다.

사천왕이 있다면 이 곳은 부처님에게로 가는 첫번째 하늘나라인 '사왕천(四王天)'이란 뜻이다. 따라서 비도는 사찰에서 보는 천왕문을 나타낸 것이다. 사천왕들을 구분하는 일반적인 방법은 가지고 있는 물건인 지물을 보고 알 수 있다. 그런데 사천왕의 지물은 불교경전마다 내용이 다르기 때문에 정확하게 알아내기란 쉽지가 않다. 특히 석굴암 사천왕은 한 사람을 **빼고는** 모두 칼을 가지고 있다.

> 아름: 혹시 그 한 사람이 탑을 들고 있나요? 아빠가 사천왕중에서 북쪽을 지키는 다문천왕은 항상 탑을 들고 있어서 쉽게 찾을 수 있다고 하셨잖아요.

사천왕을 찾을 때 가장 유용한 방법은 한쪽 손에 보탑을 들고 있는 북방 다문천왕을 찾는 것이다. 다른 사천왕과는 달리 북방 다문천왕은 지물이 거의 바뀌지 않고 탑을 들고 있다. 그러면 북방 다문천왕과 대각선으로 마주보는 쪽이 남방 증장천왕이 되고, 좌우가 각각 동방 지국천왕, 서방 광목천왕이 되는 것이다.

석굴암의 경우에는 우리가 앞에서 보기에 오른쪽에는 동방 지국천왕이 앞쪽에 있고, 북방 다문천왕이 뒤쪽에 있으며, 반대편인 왼쪽에는 남방 증장천왕이 앞쪽에 있고, 서방 광목천왕이 뒤쪽에 있다.

아름: 그런데 서방 광목천왕 얼굴이 이상해요. 마치 구멍속에서 얼굴을 내긴 것 같아요.

현재 광목천왕의 얼굴은 원래 석판과는 딴 돌로 되어 있다. 아마도 석판에서 얼굴부분이 훼손되어 떨어진 후에 다시 붙였거나 아니면 후대에 새로 제작해서 쇠못으로 붙들어 맨 것 같은데 언제 그랬는지는 확실치가 않다.

홍예석의 존재에 대한 논쟁

이곳 비도에 관한 석굴암 원형 논쟁도 있다. 비도가 끝나고 주실이 시작되는 부분의 양쪽편에 한 쌍의 돌기둥이 있는데, 그 위의 무지개 모양 홍예석이 논쟁의 핵심이다. 한쪽에서는 그 홍예석이 없어져야 한다는 주장을 하고 있고, 또 다른 쪽에서는 그 홍예석이 꼭 필요하다는 주장을 하고 있다.

아름: 홍예석이 없어져야 한다고 주장하는 사람들은 어떤 근거로 그런 주장을 하는거죠?

그 논란의 시작은 1910년대 석굴암 사진이 근거가 되었다. 그 때 사진

135. 1920년대 경주 석굴암 전경

에는 홍예석이 없었기 때문이다.

  그리고 더 나아가서 1920년대 사진에 갑자기 홍예석이 등장하는데, 결국 홍예석을 만든 것은 초창기 보수공사를 한 일제라는 결론이 나온다. 그렇기 때문에 홍예석이 없어야 한다는 주장에 따르면 석굴암 홍예석에는 일제의 숨은 의도가 들어가 있다는 주장을 하고 있다. 예를 들면, 동해의 태양으로부터 본존불 눈을 가리기 위함이라든가, 본존불 시야를 막기 위함이라든가 또는 일본의 모든 신사 앞에 있는 '도리이'라는 시설물을 흉내낸 것이라는 주장이다.

  반면, 홍예석이 있어야 한다는 주장에 따르면, 우선 돌기둥 상부의 튀어나온 첨차석 부분에 홍예석이 올라갈 홈이 분명하게 파여져 있고, 조선총독부의 제1차 공사 때 발굴석재 목록에 '홍예 파편'이라는 단어가 분명히 있다는 것이다. 그리고 홍예석이 있어야만 본존불이 있는 신성한 공간과 예배공간인 전실이 확실히 구분된다고 한다. 또한 홍예석이 예배자의 시선을 본존불로 포커스를 맞춰주도록 유도하고 있고, 심지어는 본존불에 없는 투명한 광배인 신광(身光)의 역할을 한다고 주장한다.

> 엄마: 당신의 의견은 어때요?
> 아빠: 글쎄, 어려운 문제인데... 일단 과학적인 면에서만 본다면 홍예석이 있어야 한다는 쪽이 맞다고 봐. 왜냐하면 석굴암을 만들 정도의 신라인들이 첨차석에 아무 이유없이 홈을 파지는 않았을거야.
> 아름: 역시 우리아빠는 엔지니어 출신이 맞아. 항상 과학적인 면을 먼저 고려한다니까...

석굴암의 세부구조 및 논쟁들 - 주실(主室)

> 아름: 사천왕이 지키는 첫번째 하늘나라 '사왕천'을 통과했더니, 이제 부처님이 계신 주실이네요. 그런데 부처님을 둘러싸고 있는 인물들이 엄청나게 많아요.
> 호림: 첫번째 하늘나라를 지나왔으면 두번째 하늘나라가 되어야 하는 것 아닌가?

주실부터는 도리천의 위쪽이다.
따라서 도리천의 주인인 제석천이 가장 앞에 지키고 있다.

부처님에게 가는 28개 하늘나라 중에서 첫번째 '사왕천' 다음으로 나

136. 경주 석굴암 주실 모형(신라역사과학관)

오는 두번째 하늘나라는 '도리천'이다. 그리고 도리천의 주인은 제석천인데, 바로 주실이 시작되는 입구의 끝에 있다. 게다가 사천왕 조각과 맞붙어 있으므로 당연히 두번째 하늘나라가 되는 셈이다. 물론 28개 하늘나라를 석굴암에 모두 만들었다면 불교교리와 100% 맞아 떨어지겠지만, 그렇게 되면 석굴암의 비도는 엄청나게 길어질 것이다. 그래서 상징적으로 '사왕천'만 만들어 둔 것으로 볼 수 있다.

아름: '사왕천'인 비도가 끝나고 주실과 만나는 곳에 석상이 좌우측에 각각 있는데, 어느 쪽이 제석천이죠?

우리가 보기에 오른쪽, 그리고 본존불의 왼쪽편이 제석천이다. 제석천의 맞은편은 (대)범천이다. 불교 교리상 제석천과 범천은 가지고 있는 지물로 구분이 가능한데 제석천은 전쟁이 끊이지 않는 인간세계를 포함하는 지상 사바세계의 주인이기 때문에 '금강저'라는 고대 인도의 무기를 가지고 있고, 범천은 천상의 주인이기 때문에 정병을 들고 있다.

　석굴암 제석천은 오른손에는 불자(拂子)를 들고 있고, 왼손은 가슴 밑쪽에 대고 금강저를 받들고 있다. 반대편의 범천은 오른손을 올려 불자를 들고, 왼손에는 정병을 잡고 있다.

　그리고 범천과 제석천의 석상(石像) 다음에 등장하는 인물은 각각 문수보살과 보현보살이다. 그런데 일반적인 석가삼존불의 배치법에 따르면 석가모니 부처님 왼쪽에는 문수보살이 서고, 오른쪽에는 보현보살이 서는 것이 정상인데, 석굴암의 배치는 그와 반대로 되어 있다.

문수보살과 보현보살의 위치에 대한 의문점

　문수보살은 최고 지혜를 상징하기 때문에 가지고 있는 지물도 번뇌를 끊는 지혜의 칼이나 경책을 들고 있는 것이 일반적이다. 따라서 범천의 바로 옆에서 경책을 들고 있는 보살이 문수보살이고, 제석천의 바로 옆에서 잔을 들고 차공양을 하는 보살이 보현보살이란 결론에 도달한다.

　그렇게 되면 석굴암의 배치에서 부처님의 왼쪽(좌협시)이 보현보살, 그리고 오른쪽(우협시)이 문수보살이 되는데, 이는 불교의 체용설(體用說)과도 어긋나는 결과가 된다.

　그 뿐만이 아니다. 문수보살과 보현보살 바로 옆의 제석천과 범천 위치도 서로 뒤바뀐듯 하다. 왜냐하면 제석천은 지상을 포함하는 사바세계의 주인이고, 범천은 천상의 주인이기 때문에, 음양으로 따지면, 제석천은 음, 범천은 양을 상징한다고 할 수 있다. 따라서 부처님의 왼쪽은 양의 위치이므로 범천이 와야 하고, 부처님의 오른쪽은 음의 위치이므로 제석천이 와야 정상적인 배치일 것 같은데 석굴암의 배치는 정반대다. 여담으로 같은 시기에 만들어진 불국사의 금동비로자나불과 금동아미타불의 수인도 정반대로 만들어진 것을 생각해보면 뭔가 이유가 있음직 하기도 하다.

> 아름: 문수보살과 보현보살의 위치도 상식에 벗어나고, 범천과 제석천의 위치도 의심이 간다면 보수공사때 그것들의 위치가 뒤바뀌었을 가능성은 전혀 없나요? 일제가 석굴암을 완전해체하여 보수공사를 했었다면 충분히 그럴 수도 있지 않을까요?

천신보살상의 위치변경설 논쟁에 대하여

주실에 대한 논란 중의 하나가 바로 주실을 둘러싸고 있는 천신, 보살, 10대 제자들의 위치변경설이다. 위치가 변경되었다고 주장하는 사람들은 음양론에 따른 위치선정 문제와 더불어 석상들의 자세와 시선이 한쪽으로 통일된 것이 아니라 뒤죽박죽 섞여 있다는 것을 근거로 내세우고 있다.

자, 여기서 잠시 쉬어가는 의미로 재미있는 것을 하나 찾아보자. 석굴암 문수보살과 보현보살의 위치는 천신인 '제석천, 범천'과 '10대 제자' 들 가운데에 끼어 있다. 이 두 보살은 신중들이나 10대 제자들 보다는 당연히 서열이 높다. 그것을 석굴암의 조각상에서도 확인할 수 있는데, 어디서 확인할 수 있을까?

정답은 대좌에서 서열을 확인할 수가 있다. 보살들은 연화대좌 위에 올라가 있는 반면에 범천, 제석천, 그리고 10대 제자들은 모두 무늬없는 타원형의 대좌 위에 올라가 있다.

 이제 10대 제자들을 살펴보자. 석굴암의 10대 제자상은 세계 불교미술사를 통틀어도 매우 보기 드문 대형 조각상이라고 한다. 모두 머리를 깎은 비구승의 모습이면서, 가사를 걸친 모습에는 '통견'도 있고 '편단우견'도 있다. 그런데 이 10대 제자상들 역시 보수과정에서 순서가 바뀌었다는 논란에 휩싸여 있다. 주로 인물들의 시선방향이 제각각이어서 한쪽으로 통일되어 있지 않다는 것이 이유다.

감실에 보살이 아닌 유마거사가 있는 이유

 한편 석굴 위쪽 본존불 얼굴 높이에 10개의 감실이 있다. 그런데 현재

137. 경주 석굴암 주실 우측모형(신라역사과학관)

2개 감실은 비어있고, 나머지 8개 감실중에서 7개는 보살상이 들어있고, 1개는 의외로 보살이 아닌 유마거사상(維摩居士像)이 들어있다.

> 엄마: 거사(居士)라면 출가하지 않은 채로 불도를 수행하는 재가(在家) 남자를 뜻하잖아요? 석굴암처럼 존귀하신 분들이 계신 곳에 어떻게 속세 사람이, 그것도 보살들과 같은 반열에 있을 수가 있죠?

유마거사는 비록 출가하지 않은 사람이지만 불교에서 차지하는 비중은 정말 대단하다. 유마거사는 인도 폐사리국(吠舍利國) 대장자(大長者) 집안에서 태어났는데. 유년시절부터 불교를 공부하면서 수행한 결과, 보살이나 나한(羅漢) 이상으로 높은 경지에 도달하였다고 한다.

유마거사가 활동하던 시기는 소승불교에서 대승불교로 이행되던 과

138. 경주 석굴암 주실 좌측모형(신라역사과학관)

도기였는데, 유마경(維摩經)에 의하면 어느 날 유마거사는 병으로 앓아 눕게 되었다고 한다. 이 때 석가세존은 제자들에게 문병을 다녀오라고 했는데, 10대 제자 중 아난(阿難)과 사리불(舍利弗)과 목련(目連)이 각기 찾아가서 문병하던 중, 유마거사와 불교 교리에 대한 논쟁을 벌였다가 패했다고 한다.

아름: 부처님의 10대 제자들까지 논쟁에서 물리칠 정도면 실로 엄청난 내공을 지닌 분이시구나!

그러자 석가세존은 누가 유마거사의 상대가 될까 생각하다가 지혜 제일인 문수보살을 뽑았고 그러자 3만2천 명이나 되는 모든 불제자들도 이번에는 승산이 있다는 생각에 일제히 문수보살을 따라갔다고 한다.

호림: 점점 흥미진진 합니다. 과연 누가 이겼을까요?

이 때 유마거사는 신통력으로 사방 1장(10척, 3미터) 크기인 자신의 방을 3만2천 명이 들어앉을 만큼 크게 늘여놓아서 모두가 들어가서 앉았다고 한다. 처음부터 불제자들은 놀라움을 금치 못하는 가운데, 문수보살과 유마거사는 여러가지 문답을 나누었는데 그러다가 문수보살이 최후로 불교의 근본 뜻을 물었다고 한다. 그러나 유마거사는 그에 대해서 침묵으로 일관했고, 문수보살은 대승불교의 깊은 교리인 불이(不二)법문을 유마거사의 침묵을 통해 깨우치게 되었다고 한다.

아름: 문수보살을 깨우치게 할 정도의 유마거사! 정말 대단하신 분이네요!

호림: 웅변은 은이요, 침묵은 금이다! 이 명언이 생각나네요.

스님 중에는 '방장(方丈)스님' 이라는 타이틀을 가진 분이 있다. 불교교단의 종합수도원 격인 총림의 최고 책임자를 가리키는 말인데 우리나라 조계종에는 현재 총림이 8개이기 때문에 방장스님도 8분 밖에 없다. 방장이라는 본래 말뜻은 사방 크기가 1장(丈)인 방을 뜻한다. 보통 10자가 1장이기 때문에 가로·세로 10자 넓이의 방이다. 1자가 30cm이니 10자면 3m이고 방장은 3평이 채 안되는 작은 방이다. 그런데 이 방장이라는 말은 조금전 유마거사의 일화에서 유래했다. 유마거사는 방장 크기의 자신의 방에 신통력으로 무려 3만2천 명이나 되는 사람들을 모두 앉혔다는 것이다.

석굴암의 정면에서 봤을 때, 관음보살은 본존불에 가려 보이지 않는다.

엄마: 그런데 관음보살이 석굴암 가장 깊숙한 곳인 본존불 뒤쪽에 숨어 있는 것은 무슨 의미가 있나요?

관음보살은 관세음보살(觀世音菩薩)이라는 원래 이름에서도 알 수 있듯이 세상 사람들의 도와달라는 소리를 단순히 듣는 차원을 넘어서 마음의 눈으로 보시는 분이다. 이를 초감각이라고 하는데 때로는 보이는 것보다 보이지 않는 것이 의외로 더 호소력이나 전달력이 클 수가 있다.

또 달리 생각하면 예배자의 입장에서 봤을 때, 관음보살이 그 앞에 있는 석가모니 본존불에 가려져 있다는 말은 관음보살이 석가모니 마음 속에 들어가 있는 것처럼 느껴질 수도 있다. 그렇게 되면 석가모니와 관음보살이 두 개의 몸이 아니라 하나가 되는 것이고, 중생들의 어떤 소원이든 다 들어줄 수 있는 것처럼 보일 것이다. 이를 불교에서는 둘이 아니라는 뜻에서 불이(不二)라고 한다.

석굴암 십일면 관음보살은 엄격히 말하자면 십면 관음보살이다.

139. 경주 석굴암 십일면 관음보살(신라역사과학관)

아름: 십일면 관음보살이면 얼굴이 11개라는 뜻이죠? 그런데 어떻게 11개의 얼굴이 되나요?

우선 십일면 관음보살 자신의 얼굴과 관음보살이 쓰고 있는 보관 한가운데 있는 아미타불의 화불은 제외한다. 그렇게되면 관음보살 머리위에는 총 11개의 얼굴이 있어서 십일면 관음보살이라고 부른다. 관음보살을 자세히 살펴보자. 좌측에 3얼굴, 우측에 3얼굴, 위쪽에 3얼굴, 그리고 가장 꼭대기에 1얼굴, 모두 합쳐서 10개다. 그렇다면 왜 십일면 관음보살이라 부르는가?

불교 교리에 따르면 관음보살 머리 뒤쪽에도 얼굴이 하나 더 있다. 석굴암의 십일면 관음보살은 완전한 입체조각상이 아니라 벽에 새긴 부조(浮彫)의 형태를 띠기 때문에 뒷면의 얼굴은 표시할 수 없어서 어쩔 수 없이 10개 얼굴만 나타낸 것이다.

10개의 관음보살 얼굴중에는 색깔이 다른 얼굴이 두 개가 보이는데 아마도 그 부분을 일제강점기 때 누군가가 빼갔거나 아니면 원인 모를 손상을 입은 것 같다. 그래서 1960년대 보수할 당시 시멘트로 그 부분을 보수했다.

석굴암의 본존불이 석가여래인가? 아니면 아미타여래인가?

엄마: 여보, 석굴암의 본존불이 석가여래가 아닌 아미타불이라는 이야기를 들은 적이 있어요.

석굴암 본존불의 수인은 '항마촉지인' 이다. 그러나 여기에도 논란이 있다. 불교 교리상으로 보자면 '항마촉지인' 은 석가모니 부처가 득도할 때의 상황을 나타내는 수인이기 때문에 당연히 석굴암 본존불을 석가여래로 보는 것이 다수설이다. 게다가 앞쪽에 문수보살과 보현보살이 있는 것도 그 두 분이 석가여래의 협시보살로 주로 등장하기 때문에 본존불이 석가여래라는 증거에 한층 힘을 실어주고 있다.

그렇지만 본존불이 '아미타 부처' 라는 사람들의 주장도 만만치 않다. 일단 1891년에 쓰여진 석굴암 중수상량문(重修上樑文) 첫머리에 미타굴(彌陀窟)이라고 되어 있다. 또한 석굴암 부속전각의 이름이 수광전(壽光殿)인

140. 경주 석굴암 본존불

데, 수광전이란 무량수불과 무량광불인 아미타 부처를 모신 전각이란 뜻이다. 또한 삼국유사에 나오는 석굴암의 창건설화를 봐도 김대성(金大城)이 현세의 부모를 위해서 불국사를 지었고, 전생의 부모를 위해서 석불사를 세웠다는 기록이 있는데, 전생의 부모를 위한다면 당연히 극락왕생을 바라는 뜻에서 아미타 부처를 모셨을 것이라는 거다.

엄마: 듣고보니 양쪽이 모두 일리있는 주장을 하고 있네요. 석굴암에 대한 논쟁은 아마 끝이 없을 것 같아요.

뱀의 발 석굴암 3층석탑(보물 제911호)

141. 경주 석굴암 3층석탑, 보물 제911호

보물로 지정된 문화재이건만 석굴암 3층석탑의 존재를 아는 사람은 그리 많지 않다.

왜냐하면 이 탑은 석굴암에서 동북쪽으로 약 150미터 떨어진 언덕 위에 있는데 석굴암종무소의 뒤편으로 난 통제구역 안에 있기 때문이다. 따라서 반드시 석굴암 측의 사전동의를 얻어야만 관람이 가능하다.

석굴암 3층석탑은 또한 우리나라에서 보기 드문 이형석탑(異型石塔)이다. 특히 탑의 아래쪽인 기단은 원형과 팔각형으로 이루어져 있다. 이와 유사한 석탑은 강원도 철원의 도피안사 3층석탑(보물 제223호.) 정도가 유일하다.

또한 이 탑은 석굴암의 경내로부터 벗어난 지점에 있기 때문에 불탑이라기 보다는 승탑으로 보기도 한다. 그리고 규모와 양식으로 미루어 석굴암의 창건보다는 늦은 9세기 말경으로 추정이 된다. 그 이유로는 탑의 규모가 석굴암과 동시대에 지어진 불국사의 다보탑 석가탑보다 현저하게 작으면서 석가탑에서 볼 수 있는 5단의 층급받침이 3개로 줄어져 있기 때문이다.

그렇지만 전체적으로 적당한 비례로 전혀 어색함이 없는 균형 잡힌 아담한 석탑이며, 비슷한 시기에 조성된석탑 가운데에서는 손에 꼽을 만큼 걸작품으로 평가받고 있다. 이 석탑은 또한 석굴암의 영향을 받은 듯 하다. 왜냐하면 기단부의 팔각모서리 처리방식이 석굴암 본존불 대좌의 조성방식과 많이 닮아 있기 때문이다.

석굴암의 형제들

📍 현재위치: 토함산 석굴암에서 나오는 길

아름: 만약 신라역사과학관을 거치지 않고, 이곳 석굴암을 먼저 왔으면 꽤 많이 실망했을 것 같아요.

호림: 신라역사과학관에서 미리 공부를 하고 왔더니, 비록 유리벽 너머로 본 석굴암이지만 느낌이 생생했어요. 그렇지만 좁은 전실 앞의

142. 경주 남산 불곡마애여래좌상

유리벽을 통해서밖에 볼 수 없는 석굴암 관람료치고는 너무 비싼 것 같아요.

아빠: 아무튼 신라역사과학관에서 미리 예습을 하고난 뒤 실제 석굴암까지 둘러보면 최상의 답사가 될 것이라는 내 예상이 적중했구나. 자, 이제 석굴암에 관련된 것은 모두 다 둘러보았으니, 이제부터는 석굴암의 형제들을 알아볼 차례가 되었어.

호림: 석굴암의 형제라뇨?

아빠: 내가 문화재를 공부할 때는 그 문화재 하나만 보지 말고, 비슷한 문화재들과 비교연구를 하는 습관을 기르라고 했지? 석굴암도 마찬가지야. 이렇게 훌륭한 석굴사원 작품이 역사속에서 아무런 예고 없이 갑자기 불쑥 튀어나왔을 리는 없어.

아름: 석굴암을 만들기 전에 연습삼아 만들어 본 작품이 있다는 말씀인가요?

143. 군위삼존석굴 모형(신라역사과학관)

석굴암보다 시대가 앞서는 석굴사원이 3개나 더 있다.

 연습삼아 만들어봤다는 표현보다는 석굴암보다 제작시기가 앞선다는 표현이 더 정확하다고 하겠다.

 아무튼 경주 남산과 경주 서쪽에 있는 단석산에 그런 석굴양식의 작품이 있다. 우선, 경주 남산의 것은 동남산 기슭에 있는데, 보물 제198호로 지정된 부처골 감실석불좌상(불곡석불좌상)이고, 경주 단석산의 것은 국보 제199호로 지정된 신선사 마애불상군이다. 경주뿐만 아니라 경북 군위군에도 석굴이 있는데, 국보 제109호로 지정된 군위삼존석굴이다.

 아름: 석굴암 이외에도 문화재로 지정된 석굴사원이 또 여러 개가 있다는 것은 처음 알았어요. 그런데도 석굴사원이 일반인들에게는 왜 많이 알려지지 않았을까요?

144. 골굴사 관음전 석굴사원

　석굴사원하면 사람들은 흔히 교과서에 나오는 인도의 아잔타 석굴이나 중국의 돈황 석굴, 용문 석굴을 떠올리게 된다. 왜냐하면 우리나라에는 석굴암 이외에는 대규모의 석굴사원이 흔치 않기 때문인데, 그 주된 이유는 우리나라의 자연환경 탓이다. 인도나 중국의 석굴은 주로 석회암이나 사암으로 이루어져 있어서 바위의 강도가 약하다. 그래서 자연적으로 만들어진 석굴도 많고, 인공적으로도 석굴을 만들기가 수월하다. 하지만 우리나라는 대부분 단단한 성질의 화강암이 주성분이어서 자연적으로는 석굴이 생기기가 쉽지 않다. 그래서 인도나 중국의 자연 석굴 보다는 대부분 석굴암과 같은 인공석굴의 형태를 보이고 있다.

　엄마: 석굴암과 함께 겸재정선의 그림에 나왔던 골굴암도 석굴암보다 앞선 시대의 작품 인가요?

골굴암은 제작시기를 석굴암보다 빠르게 보는 사람도 있고, 더 늦은 시기로 보는 사람도 있어서 논란의 여지가 많다. 그렇지만 골굴암도 분명히 석굴암과 같이 석굴사원형식을 취하고 있다.

<u>충주 월악산의 중원 미륵리절터는
석굴암의 복원사업에 중요한 참고자료가 되었다.</u>

 호림: 우리가 자주 캠핑을 갔던 충주 월악산에도 석굴사원이 있었잖아요!

 월악산 속 '중원 미륵리절터' 역시 석굴사원 형식이기는 하지만 조성시기가 고려초기까지 내려오기 때문에 석굴암보다는 한참 뒤에 만들어

145. 중원 미륵리절터

146. 경주 남산 불곡마애여래좌상

졌다. 그렇지만 1965년 경주 석굴암 복원사업시 참고자료로 사용되었을 정도로 중요한 문화재다.

아름: 다른 석굴사원들이 석굴암보다 제작시기가 빠르다 또는 느리다는 것을 어떻게 알 수 있어요?

불국사나 석굴암처럼 만들어진 시기가 정확하게 역사기록에 나오는 경우는 매우 드문 경우다. 대부분은 아무런 기록없이 달랑 문화재만 남는다. 그럴 경우에는 그 문화재를 집중적으로 연구를 하고, 비슷한 유형의 문화재들과 비교분석을 해서 조성 연대를 역추적하는 방법이 있다.

호림: 아, 그래서 아빠가 항상 그 문화재 하나만 보지 말고, 비슷한 문화재들과 비교연구를 하는 습관을 기르라고 하셨구나!

예를 들어보자. 경주 남산의 보물 제198호 부처골 감실석불좌상(경주 남산 불곡마애여래좌상)은 그냥 보통의 바위에 새긴 마애불형식이 아니라, 따로 감실을 만들고 그 안에 불상을 돋을 새김으로 만들었기 때문에 분명한 석굴사원 형식이다. 하지만 불상의 양손이 소매속으로 들어가서 보이지가 않고, 게다가 가부좌를 튼 오른쪽 발이 버선을 신은 모습인데 매우 비사실적인 표현이다.

부처는 수인으로 구분을 하는데 소매 속에 손이 있으면 어떤 부처님인지 알 수가 없을뿐더러 버선을 신은 부처의 모습은 일반인들은 상상하기가 쉽지 않다. 그런 모습의 불상은 아마도 불교가 신라에 도입된 지 얼마 되지 않은 초기단계라서 불상을 만드는 원칙이 제대로 뿌리내리지 않았기 때문이라고 보여진다. 그런 이유 때문에 그 불상은 경주 남산에 있는 돌부처 중에서는 가장 오래된 것으로 보고 있다.

뱀의 발 제2석굴암 논란

최근 문화재청과 불국사가 석굴암 모형관(일명 제2석굴암) 건립을 10년 만에 재추진중이라는 사실이 언론보도를 통해 알려지자 2000년대 초 불거졌던 제2석굴암 논란이 재연되고 있다. 당시 제2석굴암 추진사업을 한 목소리로 반대하며 무산시켰던 미술사학계는 지금도 여전히 문화유적 환경 파괴를 우려하는 반면에, 경주시와 불교계, 학계의 일부 인사들은 그 때와는 상황이 크게 바뀐 만큼 대체 관람시설로서 제2석굴암을 재검토할 시점이라는 주장으로 맞서고 있다.

논란의 중심에는 건립될 모형관의 경내 위치와 복제품 건립 자체의 타당성, 두가지로 요약된다. 미술사가들은 대다수가 부정적인 견해를 보이고 있다. 10년 전처럼 모형관의 위치를 석굴 부근으로 정할 경우, 공사로부터 발생할 소음, 진동 등으로 석굴암 및 주변 환경에 악영향을 주고, 또한 복제품 자체가 석굴암의 미학적 가치를 퇴색시킬 것이란 우려다.

한편, 문화재청과 불국사 쪽은 역사교육과 관람편의 등을 내세워 현실적인 대안을 계속 찾아보자는 입장이다. 10년 전과는 달리 이번 계획안의 모형관은 역사교육공간 성격이 강하며, 위치도 실제 석굴암과 거리를 두는 방안을 모색할 수 있다는 것이다.

만약 제2석굴암이 건립된다 하더라도 명칭을 바꿔야 할 것으로 보인다. 경상북도 군위군은 제2석굴암 건립이 추진된다는 소식에 그 명칭을 다른 이름으로 명명해야 한다고 주장했다. 그 이유는 군위군 부계면 남산리 산 16번지에 석굴암보다 조성연대가 앞서는 국보 제109호 '군위삼존석굴' 때문이다.

'군위삼존석굴' 이라는 공식 명칭이 있으나, 일반인에게는 '제2석굴암'으로 더 유명하다. 따라서 경주의 석굴암 모형관이 관광객에게 혼란을 주지 않는 방향으로 명칭이 변경돼야 한다는 게 군위군 측의 입장이다.

황룡사지에서 완성하는 경주답사

황룡사의 역사

아름: 이번에 가는 곳은 어디죠?

아빠: 옛날에 황룡사라는 큰 절이 있었던 빈 터야. 지금은 주춧돌을 제외하면 아무 것도 남아있는 것이 없지.

호림: 그런 폐사지를 가서 뭐해요? 아무것도 볼 것이 없잖아요? 다른 폐사지는 그나마 탑이나 부도라도 하나씩 있던데, 주춧돌만 보러 가는 게 무슨 의미가 있어요?

엄마: 그곳은 아빠가 우리문화답사에 푹 빠지게 된 마법의 장소란다.

호림: 마법의 장소라구요?

아빠: 응, 엄마와 아빠가 결혼하기 전, 연애하던 시절의 이야기야. 그때 어려운 처지의 소년소녀가장을 돕는 물망초라는 봉사단체에서 활동을 하다가 광복절 연휴를 맞아서 소년소녀가장들과 함께 경주로 2박3일 일정의 단체 고적답사여행을 왔었지. 엄마는 아빠를 만나기 전부터 엄마친구들과 고적답사를 자주 다녔었지만, 나는 그때까지 고적답사가 뭔지도 모르던 시절이었어. 고적답사에 관한 한, 엄마가 아

빠보다는 훨씬 선배였지. 그런데 2박3일간 열심히 문화답사 공부를 했더니 마지막날 들른 황룡사지에서 신기한 경험을 한거야. 허허벌판인 황룡사지에 마치 컴퓨터 그래픽으로 그림을 그리듯 옛날 황룡사의 모습이 눈앞에 상상으로 나타나는 듯한 체험을 했지. 그래서 나는 황룡사지를 마법의 장소라고 생각해.

엄마: 그 이후로 아빠는 답사 마니아가 되었고 지금처럼 전문가 경지에 이르게 되었지.

아름: 우리 아빠가 문화답사에 대해서 하나도 몰랐던 시절이 있었다구요? 정말 믿어지지가 않아요.

📍 **현재위치: 분황사 주차장**

아빠: 자, 이제 다왔다.

호림: 여기는 우리가 어제 다녀갔던 분황사 주차장이잖아요? 황룡사지를 간다고 하셨잖아요?

엄마: 왼쪽에 보이는 것은 분황사지만 그곳 말고 오른쪽에 아주 넓은 공터 보이지? 저곳이 황룡사지야.

아름: 우와! 무지하게 넓다. 저곳이 모두 황룡사지라구요?

아빠: 그럼, 황룡사(皇龍寺)는 경주에서 가장 컸던 사찰로 알려져 있는데, 신라삼보(三寶)로 더 유명해.

황룡사는 완공하는데 무려 90년이 걸렸다.

'신라삼보'는 신라의 세가지 보물인데, '황룡사 9층목탑'과 '황룡사 금당에 모셔진 장륙상(丈六像)', 그리고 '진평왕의 천사옥대(天賜玉帶)'다.

황룡사 9층목탑은 몽골의 고려 침입때 불타 없어졌지만 우리나라에서 가장 높은 목탑이었고, 금동장륙상은 높이 4.8m의 거대한 불상을 말한다. 그리고 천사옥대는 진평왕때 하늘에게서 받은 아름다운 옥으로 된 허리띠인데 이 신라삼보만 있으면 외적이 신라에 침입을 하지 못했다고 한다.

호림: 신라의 세가지 보물중에서 두가지가 황룡사에 있었다니 황룡사가 정말 대단한 절이었구나!

147. 경주 황룡사지. 사적 제6호

황룡사의 역사 | 295

황룡사는 엄청나게 큰 절이어서 진흥왕 14년인 553년에 착공에 들어가서 선덕여왕 14년인 645년에 완성되었다고 한다. 완공하는데 무려 90년이 넘게 걸린 셈이다. 그런 절이었기 때문에 당연히 신라에서는 제일가는 사찰이었다. 국가적인 행사나 우환이 있을 때는 황룡사에서 고승을 청하여 백고좌(百高座)라고 하는 큰 법회를 열었는데 왕이 친히 참석을 해서 예불을 드렸고, 또 황룡사 이외의 곳에서 왕이 예불을 드렸다는 기록이 없는것으로 봐서는 이 황룡사의 성격을 쉽게 짐작할 수 있다. 그랬던 황룡사가 고려 고종 25년인 1238년에 몽골의 침입으로 완전히 소실되었다.

황룡사지로 들어가기

📍 현재위치: 황룡사지 진입로의 당간지주 앞

당간지주에 대해 알아보기

아름: 저기 당간지주가 보여요. 당연히 황룡사의 당간지주겠죠?

아빠: 아니야, 저것은 황룡사의 당간지주가 아니라, 이 곳 지명을 따서 구황동 당간지주라고 부르는데, 아마도 분황사의 것으로 추정돼.

아름: 어째서 그렇죠? 지금 우리는 황룡사지를 향해 가고 있고, 황룡사지로 가는 길목에서 처음으로 만난 당간지주인데...

아빠: 그것은 지금 우리가 황룡사지의 정면으로 들어가는 것이 아니라, 거꾸로 뒤쪽에서 앞쪽을 향해 들어가기 때문이야. 자, 그럼 저 당간지주를 한번 보고 갈까?

뱀의 발 당간지주

148. 경주 황룡사지 진입로의 당간지주

옛날 사찰의 입구에는 멀리서도 그곳이 사찰임을 알리기 위해 깃발(당)을 내걸었는데 그 깃발을 올리기 위한 긴 장대(당간)을 지탱하기 위해 고정용 지주를 설치했고, 그것을 '당간지주'라고 불렀다. 그런데 지금은 주객이 전도되어 대부분 '당간지주'만 남아있고 본래 주인공인 '당'과 '당간'은 거의 찾아볼 수가 없다. 그 이유는 당간지주는 거의 대부분이 돌로 만들기 때문에 오랜기간 보존이 되었지만 실제 당간은 주로 나무로 만들었기 때문에 썩어 없어졌기 때문이다.

또한 나무 이외의 재료인 철과 돌로도 당간이 만들어졌는데 높이 솟아있는 구조적 특징으로 인해 벼락이 떨어지는 피해를 많이 당해서, 현재 남아있는 철과 돌로 만든 당간은 극소수이다. 국가지정 문화재 중 보물급 이상으로는 4개뿐으로 청주 용두사지 철당간(국보 제41호), 공주 갑사 철당간(보물 제256호), 담양 객사리 석당간(보물 제505호), 나주 동점문 밖 석당간(보물 제49호)이 그것이다.

호림: 참 재미있게 생겼어요. 바닥에 거북이가 있어요.

아빠: 이 당간지주는 당간을 고정하기 위한 간공(杆孔)이 원형으로 3개가 뚫려있는데 간구(杆溝)는 없어.

아름: 간공, 간구? 그게 뭐죠?

간구(杆溝)와 간공(杆孔)은 당간을 지탱하기 위해 당간지주의 안쪽에 파놓은 구멍들인데, 가장 위쪽에 있는 개방형 홈을 간구라고 부르고, 그 아래쪽에 있는 원형 또는 사각형의 구멍을 간공이라고 부른다. 그리고 바닥에는 당간을 버틸 기단과 간대(竿臺)를 설치하는데, 간대에는 당간이 움직이지 않도록 주좌(柱座)를 마련하거나 또는 둥글게 원공(圓孔)을 판다.

그런데 당간지주는 간구와 간공의 위치나 형태에 따라서 몇가지로 구분이 되는데, 먼저 이 당간지주처럼 간구없이 원형 또는 사각형의 간공이 3군데 관통되어 있는 것이 있고, 거꾸로 간공이 없이 윗부분에만 간구가 있는 것이 있다. 또 윗부분에 간구는 있지만 그 아래로 2개의 완전히 관통된 간공이 있는 것도 있고, 또는 사각형의 작은 간공이 1개 또는

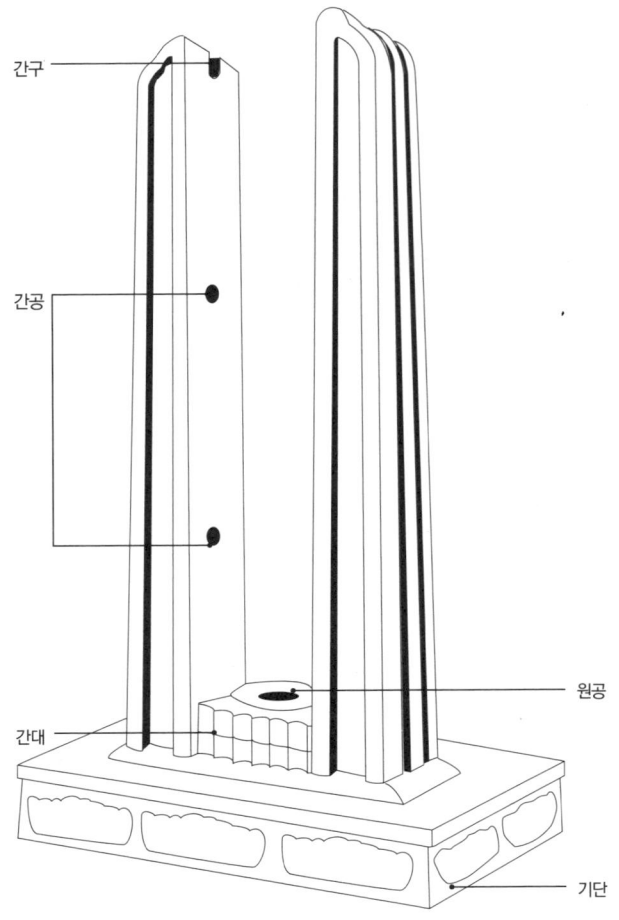

149. 당간지주의 명칭

150. 경주 황룡사지 진입로 당간지주 간대의 거북상

2개 있는 것 등이 있다.

아름: 이 당간지주는 간대의 거북모양이 참 우스워요. 목을 쏙 집어 넣었어요.

이 곳의 당간지주는 자세히 보면 꽤 신경쓴 부분이 많다. 우선 당간을 세우는 주좌 주변에 연꽃문양이 새겨졌고 주좌부분에 고이는 물을 빼내기 위해서 홈을 팠다. 또 이 당간지주의 간공은 완전히 관통을 했는데 건너편 구멍이 일직선으로 잘 보인다. 이 곳 주변은 옛날부터 사찰이 많이 몰려있었던 탓에 당간지주가 여기에만 있는 것은 아니다. 서편에도 한쪽이 부러진 당간지주가 있는데 그것은 간공은 없고 간구만 있다.

아빠: 자, 저 앞에 표지판 보이니? 저것이 황룡사지 발굴조감도인데, 저 앞에서 전체 황룡사 터의 그림을 보면서 설명해 줄게.

황룡사지 발굴조감도

📍 현재위치: 황룡사지 발굴조감도 앞

아름: 사찰을 답사하기 전에 반드시 가람배치를 보라는 말씀이시죠? 나무가 아니라 숲을 보라는...
아빠: 그럼, 모든 답사에는 반드시 전체그림을 먼저 볼 필요가 있는 거야. 특히 이 곳과 같은 폐사지는 더욱 중요하지. 자, 이 조감도를 보니 느낌이 어때?
호림: 와! 정말 어마어마하게 크구나!

　황룡사 절터를 발굴한 결과에 의하여 원래 황룡사의 규모를 추정할 때, 경내는 약 2만5천 평으로 추정이 된다. 우선 맨 아래쪽인 남쪽에서부터 중문(中門), 탑, 금당, 강당(講堂)이 남북 일직선상에 서고, 강당과 중문을 연결해서 동서로 회랑을 빙 돌리고, 안마당에는 나란히 3개의 금당을 두고 뒤편에 하나의 강당을 두는 전형적인 1탑 3금당 방식의 가람이다. 현재 우리나라 폐사지 중에서는 이 정도로 절터 흔적이 뚜렷하게 남아 있는 곳은 거의 없다.

아름: 솔거가 그렸다는 유명한 황룡사 벽화도 저기 금당 세 곳 중 한 곳에 있었겠네요?
호림: 아하, 새들이 진짜 나무인 줄 알고 앉으려고 했다던 그 벽화!
아빠: 아마도 그랬겠지. 또 저기 보이는 강당에서는 자장율사, 원효대사가 강론했다는 기록이 있어. 이제 남아있는 초석으로 원래 건물

151. 경주 황룡사지 발굴조감도

의 규모를 한번 알아볼까? 조감도를 좀 더 자세히 봐! 황룡사를 진입하는 남문터와 중문터의 칸수는 몇 칸이지?

초석으로 짐작해 볼 수 있는 황룡사의 규모

아름: 두 곳 모두 가로로 주춧돌이 여섯개가 있으니까, 기둥이 6개가 있다는 뜻이고, 그렇다면 정면 5칸이에요.

아빠: 똑같은 5칸짜리 건물이라도 중문 칸의 너비가 남문보다는 훨씬 더 넓지? 즉, 사찰 안으로 들어갈수록 점점 규모가 커지는 것을 느낄 수가 있도록 설계된 거야. 이번에는 그 뒤에 있는 목탑터의 칸수를 세어봐.

호림: 이번에는 내 차례야. 정면 주춧돌이 8개니까, 정면 7칸짜리 건

물이에요. 중문보다도 칸 수가 더 늘었네요. 내친 김에 금당터의 칸 수도 세어 볼게요. 정면 주춧돌이 10개니까, 정면 9칸짜리 건물이에요. 한 눈에도 절의 앞쪽에서 뒤쪽으로 진행할수록, 남문, 중문, 목탑, 금당, 강당의 규모가 차례로 커지는 것을 알 수가 있어요.

아름: 목탑터 양 옆의 경루지와 종루지는 뭐하는 전각이었나요?

아빠: 경루지는 글자 그대로 불교경전을 보관하던 누각이고, 종루지는 범종을 보관하던 누각이었어. 황룡사의 범종은 그 크기가 엄청나게 커서 특히 유명했어.

아름: 아, 그 유명한 황룡사 동종이 바로 저 곳에 있었구나!

호림: 얼마나 컸어요? 에밀레종보다 더 컸어요?

엄마: 황룡사동종은 에밀레종이라고 불리던 성덕대왕신종보다도 무려 4배나 더 컸단다.

아름: 그렇게 큰 종이 언제, 어떻게 없어졌나요?

152. 경주 황룡사지 목탑터

황룡사 동종도 황룡사 9층목탑과 함께 고려후기 몽골군의 침입때 없어졌다. 황룡사 동종을 탐낸 몽골군은 그것을 자기네 나라로 가져가기로 했다고 한다. 그런데 황룡사 동종이 너무 크고 무겁다보니 지상으로는 몽골까지의 운반이 도저히 불가능했다. 그래서 몽골군은 동종을 육로 대신 토함산을 넘어 물길로 옮기기로 했다. 그런데 강에 배를 띄워서 종을 싣고 감포 앞바다를 향해서 가던 중에 종이 너무 크고 무거워서 바다에 도착하기도 전에 그만 배가 뒤집혔는데 그 강이 바로 감은사지 앞을 지나가는 대종천이다.

황룡사 동종이 빠진 강의 이름은 '대종천'이다.

아름: 대종천? 아, 큰 종이 빠져서 그런 이름이 붙었구나!

하지만 뭐니뭐니 해도 황룡사의 중심은 9층목탑이었다. 전하는 기록에 따르면 당나라로 유학갔던 자장율사가 태화지(太和池)라는 연못 옆을 지날 때 신령이 나타나서, '황룡사의 호국룡은 나의 맏아들로 범왕(梵王)의 명령을 받아 그 절을 보호하고 있으니, 본국에 돌아가서 그 절에 9층탑을 세우면 이웃나라가 항복하고 9한(九韓)이 와서 조공을 바치고 왕업의 길이 태평할 것이요, 탑을 세운 뒤에 팔관회(八關會)를 베풀고 죄인을 구하면 외적이 해치지 못할 것이다' 라고 했다 한다.

그리고 황룡사는 원래 늪지를 메워서 절터를 만들었다고 한다. 황룡사를 처음 만들 때의 설화에도 '신라 진흥왕 14년인 553년에 경주 월성 동쪽에 궁궐을 짓다가, 그 곳에서 황룡(黃龍)이 나타났다는 말을 듣고 절로 고쳐 짓기 시작하여 17년 만에 완성되었다' 라고 되어 있다. 맨 땅에 건물을 짓기도 어려운데 늪지를 메워서 절터를 만들었으니 얼마나 힘들었을까!

아름: 늪지를 메웠다는 것을 어떻게 알 수 있나요?

황룡사는 1976년부터 수차례에 걸쳐 발굴을 계속해 왔는데 그 발굴조사에서 지층의 구조가 원래 늪지였다는 것이 밝혀졌다. 아무튼 자장율사는 선덕여왕 12년인 643년에 귀국해서 탑을 세울 것을 왕에게 청했다. 그렇지만 그렇게 높은 탑은 당시의 신라 건축기술로는 도저히 만들 수가 없었다. 그래서 백제의 명공 아비지(阿非知)를 모셔와서 9층탑을 지었는데 상륜부까지 총 높이가 225척이었고, 자장은 부처의 진신사리 100립(粒)을 탑 속에 봉안하였다고 전해진다.

아름: 225척이면 얼마나 되는 높이에요?
엄마: 미터법으로 환산하면 약 80m야.
호림: 80m? 그래도 감이 안와요. 아파트 높이로 하면 얼마나 되요?
엄마: 약 27층 정도 된다고 보면 돼.
호림: 헉! 27층씩이나!

또한 황룡사 9층탑의 각 층은 아래에서부터 왜(倭), 중화(中華), 오월(吳越), 탁라(托羅), 응유(鷹遊), 말갈(靺鞨), 단국(丹國), 여적(女狄), 예맥(濊貊)의 아홉 나라를 상징하는데, 이는 이들 나라로부터의 침략을 막을 수 있다는 뜻을 담고 있었다고 한다.

아름: 왜, 중화, 말갈은 역사시간에 들어봐서 알겠는데 다른 나라들은 처음 듣는 나라에요.

오월은 춘추전국시대에 등장하던 중국 남쪽의 오랑캐를 가리키고, 탁라는 탐라 즉 제주도다. 응유는 백제를 낮추어 부르는 말이고, 단국은 거단국, 즉 거란을 뜻한다. 여적은 여진족을 가리키고, 예맥은 예족과 맥족, 즉 고구려를 가리키는 말이다.

엄마: 그렇게 탑이 높으면서도 피뢰침도 없이 그 오랜 세월을 어떻게 버텼을까요?

153. 경주 황룡사 모형(국립경주박물관)

실제 황룡사 9층목탑은 조성된 지 50년이 지난 698년에 벼락을 맞고 불탄 이래 다섯 차례의 중수를 거듭했다고 기록되어 있다. 하지만 1238년에 몽골군의 침입으로 가람 전체가 불타버린 참화를 겪은 뒤에는 다시는 중수되지 못했다.

아빠: 자, 이제 전체적인 설명은 다 했으니 실제 전각이 있던 위치에 가서 직접 답사를 해 보자.

금당터
📍 현재위치: 황룡사지 금당터

아름: 와, 엄청나게 큰 돌이다.
아빠: 이 큰 돌들은 부처님의 대좌로 쓰였던 것들이야. 돌의 배치를 잘 살펴봐.
아름: 가운데에 3개의 큰 돌이 있고, 그 주변으로 양쪽에 각각 5개씩 총10개의 돌이 있구요, 양 끝에 각 1개씩 살짝 앞쪽으로 놓인 2개의 돌이 있어요.
아빠: 금당은 곧 금빛나는 부처님을 모신 전각이란 뜻이야. 지금은 아무 것도 없지만, 이 곳 대좌 위에 어떤 분들이 모셔졌을지 한번 추측을 해 볼까?

금당터 석조대좌 위의 주인공을 알아 맞춰 보자.

154. 경주 황룡사지 금당터 대좌 주춧돌   155. 경주 황룡사지 금당터 대좌 주춧돌

호림: 그게 어떻게 가능해요? 대좌로 쓰인 돌 이외에는 단서가 될 만한 것이 아무것도 없는데...

아름: 혹시 옛 기록에 어떤 분을 모셨는지 남아 있는게 있나요?

황룡사 금당에 대해 현존하는 유일한 기록은 삼국유사에 전하는 다음과 같은 기록이다.

"인도 서천축(西天竺) 아육왕(阿育王, 아소카 대왕)이 철 57,000근과 황금 40,000푼을 모아 석가삼존불을 주조하려 하였으나 뜻을 이루지 못하자, 배에 실어 바다에 띄우고 인연있는 나라에 가서 장륙존상으로 이루어질 것을 발원하였으며, 1불과 2보살의 모형까지도 같이 실어 보냈다. 이 금과 철을 서울인 경주로 실어 와서 진흥왕 35년인 574년 3월에 장륙상을 주조하였는데, 무게는 35,007근으로 황금이 10,198푼이 들었고, 두 보살은 철 12,000근과 황금 10,336푼이 들었다."

엄마: 자, 얘들아, 우리 함께 추리를 시작해 볼까?
아름: 일단 단서가 되는 것은 1불과 2보살이에요. 그런데 석가삼존불이라는 말이 나와요. 그렇다면 가운데에 석가모니 부처님을 모시고 양옆에 협시보살을 모신다는 뜻이에요. 그러면 석가모니 옆에 협시보살로 어떤분이 오시는 가를 알아봐야 해요. 그런데 어떤분이 석가모니 부처님의 협시보살인지 잘 모르겠어요.

원래 석가모니 옆에는 문수보살과 보현보살을 모시는 것이 가장 일반적인 경우다. 석굴암의 경우도 예외는 아니어서 문수보살과 보현보살이 본존불의 앞쪽에서 좌우를 지키고 있다. 그렇지만 불국사 대웅전에서도 보았듯이 만약 이 곳에 과거, 현세, 미래의 삼세불을 모셨다면, 협시보살 자리에 제화갈라보살과 미륵보살이 올 수도 있다. 불교 교리상 그 두 가지 경우 이외의 석가삼존불은 거의 없다.

호림: 결국, 석굴암의 구성을 따르느냐? 아니면 불국사의 구성을 따르느냐? 양자택일 문제로군요. 시험에서 찍는 것은 제가 도사에요. 저에게 맡겨주세요. 음... 저는 문수보살과 보현보살 같아요.
아름: 왜 그렇게 생각해?
호림: 찍는 것의 기본은 확률이 높은 쪽으로 가는 거야. 불국사 대웅전의 삼존불 불상은 마음만 먹으면 언제든지 쉽게 이동할 수 있기 때문에 후대에 그 구성을 얼마든지 바꿀 수가 있겠지만, 석굴암의 조각

들은 이동이 불가능하기 때문에 처음 만들었을 때의 모습 그대로 일 거야. 따라서 황룡사가 있었던 신라시대에 가장 가까운 삼존불 구성은 불국사보다는 석굴암일 가능성이 많은 거야.

엄마: 와! 우리 호림이가 그런 생각까지 하다니… 이거 다시 봐야 겠는걸…

호림: 저는 그냥 본능적으로 찍었을 뿐이에요. 확률이 높은 쪽으로…

아빠: 나도 호림이 생각에 동감이야. 그럼 나머지 대좌는 어떻게 배분이 될까?

아름: 그렇다면 이것도 석굴암 배치와 똑같을 것 같아요. 숫자도 10개이니 10대 제자의 자리겠죠.

엄마: 여기에 오니 석굴암 공부를 열심히 한 보람이 있네요. 그럼 양쪽 끝의 두 자리는 누구의 자리일까?

두 명의 자리가 석가삼존불과 10대 제자의 주변에 마련되어 있다면 인원구성상 두 명으로 이루어진 '금강역사(인왕)' 또는 최고의 수호신중인 '제석천과 범천'일 가능성이 높다. 그런데 금강역사는 대체로 출입문의 양 옆을 지키는 것이 주요 임무이기도 할뿐더러 금당에까지 들어올 서열은 더더욱 아니다. 왜냐하면 금당안에는 자신보다 서열이 더 높은 사천왕의 자리도 없기 때문이다. 그렇다면 결론은 제석천과 범천일 가능성이 높다.

석굴암의 석가삼존불을 둘러싼 10대 제자와 범천과 제석천! 어디서 많이 본 느낌이 들지 않는가? 그렇다. 공교롭게도 황룡사 금당의 자리배치는 바로 석굴암 주실의 등장인물들과 거의 그대로 겹쳐지는 결론에 도달하게 된다.

자, 이제 가장 중앙에 있는 3개의 석조대좌를 집중적으로 살펴보자. 나란히 파인 두개의 큰 홈은 장륙상의 발이 들어가서 넘어지지 않도록 고정시키는 역할을 했을 것이다. 따라서 이 곳에 모신 불상은 앉아 있는 좌상이 아니라 서 있는 입상이라는 것을 알 수 있다.

또한 장륙상에서 장륙이라는 말은 16이라는 뜻이기 때문에 곧 불상의 키가 16척이란 뜻이다. 16척은 4.8미터, 약 5미터에 가깝기 때문에 실로 엄청난 크기의 불상이다. 또한 두 개의 홈 뒤에 있는 하나짜리 홈은 불상의 광배를 꽂은 자리다. 통상적으로 광배는 불상보다 훨씬 더 크기 때문에 이 정도 크기의 광배를 가진 불상을 모시려면 금당의 크기도 충분히 짐작할 수 있을 것 같다.

실제로 황룡사 금당의 크기를 간접적으로 가늠할 수 있는 유물이 국립경주박물관에 있다. 그것은 바로 용마루의 양쪽 끝에 올라가는 장식기와인 망새(치미)인데 장식기와임에도 불구하고 무려 높이가 182cm, 옆너비가 105cm에 달한다.

목탑터

♀ 현재위치: 황룡사지 목탑터 심초석 앞

목탑터 심초석의 역할

아빠: 자, 이제 황룡사지 답사의 하이라이트인 목탑터야. 이 터가 다른 건물터와 차이나는 점을 한번 말해 볼까?

호림: 가운데 엄청 큰 바위가 하나 있어요.

156. 경주 황룡사지 목탑터 심초석

아름: 다른 건물터는 주춧돌의 간격이 넓은데 이 곳에서는 주춧돌의 간격이 매우 좁아요.

아빠: 너희들이 말한 것이 바로 이 건물터의 가장 큰 특징이야. 우선 호림이가 말한 가운데 엄청 큰 바위는 심초석이야. 심초석은 탑의 정중앙에 있는 찰주刹柱라고 하는 중심기둥의 무게중심을 잡고 지탱하는 역할을 해. 찰주의 끝에는 상륜부(머리장식)라고 하는 장식들이 매달려 있지. 자, 이번에는 심초석 위쪽의 가운데를 봐.

호림: 어라? 동그란 홈이 있네. 아하! 이 구멍에 맞게끔 중심기둥이 서 있었겠구나. 이 중심기둥의 높이는 얼마나 되었나요?

엄마: 아까 들었잖니. 80m라고. 아파트 27층 높이.

호림: 예? 80m짜리 기둥이 어디 있어요?

아빠: 그것은 기둥 하나짜리로는 도저히 불가능하지. 그래서 여러 개를 연결해서 쓰는 거야. 황룡사지에 들어올 때 처음 봤던 당간지주도

목탑터 | 311

마찬가지야. 당간지주가 받치는 기둥인 당간도 높은 기둥을 써야 하기 때문에 여러 개를 이어 붙이는 경우가 많아.

엄마: 그렇게 높은 기둥이 올라가니 그 무게가 얼마나 무겁겠니? 그래서 심초석도 이렇게 엄청나게 큰 바위를 쓴거야.

심초석 밑 바닥의 홈을 통해 알아낼 수 있는 것은?

아름: 그런데 심초석 밑 바닥에 홈이 파여 있어요. 이것이 뭐죠?

1238년 몽골군의 침입으로 황룡사가 몽땅 불에 탄 뒤 무려 726년 동안 아무도 그것에 관심을 두지 않았다. 그런데 1964년 12월에 한 도굴꾼이 심초석 바닥의 홈을 발견하고는, 밤에 차량과 밧줄을 이용해서 심초석을 옆으로 끌어낸 후, 심초석 아래에 있던 사리함을 훔쳐갔다. 심초석 밑의 길다란 홈은 사리함 쪽으로 흘러 들어간 물을 빼내는 배수구 역할을 한 것이었다.

호림: 도둑질도 뭘 제대로 알아야 하는 법이라니까... 그런데 그 사리함은 어떻게 됐어요?

아빠: 결국은 도굴꾼이 잡혔고 그 사리함은 회수가 되어서 지금은 국립중앙박물관에 보관되어 있어.

호림: 도굴꾼들은 사리를 왜 훔쳐가죠? 사리는 시신을 화장하고 남은 거라서 기분이 별로 좋지 않을텐데...

사실 도굴꾼들이 노리는 것은 사리가 아니다. 사리는 사리장치라고 하는 여러겹의 포장속에 들어가는데, 사리장치의 구성을 살펴보면, 먼저 당시로는 귀하디 귀한 조그만 유리병 속에 사리를 넣은 다음, 그것을 보통 금이나 금동으로 만든 화려한 사리내함에 넣고, 다시 그 사리내함을 더 큰 사리외함에 넣는다. 따라서 도굴꾼들은 귀금속으로 만들어지고 또한 갖가지 정교한 조각과 장식이 되어 있는 사리장치를 노리는 것이다.

뱀의 발 황룡사 목탑의 높이추정

황룡사가 소실된 이후 700여 년 간을 폐허가 된 채 그 위로 논밭과 마을이 조성되어 있었던 것을 1964년에 마을을 철거하고 황룡사지 발굴을 시작해 많은 유물을 발굴하게 되는데 그 중에서 사리구를 간직했음직한 심초석을 발견하게 된다.

그런데 심초석 위에 놓인 장방형의 돌을 들어올리고 심초석 안을 들여다보았을 때 사리공 안에 있어야 할 사리구는 도굴이 되어 텅 비어있었다. 그로부터 2년 후 발굴당시 조사위원이었던 황수영 박사는 낯선 사람으로부터 진귀한 물건을 감정해 달라는 연락을 받았는데, 그것은 다름 아닌 도굴된 황룡사의 바로 그 사리구였다.

황수영 박사가 받은 사리구 중에는 가장 작은 사리 그릇과 네모난 청동 소함, 사면으로 이루어진 사리내함이 있었다. 사리내함은 형체를 알 수 없을 정도로 부식이 심했지만 무엇인가 탑의 비밀을 밝혀 줄 만한 기록들이 빼곡히 씌여져 있었는데 내함의 삼면에는 안팎으로 황룡사 9층목탑의 내력을 담은 '찰주본기'가 적혀 있었던 것이다. 바로 그 찰주본기에 황룡사 9층목탑의 높이를 알 수 있는 글이 새겨져 있었다.

"9층탑은 철반 이상의 높이가 7보(42자), 그 이하가 30보 3자(183자)이다. 총 225자다."

또한 목탑터 주춧돌 간격이 매우 촘촘한 것도 높은 9층목탑의 무게를 버티기 위해서이다. 사실 기둥과 기둥사이가 이 정도 간격이면 사람이 탑 안에 들어와서 예불 등의 활동을 거의 할 수는 없었을 것이다. 따라서 신라시대 때는 불교신도들이 주로 건물 밖에서 탑돌이를 하면서 예불을 드렸을 것으로 추정이 된다.

황룡사 9층목탑의 복원을 위해 참고할 사항들

엄마: 여보, 최근에 황룡사 9층목탑을 복원하려는 시도를 하고 있다는 말을 들었어요. 과연 어떤 자료를 근거로 복원을 할 수 있을까요?
아빠: 아무래도 황룡사 9층목탑의 건립시기와 가장 가까운 시기의 탑들이 기준이 되겠지. 익산의 미륵사지 탑도 시기상으로는 매우 가깝고, 담징의 금당벽화로 유명한 일본의 호류사 5층목탑도 좋은 예가 될거야.
호림: 왜 굳이 일본 것을 참고하려고 하죠?

황룡사 9층목탑이 신라인만으로는 도저히 만들 수가 없었기 때문에 백제의 명공인 아비지가 신라까지 가서 만든 것처럼, 그 당시 일본에는 수많은 백제장인들이 건너가서 각 분야에서 활동했다는 기록이 많다. 한편 경주 남산에도 참고할 만한 자료가 있다. 경주 동남산의 한 골짜기인 탑곡에 있는 높이가 9m, 둘레가 30m에 이르는 부처바위가 바로 그것이다. 이 곳에는 '명랑'이라는 신라의 고승이 삼국통일 후 당나라를 몰아내기 위해 불상과 황룡사 9층목탑을 이 바위에 새겨 놓고 기도를 올렸다는 얘기가 전해지고 있는데, 실제로 바위에는 9층목탑이 새겨져 있다.

아빠: 그 마애탑은 우리가 내일 남산에 답사갈 때 꼭 들려서 볼 거야.

뱀의 발 경주 남산 탑곡 마애불상군

학자들은 경주 남산의 마애 9층탑이 통일신라시대에 만들어졌기 때문에 황룡사 9층목탑을 본뜬 것이거나 그렇지 않다 하더라도 최소한 그 당시 목탑양식을 본따 만든 것이라 확신하고 있다.

그렇다면 과연, 마애 9층탑의 모습은 황룡사 9층목탑의 모습을 나타내는 것일까?
경주 사람들이 황룡사 9층목탑의 모습이라고 굳게 믿고 있는, 탑곡 부처바위에 새겨져 있는 마애탑을 자세히 보면 황룡사 9층목탑과 마찬가지로 9층인 것을 알 수 있다. 상륜부가 단순하게 처리되는 석탑과는 달리 정교하게 만들어진 것이 목탑임을 잘 보여 주고 있고, 처마 끝에 매달려 있는 풍경들이 목탑임을 더 명확하게 해준다.

물론 확정적인 자료가 없어 이 마애 9층탑이 황룡사 9층목탑의 모습이라고 확정지을

157. 경주 남산 탑곡 마애불상군

수는 없겠지만, 가장 가까운 모습이라고 할 수는 있을 것이다. 그러나, 이 마애탑은 그 형태가 부조라는 점, 그리고 바위에 새겨 넣어 단순화되어 있는 표현으로 인하여 세밀한 묘사가 되어 있지 않다는 점에서 황룡사 9층목탑의 완전한 모습을 추정하는 데에는 한계가 있다.

경주 남산 용장사곡 3층석탑

제3일차

318···진정한 수미산 - 경주 남산

318···경주 남산을 오르지 않은 사람은 경주를 말할 자격이 없다.
319···경주 남산 100배 즐기기
321···동남산 - 남산 미륵곡 석조여래좌상 (보리사 석조여래좌상)
327···동남산 - 탑곡 마애불상군 (탑곡 마애조상군, 부처바위)
341···동남산 - 불곡 마애여래좌상 (감실석불좌상)
344···남산 답사의 하이라이트 - 삼릉에서 용장까지
345···배동 석조여래삼존입상 (배리 삼존불)
351···삼릉
352···삼릉계곡 (냉골) 석조여래좌상
354···삼릉계곡 마애관음보살입상
355···삼릉계곡 선각육존불
362···삼릉계곡 선각여래좌상
364···삼릉계곡 석조여래좌상(삼릉계곡 석불좌상)
367···삼릉계곡 선각마애여래상
368···삼릉계곡 마애석가여래좌상 (상선암 마애대좌불)
370···상사암
373···용장사곡 3층석탑(용장사지 3층석탑)
375···용장사지 마애여래좌상
376···용장사곡 석조여래좌상(용장사지 삼륜대좌불)
380···용장사지
382···용장사곡 절골 석조약사여래좌상

384···경주의 보물창고 - 국립경주박물관

384···박물관 사용설명서
386···박물관 자체답사안
389···신라역사관 - 제1전시실(신라의 건국과 성장)
392···신라역사관 - 제2전시실(황금의 나라 신라)
397···신라역사관 - 제3전시실(강력한 중앙집권 왕국)
401···신라역사관 - 제4전시실(신라의 융성과 멸망)
404···신라미술관
412···월지관
415···옥외전시장 - 성덕대왕신종(국보 제29호, 에밀레종)

**425···부록: 경

진정한 수미산 – 경주 남산

경주 남산을 오르지 않은 사람은 경주를 말할 자격이 없다.

아름: 아빠는 경주에 오실 때마다 항상 남산을 올라가시는데 왜 그렇죠? 경주 시내와 인근에는 다른 볼 거리도 많잖아요!

일본 속담에 '닛코(日光)를 보지 않고는 일본의 아름다움을 말하지 마라' 라는 말이 있다. 세계문화유산으로 등재될 만큼 닛코라는 곳이 일본을 대표하는 문화유적 관광지란 뜻이다. 나는 그 말을 이렇게 바꾸고 싶다. '경주 남산을 오르지 않은 사람은 경주를 말할 자격이 없다' 경주 남산도 2000년에 세계문화유산으로 등재된 세계적으로 자랑스런 우리의 보물이다.

호림: 그런데 이름이 왜 남산이죠? 서울의 남산과 이름이 헷갈려요.

경주 남산은 신라의 왕궁 남쪽에 있어서 남산이라고 불렸다.

경주 남산은 신라왕궁이었던 경주 월성의 남쪽에 있어서 남산으로 불리는데, 옛 신라의 수도 서라벌의 진산(鎭山)이기도 하다. 경주 남산은 동서 폭이 약 4km, 남북 길이가 약 8km의 타원형이고, 북쪽 최고봉인 금오봉이 468m, 남쪽 최고봉인 고위봉이 494m인데, 한 마리 거북이가 서라벌 깊숙이 들어와서 엎드린 형상이라고 한다. 산의 크기가 이 정도면 결코 작다고는 할 수 없다. 남북으로 남산을 종주하려면 등산만 하더라도 거의 4시간은 걸린다는 계산이 나온다. 게다가 문화재를 감상하면서 산을 오르면, 7시간은 족히 걸리는 코스다. 더군다나 코스가 여러 개이기 때문에 남산 전체를 충분히 돌아보려면 적어도 2박 3일은 걸린다고 봐야 한다.

남산에는 왕릉이 13기, 폐사지가 150개소, 불상 130구, 탑 100여기, 석등 22기 등 총 700여점의 문화유적이 여기저기에 산재되어 있다. 이들 중에서 국보가 1점, 보물이 12점, 사적이 14개소, 중요민속자료가 1점, 지방유형문화재가 11점, 지방기념물 2점, 문화재자료 3점 등 총 44점이 지정되어 있고, 2000년 12월에는 세계문화유산으로 등재되었다.

아름: 와! 말 그대로 경주 남산 전체가 거대한 야외 박물관이구나

경주 남산 100배 즐기기

호림: 남산이 그렇게나 크고, 또 어떤 문화유적이 어디에 있는지 잘 모른다면 일반사람들에게 남산 유적답사는 거의 불가능하겠네요.

경주 남산을 100배 즐기려면 항상 경주 남산연구소와 함께하라.

초보자라도 준비만 잘하면 남산유적답사는 그렇게 어렵지 않다. 서울에서 궁궐을 무료로 안내해주는 궁궐지킴이, 궁궐길라잡이라는 단체가 있는 것처럼, 경주 남산을 속속들이 그것도 무료로 탐방할 수 있도록 도와 주는 단체가 있다. 바로 경주 남산연구소인데 매주 토요일과 일요일, 그리고 공휴일에 무료안내를 해 주고 있다.

이용하는 방법은 인터넷으로 경주 남산연구소의 홈페이지에서 신청만 하면 된다. 게다가 거의 한달에 한 번 정도 진행하는 남산 달빛기행이라는 프로그램도 있다. 밤에 남산에 올라 등산을 하면서 동시에 문화유적을 둘러보는 프로그램인데, 은은한 달빛속에서 남산의 문화유적을 돌아보는 경험은 전문가의 도움 없이는 쉽게 할 수 없는 특별한 경험이다. 게다가 달빛기행도 무료라는 사실은 더욱 놀랍다.

뱀의 발 경주 남산연구소가 진행하는 경주 남산 속속들이 무료탐방 (2015년 11월 1일 기준)

행사일	매주 토요일 / 일요일 / 공휴일, (여름방학은 매일)
코스별 일정	- 삼릉골 　※ 행사일: 매주 토, 일, 공휴일. 여름방학 중 화 · 목요일 　※ 시간: 09:30 ~ 13:30 (4:00시간) 　※ 가는 곳: 삼불사, 삼릉골 - 삼릉 가는 길 　※ 행사일: 매월 1, 3, 5 토요일 　※ 시간: 09:30 ~ 13:30 (4:00시간) 　※ 가는 곳: 월정교~삼릉 - 동남산 산책 　※ 행사일: 매월 2, 4 토요일, 여름방학 중 월 · 수 · 금요일 　※ 시간: 09:30 ~ 13:30 (4:00시간) 　※ 가는 곳: 불곡, 탑곡, 미륵곡, 서출지 ~ 염불사 - 동남산 코스 　※ 행사일: 매월 2 일요일 　※ 시간: 09:30 ~ 15:30 (6:00시간) 　※ 가는 곳: 국사곡, 지바위곡

	- 서남산 코스 　※ 행사일: 매월 3 일요일 　※ 시간: 09:30 ~ 16:00 (6:30시간) 　※ 가는 곳: 삼불사, 삼릉곡, 용장곡 - 남남산 코스 　※ 행사일: 매월 4 일요일 　※ 시간: 09:30 ~ 16:00 (6:30시간) 　※ 가는 곳: 열암곡, 칠불암, 심수곡 - 경주남산달빛기행 　※ 행사일: 매월 보름직전 토요일 　※ 시간: 17:30 ~ 21:30 (4:00시간) 　※ 가는 곳: 별도 일정
모이는 곳	- 삼릉골: 서남산주차장(경주시 배동 725) - 삼릉 가는 길: 월정교(경주시 교동 162-4) - 동남산 산책: 통일전주차장(경주시 남산동 932-1) - 동남산 코스: 통일전주차장(경주시 남산동 932-1) - 서남산 코스: 서남산주차장(경주시 배동 725) - 남남산 코스: 서남산주차장(경주시 배동 725) - 남산 달빛기행: 별도 안내(http://www.kjnamsan.org)
참가비	참가비: 무료 제 공: 전문해설사 동행안내해설, 지도, 기념엽서 등 준비물: 간식, 수건, 물, 등산차림, (6시간 코스)점심 도시락 필수
참여신청	경주 남산연구소(http://www.kjnamsan.org) 산행 가능하고 문화유적을 아끼시는 분(유아와 노약자는 다른 분들의 답사에 방해가 되지 않도록 보호자가 책임지셔야 합니다.) 답사 전일 까지, 코스별 선착순 50명
참가제한	[남남산]과 [동남산산책]코스는 일부 구간 참여자의 차량으로 이동 합니다. 2명 이상이 참여하시면서 차량이 없으시면 사전에 전화하여 승낙을 얻으시기 바랍니다.
비올 때	비가 올 때는 현장에서 행사의 진행여부를 결정합니다. 미리 행사를 취소하지 않습니다.
주관	경주 남산연구소
후원	경상북도, 경주시

동남산 – 남산 미륵곡 석조여래좌상(보리사 석조여래좌상)

📍 현재위치: 경주 동남산 보리사 앞

경주 남산에서 가장 잘생긴 부처님

158. 경주 남산 보리사 석조여래좌상, 보물 제136호

아름: 지금 우리 어디 가는 거에요?
아빠: 남산에서 가장 잘생긴 꽃미남 부처님을 뵈러 가는 거야.
호림: 꽃미남 부처님이요? 부처님도 잘 생긴 부처님이 있고, 못생긴 부처님이 있어요?
아빠: 그럼! 가 보면 한 눈에 알 수 있어. 정말 잘생긴 부처님이야.

이 곳은 남산에서도 동쪽이기 때문에 동남산이라고 하는데, 이 동남산에는 남산에서 가장 잘생긴 부처님과 남산에서 가장 나이가 많은 부처님, 그리고 남산에서 가장 다채로운 부처님들이 모여 있다. 게다가 높지 않은 산기슭에 있기 때문에 힘들지 않게 다녀올 수 있다.

아름: 아, 저기 부처님이 보인다. 와! 정말 잘생긴 부처님이다! 아빠 말 그대로에요. 마치 석굴암의 본존불을 보는 듯한 느낌이에요. 그러면서도 약간 다른 점이 있다면... 석굴암의 본존불은 너무 근엄하셔서 가까이 다가서기에는 왠지 부담스러운 느낌인데, 이 부처님은 너무 인상이 좋으셔요. 아빠처럼요!

보리사 석조여래좌상은 불상이 있는 곳이 신라시대의 보리사(菩提寺) 터로 추정되기 때문에 붙여진 이름이다. 또한 이곳은 예전부터 미륵골짜기로 불렸기 때문에 문화재청에 등록된 공식 명칭은 경주 남산 미륵곡 석조여래좌상이다. 현재 경주 남산에 있는 석불 가운데에서 대좌와 광배까지 완벽하게 갖추고 있는 가장 완전한 형태의 통일신라시대 불상으로 보물 제136호다.

항마촉지인을 하고 있어도 아미타 부처일 가능성이 많은 이유

보리사 석조여래좌상은 수인이 항마촉지인을 하고 있어서 석가여래로 보는 사람도 있지만 아미타 부처로 보는 사람도 있다. 일단 이 부처의 광배 뒤에 또 다른 부처가 새겨져 있는데, 손에 약합을 들고 있어서 광배 뒤의 부처는 분명 약사여래다. 아미타 부처로 보는 사람의 주장은 보리사 석불은 동방정토의 약사부처님과 서로 등을 맞대고 있기 때문에 서방정토의 아미타 부처일 가능성이 높다는 것이다.

석굴암의 본존불도 항마촉지인을 하고 계시지만 아미타 부처일 가능

159. 경주 남산 보리사

160. 경주 남산 보리사 석조여래좌상 광배

성이 많다는 논란이 지금도 끊이지 않고 있고, 게다가 경북 군위군의 삼존석굴도 본존불은 항마촉지인을 하고 있지만 좌우의 협시보살은 명백하게 아미타 부처의 협시보살인 관음보살과 대세지보살이어서 아마도 통일신라시대의 특정한 시기에는 아미타 부처가 구품인이 아닌 항마촉지인을 하는 것이 잠시 유행이었던 적이 있었던 것 같다.

광배 속의 화불이 의미하는 것

아름: 그런데 이 부처님은 석굴암의 본존불과 비교해서 따뜻한 인간미는 넘치지만 뭔가 좀 부족한 것 같아요. 왜 그럴까요?

석굴암 본존불은 너무나도 완벽한 신체치수를 가지고 있는 반면에 보리사 석불은 얼굴에 비해 몸이나 손과 팔 등의 비율이 상대적으로 약하게 표현되었다. 그래서 흔히 하는 말로 2%가 부족하다는 느낌이 든다. 그렇다고 해도 조형적으로는 정말 대단한 작품이다. 특히 광배의 문양도 주목해서 볼 필요가 있는데, 광배속에 숨어있는 화불을 한번 찾아 보면, 머리부분의 두광에 3개, 그리고 몸부분의 신광에 4개, 총 7개의 화불이 숨어있다.

  이 부처의 광배는 활짝 핀 연꽃을 새긴 띠를 둘러서 두광과 신광을 나타냈고 띠의 중간중간에 연꽃을 새겼는데, 이것은 부처님의 빛이 비치는 곳에는 어디서나 연꽃처럼 깨끗한 세계가 된다는 것을 뜻한다. 그리고 7개의 화불은 부처님의 빛이 비치는 곳이라면 그 곳이 어디든 부처가 항상 상주한다는 것을 의미한다.

  아름: 이 석불은 목 위쪽으로는 다른 돌로 끼워진 것 같아요. 그리고 광배도 위쪽이 잘려져 있었던 것을 복원한 흔적이 있어요.
  엄마: 여보, 저기 대웅전을 보니 부처님의 뒤편에 후불탱화 대신에 목각탱이 있어요. 저런 것도 다른 곳에서 쉽게 볼 수 있는 것이 아니니까 눈여겨볼 만하네요..
  아빠: 그것뿐만 아니라 보리사 앞 오솔길을 살짝 올라가면 마애여래좌상이 하나 있어. 마모가 많이 되기도 했고, 보리사 석불보다는 시대가 많이 떨어지는 신라하대의 솜씨라서 작품성은 많이 떨어져. 그리로 한번 가 볼까?

📍 **현재위치: 보리사 마애불 앞**

비에 젖지 않는 마애불

161. 경주 남산 보리사 마애석불, 경상북도 시도유형문화재 제193호

보리사 마애불은 다른 마애불과는 좀 느낌이 다른 데, 그것은 아마도 부처님의 뒤쪽을 감실처럼 살짝 파내서 그런 느낌을 주는 것 같다. 마치 광배처럼 보이기도 한다. 게다가 바위가 살짝 앞쪽으로 기울어져 있기 때문에 노천에 있어도 비에 젖지 않는 특징도 있다.

또한 부처 얼굴보다는 아래쪽이 훨씬 더 희미하게 보이기 때문에 마치 부처가 하늘에 붕 떠있는 느낌을 준다. 이 부처를 왜 이곳에 새겼는지 알아보려면 부처님의 시선을 따라가면 된다. 이 부처가 바라보고 있는 곳은 선덕여왕릉이 있는 낭산쪽이다. 낭산은 곧 도리천이고, 그 아래에 있던 사천왕사는 사왕천이다.

또 그 주변은 지금은 넓은 들판이지만 예전 서라벌 시절에는 18만 호에 가까운 사람이 살던 곳이라고 한다. 따라서 이 부처님이 살짝 기울어진 바위에 새겨진 것은 서라벌의 백성들을 굽어 살핀다는 뜻도 있다고 볼 수 있다.

162. 경주 남산 탑곡 마애불상군, 보물 제201호

동남산 – 탑곡 마애불상군 (탑곡 마애조상군, 부처바위)
📍 현재위치: 경주 동남산 부처바위(불무사) 가는 길

아름: 이번에 보러 가는 것이 부처바위라고 하셨죠?

아빠: 흔히들, 부처바위라고 하지만, 문화재청에 등록된 정확한 이름은 '경주 남산 탑곡 마애불상군' 이야.

아름: 탑곡이라면, 탑이 있는 골짜기라는 뜻이네요? 그런데 경주 남산 정도라면 탑이 있는 골짜기가 하나 둘이 아닐텐데, 왜 이 곳만을 탑곡이라고 불러요?

호림: 뭔가 특별한 탑이 있을 것 같아.

엄마: 이 곳에는 우리가 흔히 볼 수 있는 3층석탑도 있을뿐더러, 바위에 새긴 마애탑도 볼 수 있단다. 황룡사지 9층목탑을 복원하려 할 때, 그 근거가 될 수 있는 중요한 자료란다.

호림: 그런데 여기는 보통 절이에요. 불무사(佛無寺)라고 쓰여있네요.
아빠: 부처바위는 절의 대웅전 뒤쪽에 있어. 예전에는 이 절을 옥룡암(玉龍庵)이라고 불렀는데, 절 이름이 최근에 바뀌었나 보구나.

📍 현재위치: 부처바위 정면(북쪽면) 앞

탑곡 마애불상군 북쪽면 (영산정토)
<u>부처바위의 북쪽면은 전체의 기준이 되면서,</u>
<u>또한 상대향으로는 남향이 된다.</u>

아름: 와, 저것이구나. 엄청 큰 바위다. 어? 정말 바위에 새긴 탑이 있어요. 그것도 두개씩이나. 어디 한번 층을 세어봐야지⋯ 왼쪽의 것은 9층이고 오른쪽의 것은 7층이에요.

부처바위의 가장 특징적인 것으로는 마애탑을 들 수 있지만, 더 중요한 것은 가운데 계신 부처님이다. 그 이외에도 등장인물이 더 있는데 탑의 아래쪽에는 각각 사자가 한마리씩 새겨져 있고, 부처 머리 위에는 천개(天蓋)가 떠 있고, 그 위로 두 사람의 천녀(天女)가 하늘을 날고 있다. 그런데 이 부처바위는 특이하게도 사면에 모두 조각이 되어 있어서 기준을 잡는 것부터 시작해야 한다.

부처바위에서 마애탑이 새겨져 있는 면은 방위상으로는 북쪽이지만, 바위면적이 가장 크기 때문에 이 부처바위의 가장 중요한 기준이 되는 곳이다. 방위를 절대향으로 보면 북향에 해당하지만, 부처가 바라보고 있으니 상대향으로 보면 남향에 해당할 수도 있다. 이를 군주남면(君主南

面)이라 한다. 또 부처 앞쪽에 양편으로 왜 탑이 두 개가 솟았는지 추측을 해 보면 아마도 당시에 유행하던 쌍탑가람이 생각날 것이다. 따라서 북쪽면은 석가모니가 영축산에서 법화경을 설법하는 영산회상도, 즉 석가모니의 영산정토를 나타낸 것으로 볼 수 있다.

또한 부처 머리위로 떠 있는 천개는 귀하신 분들의 신분을 더욱 돋보이게 하기 위함인데, 인도처럼 더운 나라에서 석가모니와 같은 성인들을 태양으로부터 보호하기 위해 씌운 일산에서 유래한 것이다. 따라서 북면의 부처는 석가모니 부처로 봐야 한다. 그리고 석가모니 부처가 법화경을 설법하실 때, 다보여래가 탑으로 솟아올라 석가여래의 설법이 진리임을 증명한다고 한 이불병좌상의 개념을 쌍탑의 형태로 표현한 것이 바로 저 그림이라고 볼 수 있다.

두 마리의 사자의 역할은 금강역사의 역할과 같다고 볼 수 있다.

호림: 그렇다면 탑 아래의 사자들의 역할은 뭐죠?

두 사자의 입을 잘 보면 뭔가 다른 점이 분명히 있는데 한마리는 입을 다물고 있고, 한마리는 입을 벌리고 있다. 일단, 사자는 불법을 수호하는 성스런 동물이라는 점에 착안하고 한마리는 입을 벌리고, 한마리는 입을 다물고 있는 것은 불법을 수호하는 두 명의 금강역사, 즉 아형 금강과 훔형 금강의 역할과 맞추었다고 볼 수 있다.

특히 왼쪽 사자는 입을 벌리면서, 왼발을 들어올렸고. 오른쪽 사자는 입을 다물면서, 오른발을 들어올렸다. 입을 벌린 것과 다문 것으로, 그

163. 경주 남산 탑곡 마애불상군 좌측 사자   164. 경주 남산 탑곡 마애불상군 우측 사자

리고 들어올린 발이 각각 왼쪽과 오른쪽이라는 것으로도 서로 대비되는데 더욱 재미있는 것은 오른쪽 사자만 갈기가 있기 때문에 숫사자이고 왼쪽 사자는 갈기가 없으므로 암사자란 뜻이 된다. 결과적으로 여러가지 특징을 대비시킴으로써 아형 금강, 훔형 금강과 같이 음양의 조화를 꾀한 것으로 보인다.

한편 사자의 꼬리가 세갈래로 나뉘어서 깃발처럼 나부끼고 있는데 마치 천마총의 천마도와 비슷한 느낌을 주고 있고, 부처 머리위의 천개 위쪽에는 두 사람의 비천이 날면서 꽃을 뿌리는 모습이 조각되어 있는데 거리가 멀어서 유심히 봐야만 확인할 수 있다.

📍 현재위치: 부처바위 서쪽면

탑곡 마애불상군 서쪽면 (동방 유리광정토)

부처바위 서쪽면과 동쪽면은 산으로 올라가는 가파른 경사면이다. 먼저 서쪽면을 살펴보면 바위의 면적이 꽤 좁다. 그래서 서쪽면에는 불상 하나와 피리를 불고 있는 비천상 두 분이 등장인물의 전부로 나머지는 나무와 몇가지 장식물 뿐이다. 특히 부처는 두 손이 옷자락에 가려서 수인이 보이지 않지만 여러 가지 정황상 동방유리광정토의 약사여래로 추정이 된다.

방위상 서쪽면이
동방정토로 불리는 이유

165. 경주 남산 탑곡 마애불상군 약사여래상

그런데 부처바위의 서쪽면이라면 당연히 서방정토가 되어야지 왜 동방정토라고 할까? 처음에 부처바위의 기준을 잡을 때, 북쪽면이 정면이라고 했는데 북쪽면을 절대향으로 보면 당연히 북쪽이지만, 상대향으로 보면 부처가 바라보는 방향이기 때문에 군주남면의 원리에 의해서 남쪽으로 설정이 되는 것이다.

따라서 서쪽면도 절대향으로 보면 당연히 서방극락정토가 되겠지만, 상대향으로 보면 방향이 바뀌어서 동쪽이 되기 때문에 결국 동방유리광정토가 되는 것이다.

서쪽면의 부처는 얼굴이 네모나고 두 무릎을 연꽃대좌위에 평행하게 놓고 있어서 안정감을 주고 있는데 그래서인지 비탈길에 있어도 그리

166. 경주 남산 탑곡 마애불상군 동쪽면

불안해 보이지가 않는다. 다만 좁은 곳에 협시보살도 없이 홀로 있기때문에 조금 외로운 느낌은 있지만, 약사여래의 경우에는 일반 사찰에서도 협시보살없이 부처님 한분만 독존으로 모시는 곳이 많다. 그래도 이곳에는 비천이 두 분이나 있어서 아주 외롭지는 않을 것 같다.

호림: 이쪽이 동방정토라면 반대편에는 서방극락세계가 있겠네요. 그쪽으로 가 봐요.

📍 현재위치: 부처바위 동쪽면

탑곡 마애불상군 동쪽면 (서방 극락정토)

아름: 이쪽에는 등장인물이 무척 많아요! 대략 보기에도 10명이 넘어 보이는데요.

동쪽면은 바위가 세 부분으로 갈라져 있는데 편의상 가장 북쪽 것을 첫째면, 가운데 것을 둘째면, 남쪽 것을 셋째면이라고 부르자. 그중 서방 극락세계는 첫째면에 아미타삼존불로 새겨져 있다.

아미타삼존불 중에서 대세지보살은 풍화로 마모되었다.

호림: 삼존불이요? 부처님 옆에는 보살이 한 분 밖에 없어요!

아미타삼존불의 구성은 대체로 아미타 부처님 왼쪽에는 관음보살을 모시고, 오른쪽에는 대세지보살을 모셔야하는데 아쉽게도 이 곳에서는 대세지보살이 풍화로 마모되어 거의 다 사라져버렸다. 그래도 그 흔적을 찾아볼 수 있는데 연꽃대좌 일부와 옷자락 일부가 남아있어서 삼존불 구성이었다는 것을 짐작할 수 있다.

167. 경주 남산 탑곡 마애불상군 동쪽면의 삼존불

그리고 아미타 부처의 웃음은 참 보기가 좋은데 보통의 근엄한 부처의 모습과는 달리 아주 해맑은 웃음을 보이고 있다. 그런데 그 이유는 두 볼의 광대뼈가 도드라져 있어서 그렇게 보이는 것이다. 게다가 두광에는 햇살과 같은 연꽃이 피어있어서 부처의 웃음을 온 곳에 퍼뜨리고 있는 시각적인 효과도 있다.

그런데 그 옆 관세음보살은 정면이 아니라 부처쪽을 바라보고 있는데, 광대뼈가 도드라진 것이 아니라 오히려 그 부분을 파냈다. 해가 비치지 않을 때는 잘 안보이지만 그 광대뼈 부분은 태양광선에 의해서 돋아 나와 보이게끔 되어 있다고 한다. 따라서 부처와 보살의 미소를 음양으로 잘 조화시키고 있는 듯 하다. 그리고 삼존불 머리 위쪽을 보면 일곱분의 비천이 하늘에서 내려오면서 꽃잎을 날리고 있다.

> 아름: 하늘에서 내려오는지, 하늘로 올라가는지, 아니면 그냥 하늘에 떠 있는 것인지 어떻게 알죠?

비천들이 하늘에서 지금 내려오는 것을 알려주는 것은 비천들의 옷자락이 모두 하늘로 길게 나부끼고 있는 것을 보고 알 수 있다. 그 아래쪽에 조각된 스님은 손에 뭔가를 들고 있는데 목탁이 아닌 향을 공양하는 모습이다. 이 스님이 향을 공양하면서 염불을 한다면 뭐라고 염불하고 있을까? 스님이 쳐다보고 있는 곳에 아미타불과 관세음보살이 있으니, 당연히 '나무아미타불, 관세음보살' 이지 않을까?

동쪽면에 등장한 세명의 비구승

> 호림: 둘째면에 새겨진 사람은 부처님인지, 스님인지 어떻게 구분을 하죠?

168. 경주 남산 탑곡 마애불상군 동쪽면의 비구승 169. 경주 남산 탑곡 마애불상군 남쪽면의 금강역사

　둘째면에 새겨진 사람은 부처가 아닌 스님이다. 그 이유로는 우선 연화대좌가 없고 두광도 없다. 부처라면 최소한 그 두가지는 있어야 정상이다. 다만, 스님이 두 그루의 나무 아래서 명상에 잠기셨는데, 그렇다면 혹시 보리수 나무 아래서 선정에 드신 싯타르타 태자를 표현한 것이 아닐까 하는 의견도 있다. 즉, 득도하기 전의 석가모니를 나타낸다고 보는 것이다.

　셋째면에도 명상에 잠겨있는 스님이 한 분 있다. 지금까지 동쪽면에서 등장한 인물은 아미타삼존불, 스님이 3분, 그리고 비천이 6분으로 공교롭게도 모두 3의 배수다. 서쪽면과 북쪽면의 등장인물도 각각 여래와 비천 2분씩, 합쳐서 세 분이었다.

　그리고 제일 위쪽에 있는 남쪽면으로 올라가다 보면 바위 끝쪽에 뭔가 조각되어 있는 것이 있는데, 의외로 손에 무기를 들고 있는 금강역사가 있다. 금강역사가 들고 있는 무기는 금강저라고 하는데 제석천이 들고 있는 무기이기도 하다.

  그런데 7세기 이후부터는 금강역사들이 무장을 하지 않는 것이 일반적이기 때문에 이 부처바위의 조성연대가 오래된 것임을 간접적으로 알 수 있는 단서를 제공해 주고 있다. 그리고 금강역사가 이 곳에 있다는 말은 다른 말로 하면 이 곳이 바로 부처님의 세계로 들어가는 입구라는 뜻이 되고, 또한 이 바위자체가 곧 법당이라는 뜻을 담고 있다.

📍 현재위치: 부처바위 남쪽면

탑곡 마애불상군 남쪽면

170.경주 남산 탑곡 마애불상군 남쪽면의 삼존불

아름: 여기에도 삼존불이 있어요. 그러고보니 부처바위는 사면에 돌아가면서 모두 부처가 있어요.

호림: 그러니까 이 곳을 부처바위라고 부르는 거야.

삼존불에 붉은 색이 도는데 과연 채색을 했을까?

삼존불에서 양 옆의 협시보살의 모습이 참 재미있다. 조금 전에 보았던 동쪽면의 관세음보살도 얼굴을 부처님 쪽으로 돌렸지만 두광은 둥근 원형이 그대로 유지되었다. 하지만 이 곳의 협시보살들은 얼굴을 부처님 쪽으로 돌린 것 때문에 두광이 타원형으로 바뀌었다. 그래서인지 조금 더 사실감이 묻어난다. 그리고 보통의 협시보살은 서있는 것이 일반적인데, 이 곳은 모두 편안하게 앉아 있는 모습이어서 근엄한 느낌 보다는 식구들끼리 화목하게 지내는 모습이다.

예전에 김구석 남산연구소장님과 이 곳을 답사할 때, 김소장께서 이 삼존불에 대해 이런 재미있는 말씀을 해주셨다. '가운데 앉아 계신 부처님에게 양 옆의 협시보살이 합장을 하며 법문을 기대하고 있는데, 부처님이 법문이 아닌 농담을 했다. 그랬더니 왼쪽 협시보살은 응석을 부리면서 부처님에게로 몸을 돌리고 있고, 오른쪽 협시보살은 깜짝 놀라서 부처님을 쳐다보고 있는 모습이 연상되고 있다' 역시 답사는 상상력이 풍부하면 할수록 내용이 더욱 알차게 되는 것 같다.

그런데 삼존불중에서 가운데 부처님 쪽은 바위에 붉은 색이 많다. 그 이유는 돌속에 철성분이 많아서 공기 중에 노출된 철성분이 산화되면서 붉은 색을 띠는 것이다.

과연 부처바위는 사방불일까?

엄마: 여보, 한가지 질문이 있어요. 이 부처바위는 사방에 모두 부처가 있어요. 그렇다면 사방불이 아닐까요?

사방불은 동서남북 모든 공간에 부처가 존재한다는 뜻으로 바위의 사면에 부처를 새긴 것이다. 이것이 동양의 풍수지리설과 음양오행사상이 결합되면서 사방불은 사방 불국정토에 살면서 동서남북을 수호하는 방위불(方位佛) 신앙으로 발전하였다. 특히 이 부처바위가 맞은편 낭산 아래에 만들어진 호국사찰인 사천왕사와 짝이 맞는다면, 사방불일 가능성도 전혀 배제할 수는 없다.

하지만 이 부처바위가 처음부터 사방불을 염두에 두고 만든 것이라면, 바위 네면을 모두 동시에 조각했을 것이다. 만약 바위의 네면이 시간 격차를 두고 순차적으로 만들어졌다면 사방불이 아니라 그냥 사면불에 불과하다. 그런데 이 부처바위 각각의 조각에 대한 조성연대는 학자들에 따라서 신라가 삼국통일을 전후한 7세기 후반부터 신라말기인 9세기 후반까지 거의 200년 이상 차이가 나기 때문에 신라인들의 호국불국토신앙에 의한 사방불이라기 보다는 단순한 사면불일 가능성이 더 높다고 한다.

호림: 사방불이든 사면불이든 동양의 오행사상과 합쳐졌다면 숫자가 5가 되어야 정상 아닌가요?

171. 경주 남산 탑곡 마애불상군 남쪽면의 석조여래입상과 감실

　사방불이 조각된 바위속 한가운데는 비로자나 부처가 있다고 가정하는 것이다. 원래 비로자나불은 불법 그 자체를 의미하기 때문에 형체도 없이 오직 진리의 빛으로만 표현되는 부처다. 그래서 비로자나불을 태양빛과 같은 대일여래 또는 법신불이라고 한다. 그렇게되면 사방불은 한 바위에 부처가 모두 다섯분이 되는 셈이다. 물론 겉으로 눈에 보이는 것은 네 분 뿐이지만.

　남쪽면 석조여래입상 바로 뒤쪽에는 얕게 판 감실속에 또 한 분이 조각되어 있는데, 이 분도 두광과 연화대좌가 없어서 불상인지 아니면 나한상인지 분간하기 어렵다. 또 그 앞에 있는 석조여래입상의 발은 대좌에 조각되어 있는데 나머지 몸체는 다른 돌로 되어 있다. 그런데 돌의 색깔이 차이가 나기 때문에 처음부터 같이 만들어진 것인가에 대한 의

문도 든다. 그리고 왼손이 배에 닿아 있는 것 때문에 예로부터 이 곳 마을사람들에게는 아기를 무사히 낳게 해달라고 소원을 비는 안산불(安産佛)로 신앙되어 왔다고 한다. 순산과 임신을 비는 사람들이 이 안산불의 배부분을 문질러서 그 부분이 아주 반들반들해졌다.

석탑, 석등, 금강역사가 있다는 것은
이 곳이 야외법당의 앞마당이란 뜻이다.

이제 부처바위에서는 설명할 부분이 3층석탑 하나만 남았다. 우선 이 석탑을 만든 시기는 아무리 빨라야 신라말기다. 왜 그럴까? 석탑은 시간이 지날수록 크기가 작아진다고 했다. 게다가 지붕돌의 층급받침이 5

172. 경주 남산 탑곡 마애불상군 남쪽면 3층석탑

173. 경주 남산 탑곡 마애불상군 남쪽면 석탑 앞 대석

단, 4단도 아닌 3단이고 이중기단의 모양도 매우 엉성하다. 지붕돌의 추녀도 너무 두툼해서 평균적인 신라탑이라고 보기가 어려울 정도다. 그리고 석탑 앞쪽에 있는 자연석 바위에 홈이 보이는데 그것은 석등을 세웠던 대석이다. 이 공간에는 부처, 보살, 승려와 함께 석탑도 있고, 뒤쪽에는 금강역사까지 지키고 있으니 이곳은 당연히 야외 법당의 앞마당이다. 따라서 석등도 꼭 필요했을 것이다.

동남산 – 불곡 마애여래좌상 (감실석불좌상)
 현재위치: 부처바위에서 감실석불좌상으로 가는 길

 아름: 남산에서 가장 잘생긴 꽃미남 부처님도 봤고, 남산에서 가장

174. 경주 남산 불곡 마애여래좌상, 보물 제198호

다채로운 부처님들도 봤는데, 이제는 또 누구를 만나러 가는 거죠?

아빠: 지금은 남산에서 가장 나이가 많은 부처님을 뵈러 가는거야. 이 부처님에 대해서는 석굴암에 대해서 설명할 때 잠시 언급을 했는데 기억 나니?

아름: 아, 기억나요. 석굴암보다 훨씬 이전에 만든 인공석굴의 초창기 작품이라고 들었어요.

동남산의 3대 문화재 골짜기 이름은 미륵골, 탑골, 부처골이다.

아빠: 그래. 문화재청에 등록된 정식 이름은 불곡 마애여래좌상인데, 부처골 감실석불좌상이라고도 많이 알려져 있어. 이 석불은 경주 남산에 남아있는 신라 석불 가운데 가장 오래된 것으로 추정이 되는데, 아마도 삼국시대 후기에 만들어진 것으로 보여. 게다가 이 불상 때문에 계곡 이름을 부처 골짜기라는 뜻의 불곡이라고 부르게 되었지.

엄마: 보리사 계곡은 미륵골이라고 불렸고, 부처바위 계곡은 탑골이라고 불렸는데, 이곳은 부처골이라…

아빠: 자, 여기서부터 한 300m만 걸어가면 도착해. 걸어가면서 예전에 배운 내용중에서 이 곳과 관련있는 것을 복습한번 해볼까? 석굴암 이전에 지어진 석굴사원 형태의 문화재가 셋 있다고 했어. 그 중 하나는 지금 찾아가는 감실석불좌상이고, 나머지 두개는 제2석굴암이라고도 부르는 군위삼존석굴, 그리고 경주 단석산에 있는 신선사 마애불상군이야. 군위삼존석굴과 신선사 마애불상군 모두 국보로 지정되었어. 나중에 기회가 되면 그 두 곳도 모두 답사를 해 보자. 그런데

이 곳 감실석불좌상은 찾기가 쉽지 않아서 한번 다녀간 사람도 헤매기 일쑤야. 대나무 숲을 찾으면 되는데... 대나무 숲 사이의 작은 바위속에 부처님이 계시거든.

아름: 아! 저기 대나무 숲이 보여요. 빨리 가야지.

호림: 같이 가. 내가 먼저 부처님을 볼 거야. 도대체 얼마나 늙은 부처님이길래 남산에서 가장 나이가 많다는 거야?

📍 현재위치: 감실석불좌상 앞

할매부처가 남산에서 가장 나이가 많은 부처인 이유

아름: 이게 뭐야? 석굴사원이라고 해서 엄청 큰 줄 알았는데, 겨우 어른 키만 하네.

호림: 이 부처가 왜 남산에서 가장 나이가 많은 부처인지 이제 알겠

175. 경주 남산 불곡 마애여래좌상

다. 얼굴이 부처님이 아니라 할머니 같아요. 머리에는 할머니들이 일 하실 때 쓰는 두건을 쓰고 있고, 게다가 버선까지 신고 계시잖아요!

석굴의 높이는 1.7m정도이고, 폭은 1.2m, 그리고 깊이는 60cm정도고 그 안에 부처님을 돋을새김으로 조각을 했다. 경주에서는 이 부처를 '할매부처' 라고 부른다. 하지만 그것 때문에 남산에서 가장 나이가 많은 부처란 뜻이 아니다.

일단 불상의 모습이 두건을 덮어쓴 것 같은데, 귀 부분까지 덮은 것이라든지, 얼굴은 약간 숙여져 있는데 둥굴둥굴하게 조각하고, 눈은 보통의 부처들처럼 가늘게 뜬 눈이 아니라 은행알처럼 두툼하게 나타낸 것이라든지, 손은 옷속에 넣어서 수인이 표현되지 않은 것이라든지, 오른발 만을 밖으로 드러내고, 맨발이 아니라 버선을 신고 있는 것 등으로 추론해 볼 때, 신라석불로는 아주 이른시기인 6세기 말 또는 7세기 전반에 만들어진 것으로 추정이 되기 때문에 남산에서 가장 나이가 많은 부처님이란 뜻이다.

남산 답사의 하이라이트 – 삼릉에서 용장까지
현재위치: 서남산 주차장

아빠: 자, 지금부터는 등산화로 갈아 신어야 해. 등산스틱도 준비하고, 물도 넉넉하게 챙겨두록 해. 조금 전에 들렸던 동남산 코스는 가벼운 산책수준이었지만, 지금부터 올라가는 삼릉계곡~용장계곡 코스는 제대로 된 등산코스야.

호림: 얼마나 시간이 걸리죠?

아빠: 그냥 등산만 해도 3~4시간 이상이 걸리는 코스인데, 답사까지 곁들이면 6~7시간은 족히 걸려.

아름: 지난번에 고모네랑 같이 왔을 때, 밧줄타고 내려갔던 그 코스인가요?

아빠: 그래, 기억이 나는가 보구나. 바로 그 곳이 용장골로 내려가는 곳이야. 자, 우선은 배리 삼존불부터 시작을 하자.

배동 석조여래삼존입상 (배리 삼존불)

◉ 현재위치: 삼불사

호림: 여기는 삼불사잖아요? 아빠는 분명히 배리 삼존불이라고 하셨는데…

아름: 오빠, 절 이름이 왜 삼불사겠어? 부처님이 세분 계시니까 삼불사야. 배리 삼존불 때문에 삼불사라는 이름이 붙었겠지.

삼불사는 암자 정도의 규모인데, 최근에 만들어진 것이어서 문화재로서는 가치가 거의 없지만 석탑만은 눈여겨 볼 만하다. 그런데 석탑 모양이 정상적인 것은 아니다. 왜냐하면 근처에 흩어져 있던 여러 개의 석탑 부재들을 모아서 만들었기 때문이다.

삼불사 석탑은 몇개의 석탑을 모아서 만들었을까?

176. 경주 남산 삼불사 석탑

그럼, 이 석탑은 최소한 몇개의 석탑을 모아서 만든 것인지 알아보자. 얼핏보면 1층, 2층, 3층의 지붕돌은 비슷하게 보이지만 자세히 보면 그렇지도 않다. 왜냐하면, 지붕돌의 층급받침이 1층에는 3개, 2층에는 4개인데, 3층에서는 다시 3개로 줄어든다. 세상에 이런 탑은 없다. 층이 올라갈수록 층급받침이 줄어들 수는 있어도 늘었다 줄었다 하지는 않기 때문이다.

또한 1층 몸돌과 2층, 3층 몸돌도 모서리 기둥(우주)의 폭이 서로 다르다. 따라서 몸돌 역시 서로 다른 석탑에서 나온 부재들이 섞였다는 뜻이 된다. 따라서 이 석탑은 최소한 3개, 많으면 4개 정도의 석탑부재를 모아서 만든 것이란 결론에 도달한다. 석탑의 뒤편으로 가면 배리 삼존불을 볼 수 있다.

문화재 안내판에는 '배동 석조여래삼존입상'으로 되어 있다. 행정구역이 변경되면서 배리가 배동으로 바뀐 것이다. 예전에는 이 곳을 배리라고 불렀는데 그 때의 습관이 입에 붙어서 지금도 배리 삼존불이라고 부르는 사람이 많다.

호림: 여기에는 배나무가 많아서 배리라고 불렀나요?

이 곳의 지명은 절 배(拜)자를 써서 배리(拜里), 지금은 배동으로 불리는 데, 옛날에는 사람들이 이 곳을 지날 때마다 바로 옆에 삼릉이 있어서 반드시 배례를 하고 지나가야 한다고 해서 절 배(拜)자를 써서 배례동이라 하다가 조선시대 말기에 와서 배리(拜里)라고 하였다고 전한다.

177. 경주 남산 배리 삼존불상, 보물 제63호

📍 현재위치: 배리 삼존불상 앞

아름: 이 삼존불은 비슷한 것 같으면서도 다른 점이 보이는데 처음부터 삼존불로 만든 것인가요? 아니면 조금 전에 보았던 석탑처럼 각각의 불상들을 모아서 삼존불을 만든 것인가요?

경주 남산에서 가장 오래된 돌부처 삼총사

배리 삼존불에 대해서도 의견이 분분하다. 우선 이 석불들의 기본양식이 똑같기 때문에 처음부터 삼존불로 모셔졌다는 주장도 있는 반면에, 우협시보살의 조각 수법이 다른 두 불상에 비해서 뛰어나고, 발 모양도 다른 두 불상과 다르고, 또한 몸체와 연화대가 함께 새겨진 점을 근거로 해서 다른 두 불상과는 별도의 다른 곳에 있었던 것이 아닌가 하고 추측하는 사람도 있다. 아무튼 이 삼존불은 제작기법 등으로 추정해 보건데 이 곳 남산에서 가장 오래된 석불 삼총사 중의 하나로 꼽히고 있다.

나머지 오래된 두 석불 중 하나는 조금전에 들렸던 남산에서 가장 오래된 부처님인 동남산의 불곡 감실석불좌상이고 마지막 남은 하나는 삼화령 애기부처라고도 불리는 장창골 석조미륵삼존불 또는 삼화령 석조삼존불상이다. 남산의 장창골 석실에서 발견되었는데 지금은 국립경주박물관에 있다.

배리 삼존불의 중앙에 있는 본존불은 머리 위에 육계가 있는데, 특이하게도 이중으로 되어 있다. 게다가 머리카락의 표현도 없고, 몸 전체에 비해서 머리가 너무 커서 조형미가 많아 떨어진다. 게다가 머리가 크고 목의 표현이 거의 생략될 정도로 만들어졌기 때문에 거의 5등신의 비율

178. 배리 삼존불상 두상부분

이어서 꽤 이상하게 보이는 데, 거기다 보호각 때문에 더욱 이상하게 보인다.

보호각 때문에 바뀐 부처님의 인상

호림: 보호각 때문에 부처님이 이상하게 보인다구요? 어떤 점이 다르게 보인다는 말씀이세요?

아빠: 그럼 이 부처님의 사진을 한번 볼래?

아름: 와! 너무 귀엽게 생긴 부처님 얼굴이다. 그런데... 이 사진 속 부처님이 배리 삼존불과 많이 닮았어요...

아빠: 당연하지. 같은 부처님이야.

호림: 보호각만 없을뿐인데 이렇게 달라보이다니! 사진 속에는 천진

179. 삼화령 석조미륵삼존불상(국립경주박물관)

난만한 어린 아이같은 얼굴인데 보호각 속의 부처님은 무서운 표정이에요!

이런 태양광선의 효과는 백제의 미소로 유명한 서산마애삼존불상에서도 똑같이 볼 수 있다. 그래서 어떤 사람들은 햇빛에 드러난 이 배리 삼존불의 미소를 신라의 미소라고 부르기도 한다. 또한 부처의 신체를 5등신으로 표현한 것도 때묻지 않은 순진무구한 어린 아이들에 비유해서 만든 것으로 보는 사람도 있다. 삼화령 애기부처도 거의 4등신이다.

그리고 왼쪽 협시보살은 관음보살이다. 왜냐하면 머리에 쓰고 있는 보관에 아미타 부처 화불이 들어가 있고 왼손에는 정병을 들고 있기 때문이다. 게다가 가는 허리를 가볍게 뒤틀고 있는데 유희좌를 포함해서 보통 저런 자세는 관음보살이 많이 취하는 자세다.

이 협시보살이 관음보살이면 가운데 본존불은 아미타 부처가 되고, 자동적으로 반대편의 협시보살은 대세지보살이 된다. 오른쪽 대세지보살은 삼존불 중에서는 가장 뛰어난 조각미를 보여주고 있다. 두광에는 다섯 분의 화불이 정교하게 새겨져 있는데 화불들도 작은 광배를 가지고 있는 점이 특이하다. 오른손으로 잡고 있는 세 줄로 된 구슬목걸이 장식은 길게 발목까지 드리워져 있는데, 끝에는 큼직한 둥근 모양의 장식도 달려 있고 왼손에는 불경을 쥐고 있다.

전체적으로 봤을 때, 배리 삼존불은 조각솜씨가 뛰어나고 다정한 얼굴과 신체 등에서 인간적인 정감이 넘치면서도 함부로 범할 수 없는 종교적 신비가 풍기고 있어서 7세기 신라 불상조각의 대표작으로 평가되고 있다.

삼릉

📍 현재위치: 서남산 주차장 건너편 삼릉계곡 시작점

아름: 이 곳 풍경은 어디서 많이 본 느낌이 드는 곳이에요.
엄마: 당연하지. TV에도 많이 나왔던 장소야. 우리나라에서 가장 아름다운 소나무숲 사진을 찍을 수 있는 곳 중의 하나란다. 특히 안개 낀 새벽 사진은 정말 압권이야.

이 곳은 신라 제8대 아달라왕, 제53대 신덕왕, 제54대 경명왕의 무덤으로 추정되는 세 개의 능이 한 곳에 모여 있어서 경주 삼릉이라고 불린다. 그런데 제8대에서 갑자기 제53대, 제54대로 건너 뛴 것은 무슨 사연이 있을 것 같다.

사실 각종 옛날 기록을 근거로 해서 이 정도의 위치에 있을 것 같은 왕릉들을 뽑아 본 것이기 때문에 그야말로 추정에 불과하지만 아무튼 그럼에도 불구하고 그 왕들은 공교롭게도 모두 박씨라는 공통점이 있다.

180. 경주 배동 삼릉, 사적 제219호

특히 조금 더 아래쪽에 있는 제55대 경애왕까지 합치면 제17대 내물왕 이후 유일하게 왕위에 올랐던 세 명의 박씨 왕들의 무덤이 모두 이곳에 있다는 공통점이 있다.

게다가 왕릉의 옆구리를 자세히 보면 웬 커다란 돌덩어리가 하나 박혀 있다. 제27대 선덕여왕릉부터 시작해서 제29대 태종무열왕릉, 제31대 신문왕릉 등에서 왕릉을 보호하는 시설인 호석들이 나타나는데 그런 호석의 가장 원시형태가 아닐까하는 생각도 든다.

삼릉계곡 (냉골) 석조여래좌상

호림: 어휴 힘들어. 좀 천천히 가요.

아빠: 이제 겨우 400m 밖에 안 왔는데 그런 소릴 하면 어떻게 해? 지금부터가 시작이야.

이 골짜기는 아래쪽에 삼릉이 있어서 삼릉계곡으로 불리고 또한 냉골이라고도 불리는데 왜냐하면 이곳은 남산에서 사시사철 시원한 계곡물이 끊이지 않아서 시원함을 느낄 수가 있기 때문이다. 계곡을 오른지 약 15분 정도면 부처와 보살상을 만날 수 있다.

호림: 부처님이 어디 계세요? 저기 머리없는 부처님? 머리만 없는 것이 아니라 손도 없고 웬만한 것은 다 없고, 그저 몸뚱아리만 있네요.

만약 냉골 석조여래좌상이 온전했다면
아마도 석굴암 본존불에 버금가는 작품이었을 것이다.

냉골 석조여래좌상은 생생한 옷주름, 두 줄로 늘어뜨린 장식, 매듭을 지은 모습을 보면 정말 사실적이다. 우리나라 사람들이 보따리를 묶는 모습을 외국 사람들이 보면 그 매듭법을 보고 놀란다고 하는데 그런 우리나라의 독특한 매듭법이 먼 신라 때부터 전해져 왔다는 것을 이 불상이 말해 주고 있는 듯 하다. 부처의 안쪽 옷을 동여맨 끈도 참 예쁘게 매듭지어져 있고 부처의 뒤쪽에는 옷자락을 집어 넣은 부분도 매우 섬세하게 표현되어 있다.

181. 경주 남산 삼릉계곡 석조여래좌상

이렇게 옷자락을 집어 넣은 섬세한 표현은 위쪽 용장사지 계곡 마애불에서도 볼 수가 있다. 삼릉계곡 석조여래좌상은 이 근처 삼릉계곡에 묻혀 있다가, 1964년에 발견되어서 지금 장소에 옮겨 놓았다. 오랫동안 묻혀 있었던 탓에 전반적으로 마멸이 없고 옷주름들이 생생하게 나타나 있는데 이런 정도의 조각솜씨라면, 만약 완전한 모습이었다면 석굴암 본존불에 버금가는 정말 대단한 불상이었을 것이라고 추정할 수 있다. 그래서 제작연대를 석굴암과 비슷한 대략 8세기 중엽 신라 최고전성기로 보고 있다.

아빠: 이 부처님에게 넋 놓지 말고 왼쪽을 봐. 오솔길이 보이지? 그리로 올라가면 또 멋진 광경을 보게 될거야. 대신 조심해야 해. 무척 가파르니까.

삼릉계곡 마애관음보살입상

182. 경주 남산 삼릉계곡 마애관음보살입상

아름: 와, 이런 곳에 보살님이 숨어 있을 줄이야!

아빠: 이 보살님은 관음보살인데 어떻게 관음보살인지 알 수 있을까?

관음보살은 아미타 부처의 좌협시보살이기 때문에 머리에 쓴 보관에 아미타 부처의 작은 화불이 들어가 있고 이것 때문에 다른 보살들과 쉽게 구별할 수 있다. 또한 이 관음보살은 바라보는 방향이 서쪽이라서 서방정토를 주관하는 아미타 부처와의 연관성도 생각해 볼 수 있을 것 같다.

마애관음보살입상의 입술이 붉은 이유

아빠: 저 관음보살을 보고 있으면 마치 바위속에서 방금 튀어나온 것 같은 착각이 들 정도야. 저 입술 색깔을 자세히 봐.

아름: 와, 입가에 붉은 빛깔이 돌아요.

관음보살의 입술색에 붉은 빛깔이 도는 것은 아마 돌 속의 철성분이 산화해서 저렇게 되었을 것이다. 우연인지는 모르겠지만 만일 석공이 정말 저런것까지 고려해서 이 관음보살입상을 만들었다면 정말 대단한 솜씨라고 하겠다. 그리고 따로 만들어 붙인 광배는 없지만 앞에서 보면 보살입상 뒤쪽에 있는 바위가 자연스럽게 광배역할을 하고 있다. 이 보살상이 정말 아름다운 표정을 지어 보이는 순간은 서방정토쪽에 해가 뉘엿뉘엿 넘어갈 무렵인데 특히 단풍이 드는 가을철 석양 때가 최고라고 한다.

삼릉계곡 선각육존불

호림: 이건 조각이야? 아니면 그림이야? 너무 신기하다.

삼릉계곡 선각육존불(경상북도 유형문화재 제21호)은 다른 곳에서는 볼 수 없는 매우 독특한 형태의 불교문화재다. 흔히들 선각육존불이라고는 부르지만, 실상 불교 교리상에는 육존불이란 개념은 없다. 정확하게 표현을 하자면 서 있는 부처가 본존불인 '아미타여래삼존불상'과 앉아 있는 부처가 본존불인 '석가여래삼존불상'이 각각 다른 바위 면에 나란히 새겨져 있다보니 전체적으로 육존불로 보여 그렇게 불리는 것뿐이다.

선각육존불은 큰 바위 두 개에 각각 세 분씩 선을 이용하여 불상을 음각으로 새겼는데, 아미타삼존불이 새겨진 서쪽바위보다 석가삼존불이 새겨진 동쪽바위가 조금 더 크고, 서쪽바위가 동쪽바위보다 약간 앞쪽으로 나와 있다. 또한 동쪽의 석가삼존불은 설법을 하고 있는 모습이고, 서쪽의 아미타삼존불은 죽은 영혼을 극락으로 인도하기 위해 마중 나오는 아미타내영도(阿彌陀來迎圖)를 나타낸 것이다.

게다가 의도적으로 그런 것인지는 잘 모르겠지만, 이 선각육존불은 묘하게 좌우가 음양의 조화를 잘 이루고 있다. 우선 동쪽과 서쪽으로 나뉜 커다란 두 바위면이 있는데 큰 쪽인 동쪽은 뒤로 물러나 있고, 작은 쪽인 서쪽은 앞으로 튀어나와 있어서 큰 쪽은 작게 보이고, 작은 쪽은 크게 보이게끔 자연스럽게 배치가 되었기 때문에 어느 한쪽만 강조되는 것이 아니라 좌우가 조화롭게 보인다.

게다가 큰 동쪽바위에는 부처가 앉아있는 좌상이고, 작은 서쪽바위에는 부처님이 서 있는 입상이다. 그뿐만 아니라 부처가 앉아 있는 곳의 좌우 협시보살은 모두 서 있고, 반대로 부처가 서 있는 곳의 협시보살은 모두 앉아 있어서 묘하게 조화를 잘 이루고 있다.

선각육존불이 잘 보이는 시각은 해가 옆에서 비칠 때다.

183. 경주 남산 삼릉계곡 선각육존불(동편), 경상북도 시도유형문화재 제21호

호림: 그런데 동쪽의 부처님과 보살들은 잘 보이지가 않아요.

　선각육존불은 아무때나 잘 보이지는 않는다. 이 선각육존불을 잘 보려면 해가 바위면을 옆에서 비스듬히 비칠 때에 와야 한다. 왜냐하면 선으로 파인 부분에 그림자가 선명하게 잘 나타나기 때문이다.

　우선 동쪽편의 삼존불을 살펴보자. 이 곳은 석가여래 삼존불을 표현했다. 따라서 양옆의 두 보살은 문수보살과 보현보살이다. 석가여래상은 두광과 신광을 모두 갖추고, 연화대좌 위에 결가부좌하고 있는데, 큼직한 육계에 얼굴은 원만하고, 목에는 삼도(三道, 중생이 미혹한 생존을 끝없이 되풀이하는 과정을 세 부분으로 나눈 것으로 번뇌도, 업도, 고도를 뜻함)를 두 줄의 선으로 표현했다.

184. 경주 남산 삼릉계곡 선각육존불(서편)

법의는 편단우견으로 가사를 입고 오른손은 설법인(說法印), 왼손은 선정인(禪定印)을 하고 있다. 석가여래 왼쪽의 문수보살은 마멸이 심해서 모습을 잘 알 수 없지만 두광을 갖춘 채 연꽃 위에 서서 오른손은 설법인을 하고 있고, 왼손은 아래로 내려서 옷자락을 잡고 있는 듯한데, 얼굴은 여래쪽으로 돌리고 있다.

한편, 석가여래 오른쪽의 보현보살은 두광을 갖추고 연화대좌 위에 서 있는데, 오른손은 들어서 손등을 위로 향하였고 왼손은 아래로 내려서 옷자락을 가볍게 잡고 있다. 게다가 상반신은 나체다.

또 두 보살은 모두 구슬을 꿴 목걸이를 걸고 팔과 손목에 팔찌를 끼고 있다.

죽은 사람의 영혼을 환영하는 그림, 아미타내영도

이번에는 서쪽편의 바위를 살펴보자. 이 곳 삼존불은 모두 원형의 두광만을 갖췄다. 보통의 경우에는 본존불이 앉아 있고 협시보살들이 서 있는 것이 대부분인데, 여기에서처럼 거꾸로 여래가 서 있고 보살들이 앉아 있는 매우 드문 경우다. 그런데 불교 교리상 생전에 나무아미타불을 많이 암송하고 착한 일을 많이 한 사람이 죽으면 아미타 부처가 보살들을 데리고 죽은 사람의 영혼을 맞으러 지상으로 하강한다고 한다. 그 때의 형상은 여래는 서있고 좌우 협시 보살들은 앉게 되는데 이러한 모습을 나타낸 그림을 아미타내영도(阿彌陀來迎圖)라 부르기 때문에 이 바위면의 삼존상은 아미타삼존상임을 알 수 있다.

조금 더 자세히 살펴보면, 아미타여래는 둥근 얼굴에 목에는 두 줄로 된 삼도를 표현하였고 가사는 편단우견으로 몸에 걸쳤는데 동쪽 석가여래와는 달리 신광은 없고 두광만 나타냈다. 좌우협시보살상은 각각 꿇어앉은 자세로 본존을 향하여 꽃 공양을 하고 있는 자세인데, 역시 관무량수경을 바탕으로 한 것 같다. 또한 두 보살은 모두 둥근 구슬목걸이를 걸었고 팔과 손목에는 팔찌를 차고 있다.

그런데 협시 보살들의 자세가 좀 특이하다. 한쪽 무릎만 세우고 앉아 있는데 저런 자세를 궤좌상(詭坐像) 또는 윤왕좌(輪王座)라고 한다. 고려시대의 불상에서 자주 나타나고 오대산 월정사 8각9층탑(국보 제48호) 앞의 보살상(보물 제139호)이나 강릉 신복사지 보살좌상(보물 제84호)이 대표적이라고 할 수 있다.

이제 선각육존불이 새겨진 바위의 위쪽으로 올라가보자. 바위의 윗면에는 끝 부분을 따라서 길게 홈이 파져 있는데 여기 저기에 기둥을 세운 것처럼 구멍이 있다. 길게 홈을 파 놓은 것은 위에서 흘러내리는 물 때문에 선각육존불이 피해를 입지 않도록 배려한 것이고 여기 저기에 뚫려 있는 구멍들은 지금의 석굴암 앞에 보호각을 지어 놓은 것처럼 선각육존불을 위해 목조 전실을 만들었던 흔적으로 보인다.

선각육존불과 석굴암과 불국사의 공간배치에서 공통점 찾기

그런데 선각육존불의 공간구성과 불국사의 가람배치 사이에는 공통점이 있다. 우선, 제작시기를 살펴보면 불국사는 8세기 중엽인 751년에 창건하였다고 삼국유사에 나와 있다. 그리고 남산의 선각육존불은 정확한 기록은 없지만 전문가들은 아마도 7세기 말에서 8세기 초에 만들어진 것으로 본다. 이 정도면 제작시기도 매우 비슷한 공통점이 있는데, 만약 전문가들의 제작시기 추정이 맞다고 가정한다면, 선각육존불의 배치를 그대로 옮겨 놓은 것이 바로 불국사란 결론도 가능하다. 그럼 불국사의 가람배치도와 선각육존불과 비교해 보자.

　선각육존불의 동쪽바위는 석가삼존불 구성이므로 석가모니를 모신 불국사 동쪽편 대웅전과 위치가 같고, 서쪽바위는 아미타삼존불이므로 아미타 부처를 모신 불국사 서쪽편 극락전과 배치가 똑같다.

　그뿐만이 아니다. 선각육존불의 경우, 동쪽바위가 서쪽바위브다 조금 더 큰데, 불국사도 대웅전이 있는 동쪽공간이 극락전이 있는 서쪽공간보다 조금 더 크며, 선각육존불의 서쪽바위가 동쪽바위보다 약간 앞에 나와 있는데, 불국사 역시 동쪽 대웅전보다는 서쪽 극락전이 약간 앞에 나

185. 경주 남산 삼릉계곡 선각육존불 위의 홈

와 있다. 게다가 선각육존불 동쪽바위의 석가삼존불은 설법을 하고 있는 모습이었는데, 불국사 대웅전 앞에 있는 석가탑도 석가모니가 법화경을 설법하는 것을 상징적으로 나타내고 있고, 대웅전 뒤의 무설전은 대중들을 모아놓고 설법을 하는 강당이다.

엄마: 남산 선각육존불과 불국사 가람배치가 어쩜 이렇게도 공통점이 많을까요?

아빠: 선각육존불뿐만 아니라 석굴암도 불국사 공간배치와 비슷한 부분이 있어.

석굴암에서 예배자가 본존불을 바라보면서 앞쪽 전실에서 예불을 드리는 것처럼, 불국사 석축 정면에 예배자가 자리를 잡는다고 가정을 하면 그 위치는 아마도 대웅전영역과 극락전영역의 가운데 지점, 즉 청운교/백운교, 그리고 연화교/칠보교의 중간 정도인 범영루 앞쪽 마당이 될 것이다. 그곳에서 석가모니가 있는 대웅전 쪽을 쳐다보면 대웅전 뒤에 가려지는 전각이 하나 있는데 맨 뒤쪽의 관음전이다.

석굴암에서도 예배자의 시선에서 석가모니 본존불 바로 뒤에 가려져 보이지 않는 존재가 있으니 그것이 바로 십일면관음보살이다. 선각육존불, 석굴암, 불국사의 가람배치가 의도적으로 그렇게 만든 것이라고 볼 확증은 없지만 아무튼 공교롭게도 공간배치법에서 흥미로운 공통점을 많이 찾아낼 수 있다.

한편, 바위의 위쪽으로 난 오솔길을 따라가면, 또 다른 부처를 만날 수 있다.

삼릉계곡 선각여래좌상
경주 남산의 불상이라고 해도 신라시대가 아닌
고려시대에 조성된 것도 있다.

　　아름: 이 부처님은 그다지 잘생긴 부처님은 아니에요.

　삼릉계곡 선각여래좌상은 아래쪽에서 보았던 선각육존불처럼 선각으로 대부분을 새겼지만 얼굴과 손 그리고 상체의 옷자락 부분만은 얕게 돋을 새김을 한 점이 다르다. 그렇지만 솜씨가 썩 좋은 편은 아니다. 특히 다리 부분에는 거의 손을 대지 않았기 때문에 미완성작품으로 보는 사람들도 많다. 또 바위 면의 중간쯤에 가로로 깊이 패여 있는 균열선을 배려해서 그 윗부분에는 결가부좌한 부처를 새기고 그 아랫부분에는 연화대좌를 배치하는 방법을 썼다.

　아무튼 전반적으로 봤을 때, 부처님의 조형미가 떨어지는 점은 확실히 맞는데, 이것은 남산의 부처님이 바위 속에 숨어 계시다가 인간의 형상으로 나타나실 때는 언제나 누추한 차림으로 나타나신다는 이 고장의 민간 전승이야기와 관련이 있는 것 같다.

　이 곳의 지명이 배리 또는 배동이라고 하고 또, 그 배(拜)자는 절할 때의 배(拜)자 이다. 이 곳 인근에는 그것과 연관되어 전승되는 한 이야기가 있다. 옛날 이 곳에 살던 큰 벼슬아치가 집에서 재를 올리는데, 그 집의 풍속에 따라 스님이 술잔을 먼저 올려야 했기 때문에 이 사람 저 사람 마땅한 사람을 고르다가 그만 시간을 많이 지체하게 되었다.

　그때 마침 길을 가던 한 스님을 하인들이 사정해서 모시고 왔는데 주

186. 경주 남산 삼릉계곡 선각여래좌상, 경상북도 시도유형문화재 제159호

인이 만나 보니 의복이 남루하고 행색이 말이 아니어서 불쾌하게 여기고 돌아가라고 했다. 그런데 순식간에 스님은 온데간데없이 주인의 앞에서 사라지고 말았는데 예사 스님이 아니라는 것을 눈치 챈 주인이 크게 깨닫고 사람을 풀어서 뒤를 쫓아 보니, 지금의 배리 마을 뒤편에 있는 큰 절로 들어갔다는 것이다. 그래서 뒤따라 온 주인과 아랫사람들이 문 밖에 엎드려 절을 하며 사죄하였다고 한다.

아름: 왜 사람들은 겉만 보고 사람을 판단할까?

비슷한 이야기가 또 하나 더 있다. 신라때 한 재상이 자기 부친의 제사 때 천도를 위하여 고승을 초빙했는데 이 고승이 남루한 옷으로 참여하였기에 그냥 돌려 보내려고 했다. 그러자 고승은 장삼 속에서 조그마한

짐승을 꺼내 큰 사자로 변하게 한 뒤, 그 사자를 타고서 유유히 산 속으로 사라졌다. 이것을 보고 재상은 고승을 몰라본 자기의 어리석음을 후회하면서 고승이 사라진 곳을 향하여 수없이 절을 했다고 한다. 그래서 이곳 지명에 배리라는 이름이 붙었다고 한다.

아빠: 복식을 연구한 전문가에 따르면 이 부처님은 남산에서 가장 늦은 시기인 고려초기 즉 10세기 중엽의 작품으로 여겨진대. 자, 이제는 옆으로 난 오솔길을 따라가자. 그러면 성형수술하신 부처님을 만날 수 있어.
호림: 부처님이 웬 성형수술?

삼릉계곡 석조여래좌상(삼릉계곡 석불좌상)

호림: 이 부처님의 얼굴은 왜 이래요? 오른쪽 얼굴이 이상해요.

삼릉계곡 석불좌상은 파손상태가 심해서 얼굴의 뺨과 코, 입 등을 대부분 복원했기 때문에 이상하게 보인다. 남산의 많은 다른 불상들과 마찬가지로 이 부처도 목이 잘리고 광배도 뒤로 넘어져서 10개 이상의 조각으로 부서지는 등 크게 훼손된 상태였다. 여기에 얼굴의 상당 부분까지 깨져나가는 바람에 1923년과 광복 이후 각각 시멘트로 보수 작업이 이루어졌었다.

아름: 저 아래쪽의 목없는 냉골 석조여래좌상도 많이 파손이 되었는데 도대체 부처님에게 이런 몹쓸 짓을 한 사람들은 누구죠?

호림: 분명히 일제강점기 때 일본사람들의 짓일거야.

불상파괴는 대부분 조선시대 때 숭유억불정책으로 인해 발생한 것으로 여겨진다.

우리나라의 많은 불상들이 머리가 없어지거나 통째로 뒤집어지는 등 큰 파손을 당한 것은 대부분 조선시대때의 일로 추정이 되는데, 숭유억불의 국가정책 때문에 지방유생들이 고의로 그렇게 한 것으로 보는 것이 가장 설득력이 있다. 아무튼 2008년 새로운 복원사업이 마무리 되기 이전의 임시 복원상태와 비교를 해 보면 이전의 상태가 어떠했는가를 확인할 수 있다.

187. 경주 남산 삼릉계곡 석조여래좌상, 보물 제666호

아름: 너무 보기 흉하다. 2008년에는 성형수술을 제대로 한 셈이군요.
호림: 역시 우리나라 성형수술은 세계 최고수준이라니까!

부처의 복원작업도 아무렇게나 하는 것이 아니다. 전문가들 의견에 의하면, 이 부처는 풍만하면서도 당당하고 안정감 있는 신체 표현이라든지, 대좌와 광배의 간결하면서도 섬세한 조각 수법이라든지, 또한 몸에 밀착시켜 입은 얇은 가사나, 발목으로 흐르는 옷주름 등으로 봐서, 석굴암 본존불상에서 완성된 통일신라시대 조각양식과 수법을 충실히 따르고 있기 때문에 제작시기를 8세기 후반에서 9세기 전반으로 추정을 한다. 그래서 그와 비슷한 시기에 조성된 모든 불상들을 모델로 해서 이 부처의 복원작업을 진행했다.

아름: 그렇다면 동남산에서 봤던 보리사의 꽃미남 부처님도 모델이 되었나요?

보리사 석불좌상뿐만 아니라 용장계곡 석불좌상, 인계리 석불좌상, 남산 삿갓골 제1사지 석불입상들도 모델들이었다. 아무튼 이 부처는 항마촉지인을 하고 있어서 석가여래로 판단된다. 불상뿐만 아니라 광배도 멋진 작품인데, 간결하면서도 섬세하게 새겨진 불꽃무늬와 덩굴무늬 등으로 보아 우수한 조형성을 보인다고 평가되고 있다. 또한 이 불상의 연화대좌도 상대와 하대가 서로 대칭인 여느 다른 대좌와는 달리, 상대에는 앙련을 3단으로 새겼지만, 반대쪽인 하대에는 아무런 장식이 없는 특징도 있다.

엄마: 여보, 이 불상과 아래쪽에서 보았던 목없는 석불좌상의 명칭이 헷갈려요.

같은 삼릉계곡에 있는 석불좌상이라 이름이 엇비슷해서 약간 혼동이 되는 부분도 없지 않다. 보통은 아래쪽의 석불좌상을 삼릉계곡의 다른 이름인 냉골을 붙여서 부르기는 하는데 그래도 굳이 구별을 한다면 보물 제666호로 지정된 삼릉계곡 석불좌상과 문화재로 지정되지 않은 삼릉계곡 석불좌상으로 구별을 하거나, 아니면 불두가 있느냐 없느냐로 구분할 수 밖에 없을 것 같다.

아빠: 자, 이제 아래쪽으로 내려가서 계곡을 건넌 뒤, 건너편에서 숨은그림찾기를 해 볼까? 계곡으로 내려가는 길이 가파르니까, 조심해야 해.

삼릉계곡 선각마애여래상

아빠: 얘들아, 잠깐만! 이 곳에서 조금 전에 내가 말한 숨은그림찾기를 한번 해 볼까?
호림: 아니 이 곳에서 어떻게 숨은그림찾기를 해요?
아빠: 정확히는 숨은그림찾기가 아니라, 숨은 부처님 찾기야.

보물 제666호인 석불좌상의 옆쪽 계곡 30여m의 바위 절벽을 자세히 보면 아래쪽에서 봤던 선각육존불처럼 머리부분만 선각으로 새긴 불상이 보인다. 마치 계곡의 바위 절벽 왼쪽 끝부분에 숨어있다가 살며시 그림자를 드러내면서 반겨 주는 듯한 모습이다.

처음 보는 사람이라면 잘 찾을 수 없을 정도인데 저 정도의 숨은 작품을 찾아낼 수 있는 것은 경주지방 향토사학자들의 숨은 공로가 크다. 그래서 남산은 되도록이면 혼자오는 것보다는 경주 남산연구소와 같은 전

188. 경주 남산 삼릉계곡 선각마애여래상

문안내인의 도움을 받아서 오는 것이 좋다.

아빠: 자, 여기에서 또 조금만 더 올라가면 엄청 큰 부처님을 뵐 수 있어. 다들 힘내자!

삼릉계곡 마애석가여래좌상 (상선암 마애대좌불)

호림: 헉, 헉, 아이고, 힘들다.

엄마: 이제 거의 다 왔어. 힘내. 조금만 더 가면 상선암이고, 거기서는 남산에서 두번째로 큰 부처님을 볼 수 있단다.

아름: 두번째로 큰 부처님이라면, 가장 큰 부처님은 어디에 계시죠? 오늘 우리가 가는 코스에 있나요?

아빠: 남산에서 가장 큰 부처님은 약수골 마애여래대불입상인데 우리가 가는 코스에서 500m정도 옆길로 벗어나 있어. 거길 다녀오려면

왕복 1km를 내려갔다 다시 올라와야 하는데 너무 힘들 것 같아서 오늘 코스에서는 제외할 거야.

호림: 1km 코스를 제외한다고요? 아이고, 살았다! 하느님, 아니, 부처님, 감사합니다!

뱀의 발 약수골 마애여래대불입상 (경주약수계곡 마애입불상)

189. 경주 약수계곡 마애여래대불입상, 경상북도 시도유형문화재 제114호

경상북도 유형문화재 제114호

경주 금오산 정상에서 서쪽으로 바로 쏟아져 내린 골짜기를 약수계곡이라 하는데 이 계곡의 바위면에 높이가 8.6m나 되는 거대한 불상이 새겨져있다. 현재는 머리 부분이 없어지고 어깨 아래 부분만 남아 있는데 머리는 따로 만들어 붙인 듯 목부분에 머리를 고정시켰던 구멍이 3단으로 뚫려있는데 양 옆에 귀가 닿았던 부분도 파여있다.

바위면의 양 옆을 30㎝ 이상 파내어 불상이 매우 도드라지게 보이며, 손이나 옷주름 표현에서도 10㎝정도로 깊게 돋을새김하여 입체감이 뛰어나다. 왼손은 굽혀 가슴에 대고 오른손은 내려서 허리 부분에 두었는데, 엄지, 중지, 약지를 맞대고 있다.

옷은 통견으로 양 어깨에 걸쳐 입고 있으며, 옷자락이 어깨 좌우로 길게 늘어져 여러 줄의 평행 주름을 만들고 있다. 가슴 부분에는 부드러운 U자형 주름이 무릎 가까이까지 촘촘하게 조각되었으며, 다시 그 아래로 치마와 같은 수직 옷주름이 표현되어 있다. 이와 같이 신체를 감싼 옷주름은 규칙적인 평행선이어서 다소 단조롭고 도식적이기는 하지만 선이 분명하여 힘이 있으면서도 유려하다.

발은 따로 만들어진 것인데 그 중 하나가 아래로 굴러 떨어진 것을 마애불 앞에 옮겨 놓은 것이다.

아름: 저, 부처님이구나! 와, 대단하다.

190. 경주 남산 삼릉계곡 마애석가여래좌상, 경상북도 시도유형문화재 제158호

삼릉계곡 마애석가여래좌상은 몸 아래쪽으로는 선각에 가까운 조각으로 단순화한 반면에 머리 부분은 돋을새김을 한 특이한 모습이다. 그러다보니 부처님이 바위속에서 막 튀어 나오는 것 같은 느낌을 준다.

특히 남산에는 조금 전 아래쪽에서 보았던 '삼릉계곡 마애관음보살입상' 처럼, 바위속에서 불쑥 튀어 나오는 듯한 느낌을 주는 부처나 탑이 많은데, 아마도 불교가 신라의 고유한 바위숭배신앙과 합쳐져서 저런 작품이 나오는 것으로 이해된다. 무릎 위에 올린 왼손의 손가락을 물결무늬처럼 만든 것도 이채롭다.

뱀의 발 상선암 선각보살상

상선암은 옛 절터에 70여년 전 사찰이 세워진 곳이다. 절 부엌 바로 뒤 파괴된 바위에는 선각으로 남아있는 보살상의 하반신이 있다. 본래 모습은 알 수 없으나, 완전할 경우 6미터가 넘는 대불이 된다.

상사암

아빠: 자, 산의 정상부근에 거의 다 왔다. 이곳이 상사암이야. 어때? 정말 시원하지?

아름: 여기 바위는 엄청 크네요. 그리고 저기에 우리가 아까 지나 온

상선암 마애불이 보여요.

호림: 그런데 상사암은 무슨 뜻
이에요?

상사암은 옛날부터 상사병에 걸
린 사람들을 낫게 해주고, 아들을
낳게 해달라고 소원을 빌던 바위
다. 여러 다른 큰 바위들이 늘 그렇
듯이 이 바위에도 많은 전설이 있
는데 할아버지와 소녀의 이루지 못
한 슬픈 사랑을 담고 있는 상사바

191.경주 남산 상사암 남근석

위 전설도 있고, 또 다른 전설로는 남산의 산신, 상심(祥審)이 살고 있는
바위라고도 한다.

삼국유사의 기록에 의하면, 신라 제49대 헌강왕이 포석정에서 신하들
과 향연을 베풀었을때, 남산신이 임금 앞에 춤을 추었는데 여러 신하들
눈에는 보이지 않았다고 한다. 그때 임금은 신하들에게 조용히 하라고
명하였고 남산신이 산으로 돌아간 다음에서야 이제는 놀아도 좋다고 하
므로 이상하게 여긴 신하들은 '그동안 어찌하여 놀지 못하게 하셨습니
까?' 라고 물었다. 그러자 왕은 '그동안 남산신이 내려오셔서 춤을 추고
가셨기 때문이다' 라고 대답하므로 신하들은 '남산신이 어떻게 춤을 추
었습니까?' 라고 또 물어보았다. 그랬더니 임금이 손수 일어서서 남산신
이 춤추던 모습을 흉내 내어 보였고, 그 후부터 그 춤이 널리 유행하게
되었는데 남산신의 이름을 따서 어무상심(御舞祥審)이라 했다고 한다.

바위 뒤쪽에는 기도하는 곳이 있다. 이 바위는 크게 동쪽면과 서쪽면으로 나뉘는데, 동쪽면은 남근석과 기도처, 서쪽면은 산아당(産兒堂)으로 사용되어서 아직도 많은 사람들이 아들 낳기를 기도하러 온다고 한다.

또한 바위에 기대어 세워진 머리와 발을 잃어버린 작은 돌부처도 1구가 있다. 머리는 없어지고, 두 손은 가슴에 모아서 붙이고 있으며, 전체적으로 마모가 심해서 금방 알아보기가 어려운데 아마도 남산에서 발견된 가장 작은 석불일 것으로 본다. 그리고 상사바위 앞 공간도 옛날에는 절터였다고 한다.

뱀의 발 남산 상사바위의 전설

옛날 국사골 어귀에 집안 식구들이 모두 병으로 세상을 떠나 외롭게 사는 할아버지가 있었다. 할아버지는 동네 아이들을 보면 손자를 보는 듯 귀여워하였고 동네 아이들도 할아버지를 좋아하고 따랐다. 그중에서도 이웃집에 사는 '피리'라는 소녀를 퍽 귀여워했고, 피리도 할아버지를 잘 따랐다. 시간이 흘러 할아버지가 80세가 넘게 되었을 때 피리도 어느덧 꽃다운 처녀7-되어 있었다. 피리는 철이 들면서 외로운 할아버지를 불쌍히 생각해서 맛있는 음식이나 과일을 할아버지께 갖다드려 기쁘게 해 드렸다.

192. 경주 남산 상사암 산아당

193. 경주 남산 상사암 돌부처

그러던 어느해 피리는 다른 곳으로 이사를 가게 되었고 할아버지는 자신을 돌봐주던 피리가 없어지자 견딜 수 없을 만큼 쓸쓸해 하였다. 심지어는 매일같이 반가운 피리가 자신을 찾아오는 환상에 빠지게 되자, 할아버지는 문득 자신이 피리를 귀여운 손주같은 아이가 아니라 여자로서 사랑하고 있음을 깨닫게 되었다. 그런 마음을 가져서는 안된다고 다짐을 해봐도 헛일이었고, 피리를 그리워하는 마음은 어느새 뱀처럼 기어나와서 혀를 날름거리며 자신을 괴롭히고 있었다. 그러자 할아버지는 더이상 견디지 못하고 산위에 올라 피리가 이 사간 마을쪽을 바라보다가 나무에 목을 매고 말았다. 죽은 할아버지는 큰 바위가 되어 정상으로 우뚝 솟아 올랐다.

그날 이후로 피리 처녀는 밤바다 큰 뱀이 되어 자기에게 다가오는 할아버지 꿈을 꾸었다. 어느날 밤 꿈속에 할아버지가 나타나 '아무리 잊으려 해도 잊을 수가 없어서 죽음을 택했는데 죽어서도 잊지 못하고 피리를 이렇게 괴롭히니 나를 용서 해다오' 라고 말했다. 피리 처녀는 자기를 그리워하다 돌아가신 할아버지가 너무 불쌍한 생각이 들어서 할아버지가 변한 바위에 올라 '할아버지, 인간세상에서 나이 때문에 소원을 못 이루었으니 천년세월 지나도 나이를 아니 먹는 바위가 되어 할아버지의 소원을 풀어드리겠습니다' 라고 말한 뒤 바위에서 뛰어내려 죽고 말았다.

그러자 할아버지 바위 옆에 또 하나의 바위가 솟아올라 나란히 서게 되었다. 그때부터 사람들이 이 바위를 상사바위라고 부른다. 지금도 큰 바위 아래에 보이는 붉은 반점이 피리의 핏자국이라고 전하는 전설이 깃들어 있다.

용장사곡 3층석탑(용장사지 3층석탑)

아름: 와, 이런 곳에 석탑이 있을 줄이야.

엄마: 이 3층석탑은 이 용장사 계곡 어디에서나 볼 수 있단다. 나중에 저 아래 용장계곡에서 이쪽을 쳐다보면 이 석탑이 까마득하게 보여.

용장사곡 3층석탑은 현재 3층 옥개석까지 남아 있는데 높이가 4.5m 정도다. 보통 전형적인 신라계 석탑은 2중의 기단을 이루고 있는데, 이 탑은 특이하게도 2중의 기단을 별도로 만들지 않고, 그냥 높이 200m가량 되는 산의 전체바위를 통째로 하층기단으로 삼은 점이 독특하다. 아마도 이런 기법은 부처님을 바위속에서 튀어나온 것처럼 조각을 하듯이, 탑도 산의 정상으로 불쑥 솟아오르는 형상을 나타낸 것 같아서 신라인들이 자연과 조화하는 방법을 잘 나타내 주는 것으로 볼 수 있다.

<u>탑의 기단을 자연석으로 활용했다는 의미는
곧 탑이 돌 위로 불쑥 솟아나는 형상과도 통한다.</u>

194. 경주 남산 용장사곡 3층석탑, 보물 제186호

이 탑은 층급받침이 모두 4단으로 되어 있고 상층기단과 하층기단의 탱주가 모두 1개로 줄어든 것으로 봐서는 신라하대 9세기의 작품으로 여겨진다.

일단 기단부를 살펴보면, 자연석 바위에 각형의 괴임을 2단으로 마련하고 그 위에 기단을 올렸는데, 기단의 한 면은 1석으로, 그리고 나머지 3면은 2매의 석재로 총 7매의 판석으로 결구 시킨 것이 특징이다. 그리고 위쪽 기단의 덮개돌인 갑석은 2매의 판석으로 되어 있는데, 탑신 괴임도 2단으로 마련이 되었다.

탑신부를 살펴보면 탑의 몸돌(탑신)과 지붕돌은 각각 1매의 석재로 되어 있고 2층 몸돌은 1층에 비해서 체감 효과를 크게 주었기 때문에 전체적인 안정감을 느낄 수 있다. 지붕돌의 위쪽에도 탑신 괴임이 2단씩 마련되어 있는데, 상륜부는 모두 유실되어 없어지고 3층의 지붕돌 한 가운데에는 찰주를 세웠던 구멍이 남아 있다. 이 탑은 1922년에 넘어져 있었던 것을 복원하였는데 당시 조사에 의하면 2층 몸돌 상부에 한변이 15cm 정도인 네모꼴 사리공이 있었다고 한다.

아빠: 자, 다음 코스로 이동하려면 밧줄을 잡고 아래쪽으로 내려가야만 하는 심한 경사길도 포함되어 있으니 조심해야 돼.

용장사지 마애여래좌상

아름: 오~ 이 부처님도 보리사 부처님 못지않게 미남이신데요? 그리고 보리사 부처님과 마찬가지로 항마촉지인을 하고 계시니까 석가모니 부처님일 것 같아요.

보물 제913호인 용장사지 마애여래좌상은 누가봐도 참 잘생긴 부처님이다. 다행히도 이 마애불은 손상이 거의 없는 상태로 완전하게 남아 있으면서 얇게 돋을새김으로 되어 있는데, 연화대좌의 연꽃을 보면 정면의 꽃잎은 비교적 크게 나타내고 양 가장자리로 가면서 차츰차츰 작게 만들었는데 끝에서는 구름처럼 사라지도록 처리하였다. 그리고 불상의 자세는 전체적으로 비례가 잘 맞아서 풍만하면서도 건장한 위엄을 느끼게 하고 결가부좌로 앉은 두 무릎과 넓은 두 어깨는 당당함을 잃지 않고 있다.

동남산의 보리사 부처님 역시 매우 잘생긴 외모지만 상체에 비해 하체가 너무 빈약하기 때문에 뭔지 모를 아쉬움이 남았다면, 이 마애불에게서는 전혀 그런 부족함이나 아쉬움을 느낄 수가 없다. 게다가 길게 그려진 눈썹에 이어서 아래로 뻗어 내린 예리한 코, 그리고 굳게 다문 입술은 긴장된 표정임에도 불구하고 풍성한 두 뺨과 군살어린 턱의 부드러움 때문에 자비롭기 그지없다. 또한 다른 부처와는 달리 이 부처는 뒤쪽 두광과 신광의 광배가 2중으로 되어 있다.

조성연대를 명문으로 남긴 몇 안되는 불상

또 한가지 이 부처의 특징은 옷을 입은 방식에 있다. 지금까지 거쳐온 삼릉계곡에서 본 부처들도 옷에 매듭이 있었지만 이 부처는 왼쪽 어깨에서 오른쪽 가슴 아래로 내려진 옷깃에 오른쪽 어깨에서 내려진 옷자락이 일단 들어갔다가 다시 옷깃 위로 올라와 팔목 뒤로 돌아가고 있는 특이한 형태를 하고 있다.

또 왼쪽 어깨 바깥부분에 글씨가 있는데 마멸이 심해서 육안으로는 판독이 어렵지만 전문가들의 노력으로 판독이 되었는데 '태평(大平) 이년(二年) 팔월(八月)'과 '불성봉위시(佛成奉爲時)'라는 글자는 확인이 되어서, 고려 현종때인 1022년 8월에 부처를 만들었다는 것을 알아냈다.

용장사곡 석조여래좌상(용장사지 삼륜대좌불)

호림: 이건 또 뭐야? 너무 신기하게 생겼다. 이거 탑 맞아요?

엄마: 탑이 아니라 부처님이 올라가 있는 대좌가 층층이 쌓여있는 형상이란다.

용장사지 삼륜대좌불은 우리나라에서는 유례가 없는 독특한 형식인데 삼륜의 대좌위에 머리가 없는 좌불이 얹혀있다. 현재는 머리가 없어져서 스님인지 여래인지 확실히 알 수는 없다. 그런데 삼국유사에는 옛날 용장사에 유가종의 대덕이신 대현스님이 계셨고, 그 절에는 미륵장륙석상이 있어서 대현스님이 기도하면서 그 미륵부처

195. 경주 남산 용장사지 마애여래좌상, 보물 제913호

님 불상주위를 돌면, 미륵부처님 또한 대현스님을 따라 고개를 돌렸다는 이야기가 나온다. 그래서 그 기록을 근거로 이 불상을 여래상, 그 중에서도 미륵부처로 보는 사람들이 많다.

**삼륜대좌불이 도솔천에 상주하는 미륵불이라면,
삼륜은 각각 사왕천, 도리천, 야마천이 된다.**

만약 이 불상이 삼국유사의 이야기처럼 미륵불이라 한다면, 미륵불의 상주처인 도솔천과 관련이 있을 것이다. 도솔천은 불교 28천 중에서 가장 아래로부터 사왕천-도리천-야마천 다음에 나오는 네번째 하늘나라다. 삼륜대좌불의 기단석 위가 첫번째 하늘나라인 '사왕천'이라고 한다

196. 경주 남산 용장사곡 석조여래좌상, 보물 제187호

면, 처음의 둥근 반석 위는 두번째 하늘나라인 '도리천'이 되고, 두 번째 반석 위는 세번째 하늘나라인 '야마천'이 되고, 마지막의 연화 원반대좌는 미륵보살이 계시는 네번째 하늘나라인 '도솔천'이 되는 것이다.

또한 삼륜대좌불의 기단석은 자연석을 윗면만 고르게 가공을 해서 쓰고 있는데 자연석을 지대석이자 곧 기단으로 쓰는 전통은 위쪽에서 보았던 용장사지 3층석탑과도 연관이 있어 보인다. 이 자연석 기단 위에 둥글게 다듬은 북모양의 중대괴임을 얹고 그 위에 쟁반모양의 둥근 반석을 놓았고, 다시 그 위에 중대석과 반석을 놓았고, 세번째의 중대괴임을 결구시킨 뒤에 앙련의 둥근 반석대좌를 마련하고, 그 위에 화려한 연꽃방석 위에 결가부좌로 앉은 불상을 모셔 놓았다. 가장 위쪽의 대좌에

197. 경주 남산 용장사곡 석조여래좌상의 불상

만 연꽃무늬가 있는 것도 특이하다.

한편 이 불상의 수인은 항마촉지인과 비슷한데 오른손과 왼손의 위치가 바뀌어 있다. 게다가 불상의 앞쪽은 흘러내린 가사 자락들이 물결처럼 펄럭이며 무릎을 덮고 흘러내려 상현좌를 이루고 있는데 반해서 뒤쪽은 연화대좌의 형식을 보이는 것도 특이하다.

뱀의 발 탑재와 석등대석

용장사지로 가는 길목에는 탑의 하층기단 갑석 1쪽과 지붕돌 1매, 석등대석이 파편으로 남아있다. 이 탑재로 보아 옛날에는 이곳에도 석탑이 있었던 것을 알 수 있으며, 석등은 밤에 이곳을 찾는 사람을 위한 등대로서의 역할을 했을것이다. 이 곳에서 올려다보는 용장사지 3층석탑은 28천 위의 부처님 나라를 우러러보는 듯한 상상을 불러 일으키는 절경이다.

용장사지

198. 경주 남산 용장사지

삼륜대좌불에서 조금만 더 내려오면 용장사터다. 용장골 어귀에 있는 마을 이름이 용장리이고 계곡 이름도 용장골이니 그 모든 이름이 바로 이 용장사에서 비롯된 것들이다. 그리고 전하는 바에 따르면 용장사는 이 계곡의 주인일 뿐 아니라 남산 전역에서도 손꼽는 대가람이었다고 한다.

아름: 그런데 언제 이렇게 폐허가 되었어요?

조선 초기 세조가 조카인 단종을 폐하고 왕위에 오른 것에 반발해서, 승려가 된 김시습은 이 절에 기거하면서 우리나라 최초의 소설인 금오신화를 썼다고 하기 때문에 최소한 이때까지만 해도 용장사가 존재하였다는 것을 간접적으로 알 수 있다. 하지만 정확히 언제 폐사가 되었는지는 알 수가 없다.

뱀의 발 금오신화

금오신화는 김시습(金時習)이 지은 우리나라 최초의 한문 소설집으로 완본은 전하지 않으며, 현재 전하는 것으로서는 만복사저포기(萬福寺樗蒲記), 이생규장전(李生窺牆傳), 취

유부벽정기(醉遊浮碧亭記), 남염부주지(南炎浮洲志), 용궁부연록(龍宮赴宴錄) 등 5편이다.

다섯 작품이 지닌 공통적인 특징으로는 우리나라를 배경으로 하고 우리나라 사람을 등장인물로 하여 한국인의 풍속, 사상, 감정을 표현하였으며, 주인공들이 끝에 가서 하나같이 세상을 등지는 특이한 결말처리방식을 보인다. 이는 대부분의 고전소설에서 종결부가 행복한 결말로 처리되어 있는 것과 좋은 대조를 이루는데 주인공이 세상을 등지는 것은 운명에 대한 순종이나 패배가 아니라 그릇된 세계의 질서를 받아들이지 않겠다는 비장한 결단의 표현으로 보인다.

금오신화는 우리나라 최초의 소설이니만큼 소설장르

199. 경주 남산 용장사곡 3층석탑

로서의 한계 또한 없지 않다. 그러나 '금오신화'는 내용, 기교, 작가의식에 있어서 훌륭한 문학적 가치를 지니고 있으며, 한국문학사에 있어 한국소설의 출발점으로서 후대소설에 많은 영향을 주었다는 의의를 지니고 있다.

한편, 유교국가인 조선에서 개국초기 왕릉을 조성할 때 마지막까지 남았던 불교문화잔재가 있었으니 그것은 소전대(燒錢臺)였다. 아무리 유교를 건국이념으로 삼았다 하더라도 고려의 불교문화가 한 순간에 사라질 수가 없었기 때문이었다. 소전대의 공식적인 용도는 제사를 지낸 다음 축문을 불사르는 것이었다. 그리고 예감(瘞坎)에는 그 재를 묻었다.

그런데 소전대의 글자를 해석하면 축문이외에 다른 무엇인가도 태웠던 것 같다. 돈 전(錢)자가 들어있으니 아마도 종이돈이었을 것이다. 그리고 동서고금을 막론하고 사람의 장례식에는 노잣돈을 주는 것은 매우 보편적인 현상이니 소전대에서 종이돈을 태웠을 가능성은 매우 높다고 하겠다.

하지만 그 어느 공식자료를 뒤져봐도 소전대에서 종이돈을 태웠다는 기록을 찾기는 어려웠다. 그런데 공식자료는 아니지만 소전대의 역할을 추정할 수 있는 부분이 금오신화의 만복사저포기(萬福寺樗蒲記) 부분에 다음과 같이 등장한다.

용장사지 | 381

이튿날 양생은 주육(酒肉)을 갖추어 개녕동 옛자취를 찾으니, 과연 새 무덤이 하나 있었다. 양생은 제전(祭奠)을 차려 슬피 울면서 지전(紙錢)을 불사르고 정식으로 장례를 치른 뒤, 조문을 지어 읽었다.

용장사곡 절골 석조약사여래좌상

용장사터에서 한참을 더 내려가다 보면 삼릉계곡~용장계곡답사의 마지막 코스가 나오는데 거기서 머리 없는 부처를 만나게 된다. 이 곳은 용장계곡의 절골이라고 불리는데 절이 있던 골짜기란 뜻이다. 주위를 둘러보면 여기저기 무너진 축대가 보이는데 이런식으로 몇단으로 쌓은 돌축대로 미루어 짐작해 보건데 꽤 큰 절이 있었던 것 같다.

절골 부처는 왼손에 무엇인가를 들고 있는 것으로 봐서 분명 약사부처다. 금당터 한가운데에서 남향으로 앉으신 이 부처님은 1940년에 산에서 흘러내려온 모래와 자갈돌에 묻혀 있었던 것을 발굴조사한 것인데, 머리와 광배는 찾지 못하고 대좌와 몸체만 발견되었다고 한다. 그런데

200. 경주 남산 용장사곡 절골 석조약사여래좌상

무슨 이유에서인지는 모르겠지만 이 불상의 대좌는 아직도 땅속에 묻혀 있는데, 당시 보고서에 의하면 이 불상 옆에 직사각형의 연화대좌가 묻혀 있었는데 복련의 하대석 위에 직사각형의 중대석을 얹고 그 위에 앙련대석을 올렸다고 한다. 그리고 중대석의 4면에는 힘찬 모습의 사천왕상이 있었다고 하는데 남산에서는 셋밖에 없는 희귀한 네모꼴 방형대좌라고 한다.

호림: 휴, 이제서야 답사가 다 끝났구나. 용장리로 내려가서는 우리 차가 있는 곳까지 어떻게 가요?

아빠: 용장리에서 우리 차가 있는 서남산주차장까지는 약 2.5km쯤 돼. 그 정도면 걸을만 하지?

아름: 남산을 무려 다섯시간이나 등산을 했는데 이제는 도저히 못 걸어요. 차타고 가요.

엄마: 여보, 애들이 많이 지쳤나봐요. 버스나 택시를 탑시다.

아빠: 이 곳에는 도심처럼 대중교통편이 그렇게 많지가 않아서 한참을 기다려야 할 때도 있어. 그럼 이렇게 하자. 내가 주차장까지 뛰어가서 차를 가져올테니 그때까지 앉아서 좀 쉬고 있어.

호림: 우리 아빠는 너무 운동을 좋아해서 탈이야.

경주의 보물창고 –
국립경주박물관

박물관 사용설명서

　문화답사에서 빠질 수 없는 곳이 바로 박물관이다. 특히 국립경주박물관은 2015년 11월 현재, 총 11점의 국보와 27점의 보물을 비롯하여 경주지역 내의 수많은 문화재를 소장, 교체전시하고 있는데 가히 경주의 보물창고라고 할 만 하다.
　경주박물관 답사요령도 일반답사와 마찬가지다. 전혀 준비없이 가서 대충 돌아보고 나오면 전혀 얻는 것이 없다. 일단 박물관 답사 계획부터 꼼꼼히 잘 세워보자.
　먼저 무엇을 중점적으로 볼 것인지를 결정해야 한다. 시간만 허락한다면 하루종일 박물관에 머물면서 모든 전시물을 꼼꼼히 돌아보는 것도 방법이 될 수 있다. 하지만 대부분의 경우 시간적인 제약이 있으니 자신에게 허락된 시간을 최대한 활용할 수 있는 효과적인 답사계획을 세워보자.

무료 전시해설 서비스 이용하기

이때 박물관내 전문해설사인 '박물관 도슨트'로부터 무료로 '전시해설' 서비스를 받는 것도 좋은 대안이 될 수 있다. '전시해설'은 신라역사관, 신라미술관, 월지관 세 곳의 안내소에서 지정된 시간에 선착순 30명에 한하여 실시되는데 요일별로 시간과 횟수가 다르기 때문에 사전에 경주박물관 홈페이지 등을 통해 미리 체크할 필요가 있다. 아래는 2016년 4월 현재 시행중인 전시해설시간표이다.

구분	신라역사관	신라미술관	월지관
월	전시관 휴관, 옥외전시장 개방		
화	1회 10:00~11:00 / 2회 14:00~15:00	1회 11:00~12:00 / 2회 15:00~16:00	
수	1회 10:00~11:00 / 2회 14:00~15:00	1회 11:00~12:00 / 2회 15:00~16:00	
목	1회 10:00~11:00 / 2회 14:00~15:00	1회 11:00~12:00 / 2회 15:00~16:00	1회 14:00~15:00
금	1회 10:00~11:00 / 2회 14:00~15:00	1회 11:00~12:00 / 2회 15:00~16:00	1회 14:00~15:00
토	1회 10:00~11:00 / 2회 11:00~12:00 3회 14:00~15:00 / 4회 15:00~16:00	1회 10:00~11:00 / 2회 11:00~12:00 3회 없음 / 4회 15:00~16:00	1회 14:00~15:00
일	1회 10:00~11:00 / 2회 11:00~12:00 3회 14:00~15:00 / 4회 15:00~16:00	1회 10:00~11:00 / 2회 11:00~12:00 3회 없음 / 4회 15:00~16:00	1회 14:00~15:00

만약 오전에 박물관답사를 한다면, 신라역사관 10:00~11:00, 신라미술관 11:00~12:00 코스를 이어서 활용하는 것이 효과적이고, 오후에 답사를 한다면 신라역사관 14:00~15:00, 신라미술관 15:00~16:00 코스를 이어서 활용하는 것이 효과적이라 할 수 있겠다.

한가지 주의할 점은 신라역사관 해설을 맡게 될 도슨트와 관람객의 반응 등에 따라서 전시해설 종료시간이 예정보다 약간 길어질 수 있으니 본인 스스로가 잘 판단하여 뒤에 이어지는 신라미술관 전시해설 시작시간에 늦지 않도록 할 필요가 있을 것이다.

음성안내기 이용하기

한편, 또다른 방식으로 박물관답사에 유용하게 도움을 받을 수 있는 것이 '음성안내기' 활용방안이다. 음성안내기는 상설전시되어 있는 소장품에 대한 이해를 돕기 위해 세분화되고 전문적인 정보를 음성으로 제공한다. 음성안내기를 이용하려면 박물관 정문 바로 옆에 붙어있는 '박물관 책방' 내 '음성안내시스템대여소'에서 신분증을 맡기고 3,000원의 대여료를 지불하면 'MP3 음성안내기'를 대여받는다. 이 음성안내기를 착용하고 전시물 앞에서 활용하면 마치 해설사가 바로 옆에서 설명해주는 효과를 얻을 수 있다.

여담으로 박물관 내에 전시된 유물을 보면서 '이거 진품인가요?' 라고 묻는 사람들을 흔히 볼 수 있다. 박물관에 전시된 유물들은 모두 진품이다. 만약 보존상 문제나 기타 문제로 진품을 전시하지 못할 경우에는 반드시 전시물 옆에 '복제품(Replica)'이라는 표기가 붙어 있다.

박물관 자체답사안

이번에는 외부의 도움없이 스스로 박물관을 답사해보자.

그전에 먼저 중요 전시물의 위치파악을 위해서는 박물관의 전체 건물 배치를 알아둘 필요가 있다.

경주박물관의 상설전시관은 크게 3곳으로 나뉘는데

1. '신라역사관'은 입구의 진입로에서 가장 가까우면서도 중앙에 자리잡고 있는 박물관 최대의 건물이다. 전시물은 모두 2층에 있는 4개의 전시실에 분산 전시되고 있는데 이동동선을 따라 4개의 전시실을 모두

201. 국립경주박물관 배치도

  돌아보고 나면 출구는 동쪽에 있는 특별전시실 앞쪽으로 나온다.

  2. '신라미술관'은 특별전시관의 우측(남쪽)에 자리잡고 있는데 1층에는 불교미술실과 동영상상영실, 2층에는 황룡사 관련 유적을 전시하는 황룡사실과 기증품을 전시하는 국은기념실이 각각 자리잡고 있다.

  3. '월지관'은 신라미술관과 마주보고 있는데 경주 월지(안압지)에서 출토된 문화재를 주제별로 전시하고 있다.

  그리고 총 11점의 국보와 27점의 보물급 문화재의 전시장소는 아래 표와 같다.

종목	명칭	신라역사관				월지	신라미술관				야외
		1	2	3	4		1	2	황	국	
국보 28	경주 백률사 금동약사여래입상							*			
국보 29	성덕대왕신종										*
국보 38	경주 고선사지 삼층석탑										*

지정번호	명칭									
국보 87	금관총 금관 및 금제 관식	*								
국보 88	금관총 금제 허리띠	*								
국보 188	천마총 금관	*								
국보 189	천마총 관모	*								
국보 190	천마총 금제 허리띠	*								
국보 195	토우장식 장경호		*							
국보 207	천마총 장니 천마도									
국보 275	도기 기마인물형 뿔잔								*	
보물 314	감지금니묘법연화경 권 3~4									
보물 315	백지묵서묘법연화경 권 1, 3									
보물 339	서봉총 금관	*								
보물 366	감은사지 서삼층석탑 사리장엄구					*				
보물 617	천마총 금제 관식	*								
보물 618	천마총 금제 관식	*								
보물 619	천마총 목걸이	*								
보물 620	천마총 유리잔	*								
보물 621	천마총 환두대도	*								
보물 622	천마총 자루솥									
보물 623	황남대총 북분 금팔찌 및 금반지									
보물 625	황남대총 북분 은제 관식									
보물 626	황남대총 북분 금제 고배	*								
보물 628	황남대총 북분 금은제 그릇 일괄									
보물 631	황남대총 남분 은관									
보물 632	황남대총 남분 은제 팔뚝가리개			*						
보물 633	경주 황남동 금제 드리개		*							
보물 634	경주 황남동 상감 유리구슬			*						
보물 635	경주 계림로 보검			*						
보물 636	도시 서수형 명기		*							
보물 884	삼안총									
보물 1151	청동 옻칠 발걸이									
보물 1152	경주 죽동리 청동기 일괄								*	

보물 1411	임신서기석			*					
보물 1475	안압지 출토 금동판 불상 일괄				*				
보물 1844	경주 월지 금동초심지가위				*				
보물 1870	경주 황룡사 구층목탑 금동찰주본기			*					

한편, 옥외전시장에도 수많은 문화재들이 전시되어 있는데 이중 우리가 꼭 놓치지 말고 봐 두어야 할 2가지 문화재는 국보 제29호 '성덕대왕신종'과 국보 제38호 '고선사지 3층석탑' 이다.

신라역사관 - 제1전시실(신라의 건국과 성장)

신라역사관의 첫 시작지점인 제1전시실은 선사시대인 구석기시대부터 신석기시대, 청동기시대를 거쳐 6세기초 신라가 고대국가로 성장하기 직전까지의 기간을 다루고 있다.

전시구역은 여섯 개 주제로 분류되는데 1.구석기시대, 2.신석기시대, 3.청동기시대, 4.신라의 건국, 5.신라의 성장, 6.고대국가신라의 순서다.

이곳의 유물 중에서 우리가 주목해야 할 것을 2가지로 꼽을 수 있는데 하나는 국보 제195호인 토우장식 장경호(토우장식 긴목항아리)이고, 나머지 하나는 교동금관이다.

토우장식 장경호(土偶裝飾 長頸壺, 토우장식 긴목항아리, 국보 제195호)

토우란 흙으로 만든 인형이라는 뜻이다. 하지만 사람뿐만 아니라 동물이나 사물을 본떠서 만든 토기를 총괄해서 이르기도 한다. 토우는 주술적인 목적으로 만들기도 했고, 무덤에 넣는 부장품 목적으로 만들기도 했다.

그런데 국보 제195호로 지정된 토우장식 장경호는 총 2점이다. 그 중 미추왕릉지구 계림로 30호 무덤에서 출토된 긴목항아리는 국립경주박물관에, 그리고 노동동 11호 북쪽 무덤에서 출토된 긴목항아리는 국립중앙박물관에 소장중인데, 세부 모양은 다르지만 항아리의 목과 어깨 부위에 토우가 장식된 점은 공통점이다.

202. 토우장식 장경호, 국보 제195호 (국립경주박물관)

토우 모양을 자세히 들여다보면 배부른 임산부가 가야금을 타는 모습과 남녀가 성교하는 모습, 그리고 도망가는 개구리의 뒷다리를 뱀이 물려고 하는 모습 등이 눈에 띄고, 또한 새, 거북, 토끼, 사람 등이 다양하게 나타나는데 이들은 대체로 다산을 기원하고 죽은 사람도 산 사람들처럼 똑같은 생활을 저승에서 누리며 행복하게 살라는 주술적인 의미를 담고 있다고 본다.

교동금관

금관은 순수한 금으로만 만든 관으로, 구리가 섞인 금동관과는 다르다. 어떤 물건이든 순수한 금으로만 만들면 금이라는 재질의 특성상 물러서 변형이 되기 쉽기 때문에 금 이외에 구리와 같은 다른 금속을 섞어 합금의 형태로 만드는 것이 일반적이다. 그래서 부처도 순수한 금불 보다는 금동불이 많다. 그런 탓인지 전 세계적으로 알려진 금관은 모두 약 10여 점에 불과한데 그 중 한국에서 출토된 금관이 무려 8점이라고 한다. 따라서 금관의 용도는 실제 사용을 위한 것이라기 보다는 무덤에 넣는 부장품으로 보는 것이 타당하다고 보겠다.

한국에서 출토된 금관중에서 가장 먼저 출토된 것은 금관총(국보 제87호) 금관이다. 오죽했으면 무덤이름을 금관총이라고 지었겠는가? 그 다음 출토된 것은 금령총 금관(보물 제338호), 서봉총 금관(보물 제339호), 천마총 금관(국보 제188호), 그리고 황남대총북분 금관(국보 제191호)이다. 이들은 모두 출토지가 분명하지만 그렇지 않은 3개의 금관도 있는데 호암미술관에 소장된 가야금관, 도굴품인 도쿄의 오쿠라 컬렉션 금관, 그리고 제1전시실에서 전시중인 교동금관이다.

203. 교동금관(국립경주박물관)

교동금관은 경주시 교동(校洞)의 폐고분에서 도굴되었다가 1972년 압수된 금관인데 신라금관 중에서 제작기법상 가장 오래된 것으로 본다. 그 이유로는 가장 형태가 단순할뿐더러 신라금관의 전형적인 모습인 날 출(出)자 모양의 원시적 형태가 보이기 때문이다.

신라금관들이 대체로 나뭇가지 모습 또는 사슴뿔 형태의 장식을 보이는 것은 하늘을 향해 솟은 나무 또는 사슴뿔을 통해 하늘을 숭배하는 사상을 표현한 것이며, 또한 금관과 함께 출토되는 금제관식(금으로 만든 관 장식품) 유물들이 날개를 활짝 편 새

 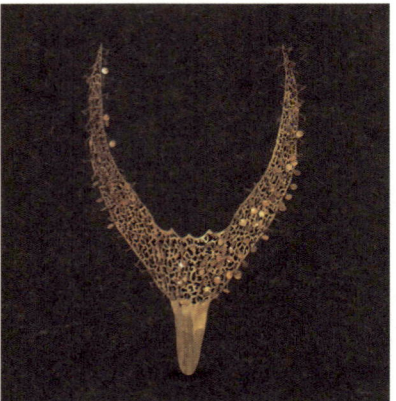

204. 새날개모양 금제관식, 금관총출토, 국보 제87호(국립경주박물관)

또는 날개의 모양을 하고 있는 것 역시, 새를 통한 하늘숭배사상을 나타내는 북방 스키타이 문화의 영향으로 본다.

한편 다른 신라금관과는 달리 관테의 지름이 14cm에 불과하기 때문에 금령총(金鈴塚) 금관처럼 소년용일 가능성이 있다.

신라역사관 - 제2전시실(황금의 나라 신라)

'황금의 나라 신라'라는 제목이 붙어있는 제2전시실은 경주박물관 내에서도 가장 하이라이트 코스라고 할 수 있다. 제2전시실은 4세기 중반부터 마립간이라는 정치 지배자를 중심으로 신라가 고대국가의 기틀을 닦던 시기를 중심으로 한 금관총, 황남대총, 천마총의 주요 유물들이 전시되어 있는데 박물관 내에서도 가장 많은 국보들이 이 곳에 집중 전시되고 있다.

전시구역은 세 주제로 분류되는데 1.금관총, 2.황남대총, 3.신라의 황금문화(천마총 포함) 순이다. 이곳에서 우리가 기억해야 할 대표적인 유물로는 금관총과 천마총의 유물을 들 수가 있는데, 전시구역 세 곳 중의 하나인 황남대총 유물의 상당부분은 서울 국립중앙박물관에 소장중이기 때문에 제외하기로 한다.

금관총 유물

제2전시실에 들어서자마자 만나는 것이 국보 제87호인 금관총 금관 및 금제관식(금으로 만든 관 장식품), 그리고 국보 제88호인 금관총 금제허리띠이다.

금관총이라는 이름에서도 알 수 있듯이 금관총은 신라금관이 최초로 발굴된 무덤이다. 박물관 벽에 씌여진 설명문에 의하면 1921년 9월 경주 중심가였던 노서동에서 집을 짓고 있었는데 집주인이 집터의 낮은 곳을 고르기 위해 주변 언덕에서 흙을 파내어 사용했다고 한다. 그런데 이 흙속에서 아이들이 구슬들을 발견해 그것들을 가지고 놀았는데 지나가던 일본경찰이 이를 우연히 목격하고 흙을 파냈던 언덕속에서 유물들이 드러난 것을 확인했다고 한다. 그 언덕이 바로 무덤이었는데 무덤을 좀 더 조사한 결과 뜻밖에도 금관을 비롯한 수많은 유물들이 수습되었고, 그 유물들 중에 가장 주목할 만한 유물인 신라금관의 이름을 따서 금관총이라는 이름을 붙여주었다고 한다.

신라금관은 통상 바깥쪽의 외관(外冠)과 안쪽의 내관(內冠)으로 구성되며, 우리가 익숙한 금관의 모습은 외관이다. 금관총 금관의 외관은 신라금관의 전형을 잘 보여주고 있는데 앞쪽 원형 테두리 정면에는 3단으로

205. 금관총 금관, 국보 제87호(국립경주박물관)

나뭇가지 모양의 날 출(出)자 장식 3개를 나란히 두고, 뒤쪽 좌우에는 2개의 사슴뿔모양 장식이 세워져 있다.

테두리와 출(出)자 장식 주위에는 촘촘히 점선이 찍혀 있는데 출자 장식에는 점선이 한줄이지만 테두리의 경우에는 위 아래쪽에 각각 두줄의 점선 가운데로 물결모양의 점선이 들어가 있다. 또한 금관 전체에 많은 비취색 옥과 구슬모양의 장식들이 규칙적으로 금실에 매달려 있다.

이와 같은 외관(外冠)에 대하여 내관으로 생각되는 관모(冠帽)가 관(棺) 밖에서 발견되었는데 관모는 얇은 금판을 오려서 만든 세모꼴 모자로 위에 두 갈래로 된 긴 새날개 모양 장식을 꽂아 놓았다. 새날개 모양을 관모의 장식으로 꽂은 것은 앞서 언급한 대로 새를 통한 하늘숭배사상을 나타내는 북방 스키타이 문화의 영향으로 본다.

종합해보면 테두리 위로 솟아있는 나무와 사슴뿔 역시 하늘과 땅을 이어주는 존재로 파악한 것이기에 왕이라는 존재가 결국 하늘과 땅을 이어주는 신성스런 중개자임을 부각시키는 것이다. 또한 금관 전체에 달려있는 수많은 장식들은 곧 다산을 기원하는 것으로 파악될 수 있을 것이다.

그런데 이런 금관을 실제 사용했을까? 앞서도 순수 금관은 재질이 물러 변형되기도 쉬울 뿐더러 금관의 크기가 사람의 머리크기보다는 다소 크다. 또한 너무 많은 장식이 달려있어 실용적이지 못한 면도 있다. 신라금관의 발굴시 일부는 나뭇가지 모양의 장식이 고깔처럼 뭉쳐진 채 어깨까지 내려와서 얼굴을 가린 채로 발견되었는데, 이런 여러가지 사실들을 모아 추론해보면 금관은 실제 사용된 것이라기 보다는 무덤에 넣는 부장품의 하나로 여겨진다.

206. 금관총 금제허리띠, 국보 제88호(국립경주박물관)

이번에는 국보 제88호인 금관총 금제 허리띠를 살펴보자. 금제 허리띠는 한자로 금제과대(金製銙帶)라고 하는데 과대는 직물로 된 띠의 표면에 사각형의 금속판을 붙여 만든 허리띠를 말한다. 현재 남아있는 금관총 금제 허리띠는 직물부분은 모두 삭아서 없어지고 금속판만 남아있는 것이다.

또한 허리띠(과대)로부터 늘어뜨린 여러 장식품을 띠드리개(요패)라고 한다. 옛날 사람들은 허리띠에 옥(玉)같은 장식품과 작은칼, 약상자, 숫돌, 부싯돌, 족집게 등 일상도구를 매달았는데, 이런 풍습을 관복에 적용한 것으로 보인다. 백제나 신라에서는 관직이나 신분에 따라 재료, 색, 수를 달리하여 그 등급을 상징하였다고 한다.

금관총 허리띠는 39개의 순금제 판으로 이루어져 있고, 양끝에는 허리띠를 연결시켜 주는 고리인 교구를 달았으며 과판에는 금실을 이용하여 원형장식을 달았다. 허리띠로부터 늘어뜨린 장식인 띠드리개(요패)는 17줄로 길게 늘어뜨리고 끝에 여러 가지 장식물을 달았다. 장식물의 길이가 일정하지 않지만, 크고 긴 것을 가장자리에 달았다.

천마총 유물

천마총에서도 금관총과 마찬가지로 금관, 관모, 금제 허리띠가 출토되었고 대강의 금관 외형도 다른 금관과 비슷한 부분이 많기 때문에 얼핏봐서는 구분하기가 쉽지 않다. 그러나 자세히 보면 확연히 다른 부분을 쉽게 알아낼 수 있다.

207. 천마총 금관, 국보 제188호 (국립경주박물관)

우선 천마총 금관(국보 제188호)은 앞쪽 원형 테두리 정면에 4단으로 된 나뭇가지 모양의 날 출(出)자 장식 3개를 나란히 두고, 뒤쪽 좌우에는 2개의 사슴뿔모양 장식이 세워져 있다. 금관총 금관이 3단의 날 출(出)자 장식 3개를 가지고 있는 것과 대조적이다. 따라서 금관총 금관이 약간 듬성듬성한 느낌이 있다면 천마총 금관은 빽빽하다는 느낌을 준다.

또한 세부 부분을 자세히 보면 천마총 금관에도 출(出)자 장식 주위에는 촘촘히 점선이 찍혀 있는데 금관총 금관은 점선이 한 줄인 반면, 천마총 금관은 두 줄이다. 따라서 전체적인 제작기법으로 본다면 단순한 구조의 금관총 금관이 먼저 만들어지고 좀더 복잡한 구조의 천마총 금관이 뒤에 만들어졌을 가능성이 높다.

208. 천마총 금제허리띠, 국보 제190호(국립경주박물관)

천마총의 금제 허리띠(과대, 국보 제190호)는 길이가 125cm로 109cm인 금관총 것보다는 길다. 따라서 총 44개의 순금제 판으로 이루어져 있어서 39개의 판으로 이루어진 금관총 것보다는 많을뿐더러, 띠드리개(요패)의 길이도 73.5cm로 54.4cm인 금관총의 것보다는 길다.

다만 천마총의 띠드리개는 총 13줄로 17줄인 금관총의 것보다는 숫자가 적고, 가장 바깥쪽의 긴 두 개를 제외하면 띠드리개의 길이는 오히려 금관총의 것이 더 길다.

또 한가지 주목할만한 사실은 이 금관과 금제 허리띠가 천마총에서 발굴될 당시 묻힌 사람이 착용한 상태로 발견되었다는 점이다.

신라역사관 – 제3전시실(강력한 중앙집권 왕국)

제3전시실은 신라가 드디어 왕권강화 및 본격적인 중앙집권화에 성공하고 그 여세를 몰아 영역확장에 나서는 과정을 보여주고 있다.

그 출발점은 지증왕(지증마립간)이었다. 지증왕은 기존에 사용하던 마립간이라는 최고 통치자의 호칭을 왕(王)이라는 중국식 호칭으로 바꾸었고, 나라의 이름도 '덕업은 나날이 새로워지고 사방을 아우른다[德業日新 網羅四方]'라는 뜻의 '신라'로 정했다. 또한 '독도는 우리땅'이라는 노래에도 나오듯 울릉도의 우산국을 복속(512년, 지증왕13년)시키는 등 영토를 확장했다.

지증왕으로부터 시작된 신라의 영역확장은 그 뒤를 잇는 법흥왕과 진흥왕을 거치면서 최고조에 달했다. 특히 법흥왕은 불법을 일으킨 왕이라는 이름에서 알 수 있듯이 불교를 왕권강화와 국력신장의 기본사상으로 적극 활용했고, 그런 불교 도입과정에서 기존 기득권층의 반발을 이차돈의 순교를 통해 과감히 돌파하였다.

전시구역은 세 주제로 분류되는데 1.중앙집권국가의 수립, 2.일통삼한(삼국통일)의 초석, 3.통일전쟁의 준비 순이다.

이차돈 순교비

법흥왕이 왕권을 강화하는 과정에서 기존 귀족들의 반발이 예상외로 거셌다. 동서고금을 막론하고 기득권층의 저항을 무마시키기 위해 사용하는 효과적인 방법중의 하나는 기득권층의 이데올로기를 완전히 뒤엎는 새로운 사상이나 종교를 도입하는 것이다. 불교에는 왕즉불 사상이 있다. 왕즉불 사상이란 왕은 곧 부처라는 것이므로, 국왕에 대한 도전은 곧 부처에 대한 도전으로 받아들여져 국왕의 권위를 절대시하는데 기여했다.

하지만 그런 불교를 도입하여 기득권층의 권력을 축소시키고 왕권을 강화하려는 법흥왕의 계획이 기득권 세력의 강력한 반대로 난항을 겪자, 법흥왕을 가까이에서 보좌하던 젊은 신하였던 이차돈은 불교의 공인을 주장하면서 순교(殉敎)를 자청하고 나섰다.

이차돈은 만일 부처가 있다면 자기가 죽은 뒤 반드시 기적이 있으리라고 예언을 했는데, 실제로 그의 목을 베자 잘린 목에서는 피가 아니라 흰 젖이 한 길이나 솟아 나왔고 하늘이 컴컴해지더니 꽃비가 내리는 기적이 일어났기 때문에 기

209. 이차돈 순교비(국립경주박물관)

득권 세력들도 더이상 저항하지 못하고 마음을 돌려 신라에서 불교가 공인되었다. 바로 이 장면을 육각기둥에 새긴 것이 이차돈 순교비다.

이 비는 원래 경주시 동천동 백률사터에 있었던 비인데, 받침돌과 육각 기둥 모양의 몸돌로 이루어져 있으며, 받침돌은 네모난 석재 윗면을 육각형으로 도드라지게 높이고 윗부분에 연꽃무늬를 새겼다. 육각 기둥의 맨 위는 남아있는 형상으로 봐서 석탑에서 흔히 볼 수 있는 지붕돌이 있었던 것으로 짐작되는데 지금은 전하지 않는다.

한편 육각기둥의 제1면에는 이차돈의 순교장면을 부조로 나타내었고 나머지 면에는 구획속에 글자를 새겨넣었다. 특히 이차돈의 순교 장면은 땅이 진동하는것을 물결무늬로 표현하고 발 앞쪽에 잘린 머리가 있으며 꽃비가 내리는 가운데 잘린 목에서는 피가 솟아오르는 장면이 간결하면서도 극적으로 표현되어 있다. 특히 이차돈의 옷차림을 보면 치

마를 입고 있는 것을 알 수 있는데 당대의 조각연구 및 복식을 살필 수 있는 귀중한 자료로 평가받고 있다.

임신서기석(보물 제1411호)

이 돌은 경주시 현곡면 금곡리 석장사 근처에서 출토되었는데 비석의 첫머리에 '임신(壬申)'이라는 간지가 새겨져 있고, 그 내용 중에 충성을 서약하는 글귀가 기록되어 있어서 '임신서기석(壬申誓記石)'이라 불리고 있다.

그런데 이 돌이 보물로까지 지정된 것은 사연이 있다. 일단 원문을 살펴보자.

비문	해석문
壬年 六月十六日 二人幷誓記 天前誓	임신년 6월 16일에 두 사람이 함께 맹세하여 기록한다. 하늘님 앞에 맹세한다.
今自 三年以後 忠道執持 過失无誓	지금으로부터 3년 이후에 충도(忠道)를 지키고 허물이 없기를 맹세한다.
若此事失 天大罪得誓	만일 이 서약을 어기면 하늘님께 큰 죄를 짓는 것이라고 맹세한다.
若國不安大亂世 可容行誓之	만일 나라가 편안하지 않고 세상이 크게 어지러우면 모름지기 '충도'를 행할 것을 맹세한다.
又別先 辛未年 七月卄二日 大誓	또한 따로 앞서 신미년 7월 22일에 크게 맹세하였다.
詩尙書禮傳 倫得誓三年	시경(詩經), 상서(尙書), 예기(禮記), 춘추전(春秋傳)을 차례로 3년 동안 습득하기로 맹세하였다.

위 비문을 자세히 보면 특이한 점을 발견할 수 있는데, 한문 어순인 주어-서술어-목적어 순서를 따르지 않고 우리나라 어순대로 주어-목적어-서술어 형태를 따르고 있다.

210. 임신서기석, 보물 제1411호(국립경주박물관)

비문을 보면 天[하늘] 前[앞에] 誓[맹세한다] 今[지금]自[으로부터] 三年以後[3년 이후에] 忠道[충도를] 執持[집지하고] 過失[허물이] 无[없기를] 誓[맹세한다] 이런 식이다.

원래 정상적인 한문식 표현으로 하자면 아래와 같아야 한다.

誓天前 自今 以後三年 執持忠道 无過失 誓之

따라서 신라에서는 한자, 한문을 받아들여서 우리말 표기수단으로 삼을 때 향찰식 표기, 한문식 표기 외에 훈석식(訓釋式) 표기가 실제로 있었다는 것을 증거해 주는 유일한 금석문 유물이다.

또한 원광법사의 세속 5계 중 '교우이신(交友以信)' 대목을 신라 젊은 이들이 실생활에서 실천했다는 증거이기도 하고, 또한 우리 민족 고대 신앙 중 하늘님, 하느님, 한울님과 같은 '천(天)' 성격의 일단을 시사해 주는 자료이기도 하다.

한편, 마지막 부분이 또한 재미있는 대목인데 이 글을 쓴 사람이 임신년의 1년 전인 신미년에도 비슷한 맹세를, 그것도 크게(?) 한 적이 있다는 거다. 작심삼일이어서 그랬을까?

신라역사관 - 제4전시실(신라의 융성과 멸망)

제4전시실은 신라가 660년과 668년 백제와 고구려를 멸망시키고 한

반도 최초의 통일국가를 이룩한 이후 최고의 번영기를 누리다가 국력이 점차 쇠퇴하여 드디어 천년사직을 뒤로하고 고려에 합병되는 비운의 과정을 전시하고 있다.

전시구역은 네 주제로 분류되는데 1.통일전쟁의 완수, 2.왕권의 강화, 3.문화의 융성, 4.신라의 혼란과 멸망 순이다.

이곳 전시실 첫 부분에는 신라왕경 모형이 만들어져 있는데 이 모형과 더불어 벽에 걸린 지도를 비교해 보면서 신라시대 서라벌의 위용을 느껴볼 필요가 있다.

또한 전시물 중에는 다양한 형태의 뼈항아리와 뼈그릇을 많이 볼 수 있는데 이는 불교가 극성화되면서 불교의 화장문화가 보편화된 것을 뜻한다. 특히 집모양 뼈그릇은 당시의 기와집 형태를 살필 수 있는 중요한 자료이다.

211.신라 왕경 모형(국립경주박물관)

마지막으로 제4전시실 출구에는 신라 마지막왕인 경순왕 어진이 걸려 있다. 경순왕 어진을 처음 제작한 것은 통일 신라가 멸망한 직후인 고려 초였다고 전한다. 경순왕을 추모하기 위해

212. 집모양 뼈그릇(국립경주박물관)

그린 이 어진은 강원도 원주시 고자암에 봉안해 놓았었는데 그 후 원본은 사라졌지만 조선시대에 옮겨 그린 작품 5점이 전하고 있다. 이들 어진 5점은 경순왕 사당인 대릉원 옆 경북 경주시 숭혜전 창고에 방치돼 오다가 2007년 이후 국립경주박물관으로 옮겨 위탁보관해 오고 있다.

한편 이 어진은 1904년 화승 이진춘이 해인사본을 본떠 그린 것이라고 하는데, 화승이 그려서인지 부분적으로는 불화의 표현기법이 사용되었다. 그림 속의 경순왕은 임금이 쓰는 면류

213. 삼채뼈단지(국립경주박물관)

관과 비슷한 일월관을 쓰고 있으면서 한편으로는 신하의 예를 갖추는 홀을 양손에 쥔 형태로 묘사되어 있어 복식에 대한 연구가 더 필요하지만 아마도 신라 마지막 임금으로서 고려에 투항했던 까닭에 신라 임금

의 모습과 고려에 대한 신하의 예를 동시에 갖추고 있는 모습을 묘사한 것으로 추정된다.

또한 일월관과 병풍속의 두 개의 원은 각각 해와 달을 의미하는데 조선의 일월오봉도와는 달리 해와 달의 위치가 서로 뒤바뀐 것도 음양오행의 원리와는 배치되는 것이며, 여러 불화에서 보는 일월관 역시 해와 달의 위치가 그림마다 달라 이 부분에 대한 추가적인 연구도 필요하다고 하겠다.

신라미술관

신라미술관은 삼국시대와 통일신라(남북국)시대의 불교미술품을 불교사의 흐름에 따라 전시하고 있을뿐만 아니라 석굴암과 불국사를 주제로 한 동영상도 상영하고 있어서 찬란했던 신라 불교미술 전반에 대한 이해를 도와준다.

214. 황룡사 축소 모형(국립경주박물관)

1층 '불교미술실'에서는 삼국시대 신라 불교조각의 정수인 경주 남산 장창골 석조미륵삼존불상, 감은사 터 서탑 출토 사리장엄구(보물 제336호), 백률사 금동약사불입상(국보 제28호) 등이 대표 전시품이다.

2층 '황룡사실'은 신라의 대표적인 호국불교사찰이었던 황룡사 터에서 출토된 대형 망새(치미)기와를 비롯해 여러 문화재를 전시하고 있고 아울러 황룡사를 축소복원한 모형이 있어 관람객의 눈길을 끌고 있다.

한편 그 옆 '국은기념실'은 평생 모은 귀중한 문화재를 박물관에 흔쾌히 기증한 국은 이양선 박사를 기리기 위해 주요 기증품을 전시한 공간인데 대표적인 전시품으로는 도기 기마인물형 뿔잔(국보 제275호), 청동 옻칠발걸이(보물 제1151호) 등이 있다.

장창골 석조미륵삼존불

이 삼존불은 '삼화령 애기부처'라는 별칭으로 더 널리 알려져 있다. 아마도 좌우 협시보살의 표정이 마치 아기와 같이 천진난만하기 때문에 붙여진 이름일 것이다. 이 삼존불은 경주 남산 장창골(삼화령)의 한 석실에 안치되어 있던 것을 1925년 국립경주박물관으로 옮긴 것이다.

황수영 박사에 의하면 이 삼존불은 '생의사(生義寺) 미륵삼존상'이라고 하는데, 삼국유사에는 생의(生義)라는 중이 현몽(現夢)에 의해 남산의 남동(南洞)에서 돌미륵을 찾아 삼화령(三花嶺)에 옮겨 안치하고는 선덕여왕 13년(644)에 절을 짓고 후에 생의사라 이름하였다는 기록과 찬기파랑가, 안민가와 같은 향가로 유명한 충담사 스님이 경덕왕이 왕위에 오른 지 24년 되는 3월 3일에 경주 남산 삼화령의 미륵세존에게 차공양을 하

215. 장창골 석조미륵삼존불(국립경주박물관)

고 돌아왔다는 기록이 남아있어서 이 둘을 종합해 보면 바로 이 삼존불이 삼국유사에 나오는 그 삼존불상이라고 한다.

　가운데 본존불은 특이하게도 의자에 걸터앉아 있는 의자상(倚子像)이다. 불상 자세는 여러가지가 있지만 중국, 일본과 비교해서 유독 우리나라에서만 발견하기 힘든 것이 의자에 앉아있는 의자상(倚子像)과 부처가 다리를 엑스자로 교차시키고 있는 교각상(交脚像)이다.

　그런데 불교 도상학에 의하면 동아시아 불상이 취하는 의자상과 교각상은 대부분 미륵보살 또는 미륵부처의 자세이다. 불교의 미륵신앙은 소의경전(종교가 신앙과 수행 및 지향할 바 실천 정신의 근본으로 삼는 경전)에 따라서 크게 미륵상생신앙과 미륵하생신앙으로 나뉘는데, 미륵보살을 믿는 사람이 미륵부처가 이 땅에 오실 때까지 오랜 세월을 기다릴 수 없어서

216. 장창골 석조미륵삼존불 본존불 가슴과 다리부분(국립경주박물관)

현재 미륵보살이 상주하고 있는 도솔천에 다시 태어나서 미륵의 설법을 듣고 성불하고자 하는 신앙이 미륵상생신앙이고, 미륵보살이 보다 빨리 지상에 미륵부처로 강림하여 일체 중생을 구제해 주기를 염원하며 수행하는 신앙이 미륵하생신앙이다.

미륵상생신앙에 의하면 도솔천에서 수행하고 있는 미륵보살은 중생들을 어떻게하면 모두 구제할까에 대해 상념에 잠겨있는데 그 자세가 가부좌를 튼 상태에서 한쪽 다리만 풀어놓았기 때문에 반가부좌로 생각하는 상이란 뜻에서 미륵보살 반가사유상이라고 한다. 따라서 반가사유상도 미륵보살만이 취하는 자세라고 볼 수 있다.

한편 미륵하생신앙에 의해 지상에 강림한 미륵보살은 용화수나무 아래에서 성불한 뒤 일체 중생들을 구제한다고 하는데 이때 미륵부처가 취하는 자세가 교각상 또는 의자상이다.

　우리나라의 경우 미륵하생신앙보다는 미륵상생신앙이 강했기 때문에 반가사유상은 많이 만들어졌어도 의자상이나 교각상은 매우 드물지만, 중국에서는 남북조시대에 미륵하생신앙도 매우 발달했기 때문에 지금도 의자상이나 교각상을 쉽게 찾아볼 수 있다.

　또한 본존불은 몸에 비해 머리와 손이 과도하게 큰 것이 특징이고, 가슴부분에는 희미하게 卍자를 양각하고 있으며, 오른쪽의 무릎에는 옷주름을 나선형으로 만들었는데 다른 불상에서는 거의 찾아볼 수 없는 형식이다.

　본존불 좌우에 협시하고 있는 두 보살입상은 본존불에 비하면 매우 왜소하지만 미소가 천진난만한 아기같아서 보는 사람으로 하여금 저절로 미소를 짓게 만든다.

　얼굴이 온전한 좌협시보살의 경우 오른손을 가슴쪽으로 약간 굽혀서 줄기가 긴 연꽃을 들고있고 왼손은 아래쪽으로 더 내려가 있는데 왼쪽 무릎을 살짝 굽히고 있기 때문에 전혀 경직된 느낌을 주지 않는다. 반대편의 우협시보살 역시 오른손을 가슴쪽으로 굽혀서 엄지와 검지손가락으로 무엇인가를 잡고 있고 왼손은 어깨높이까지 들어올렸다.

　전체적으로 봤을 때, 이 삼존불은 중국 남북조시대의 북조양식 영향을 많이 받아서 신체비례가 4등신 정도로 조성되었는데 이는 어린아이 신체비례와 비슷하며, 불상에게 경건함과 엄숙함 보다는 어린 아이같은 때묻지 않은 순수함을 부여한 것으로 볼 수 있다.

　이 삼존불은 제작시기도 매우 빠르고 보존상태도 좋을 뿐만 아니라 조형적인 면에서도 뛰어나기 때문에 왜 국보나 보물로 지정되지 않았는지가 의아할 정도다.

백률사 금동약사여래입상
(국보 제28호)

217. 백률사 금동약사여래입상, 국보 제28호(국립경주박물관)

이 불상은 신체의 적절한 비례와 조형기법이 우수하기 때문에 경주 불국사에 있는 금동비로자나불좌상(국보 제26호) 및 금동아미타여래좌상(국보 제27호)과 아울러 통일신라시대의 3대 금동불상으로 불린다. 하지만 불국사의 두 금동불이 좌상인 반면 이 불상은 입상이다.

현재 양손이 없기 때문에 수인으로 부처의 존명을 직접 알 수는 없지만 손목 위치와 방향으로 봐서 오른손은 위로 들어 손바닥을 보이는 시무외인(施無畏印)을, 그리고 왼손은 수평으로 들어서 약그릇이나 구슬을 들고 있는 약기인(藥器印)이었던 것으로 보이는데 일제강점기 때의 발행된 조선고적도보에 왼손에 약그릇을 든 것이 확인되어 약사여래임을 알 수 있었다.

이 불상은 이차돈 순교비와 마찬가지로 경주시 북쪽 소금강산의 백률사에 있었던 것을 1930년에 경주박물관으로 옮겨놓았다. 두 손이 결실

218. 기마인물형 토기-주인상(국립중앙박물관)   219. 기마인물형 토기-하인상(국립중앙박물관)

된 것 외에는 보존상태가 거의 완전하며, 석굴암 본존불과 같은 8세기 중엽의 이상적인 부처의 얼굴에 비해서는 긴장과 탄력이 줄어든 모습이지만 아직까지는 전적으로 경직화, 형식화되지 않았기 때문에 8세기 후반이나 아니면 9세기 초 무렵에 제작된 것으로 보인다.

또한 법의는 두 어깨를 모두 감싼 통견이고, 하반신 옷무늬는 반원형이 반복된다. 하반신 옷무늬는 하나 건너 중앙에서 끊어졌는데 이는 두 다리의 존재를 표시하려고 한 의도적인 표현이다. 또한 자세가 약간 배를 내밀면서 상체를 뒤로 5도 가량 젖히고 있는데 이는 부처앞에서 엎드려 참배하는 구도자의 시선을 고려한 8~9세기 통일신라불상의 일반적인 자세이다.

현재 대좌와 광배는 모두 없어졌지만 불상 뒷면에는 광배를 달았던 꼭지가 남아 있다. 또 지금은 도금의 흔적은 거의 사라졌고, 앞면에는 붉은 색과 녹색으로 칠했던 흔적이 남아있다.

제작기법으로는 내부가 완전히 비어 있는 주조 기법을 사용하였는데,

내부에는 많은 틀고정쇠를 사용해 생긴 흔적과 주물 뒤에 결함 부분을 보수한 땜질 자국이 남아있어서 현존하는 통일신라 금동불 중에서 가장 큰 불상이면서도 주조 기법을 명확히 알 수 있는 대표적 금동불이라는 데 가치가 있다.

국은기념실: 도기 기마인물형 뿔잔(국보 제275호)

이 토기는 김해지방에서 출토되었기 때문에 삼국시대 가야에서 만들어진 것으로 생각되며, 말을 타고 있는 사람의 모습을 한 인물형 토기이다. 그런데 이 토기는 단독으로 관찰하는것 보다는 비슷한 문화재와 비교를 해 가면서 관찰하는 것이 훨씬 효과적이다.

이 토기와 유사한 문화재로는 경주시 금령총에서 출토된 한 쌍의 말을 타고 있는 사람모습의 토기로, 국보 제91호로 지정된 도기 기마인물형 명기(陶器 騎馬人物形 明器, 별칭 : 기마인물형 토기, 도제 기마인상, 국립중앙박물관 소장)가 있다. 국보 제91호의 두 인물상은 두꺼운 직사각형 판위에 다리가 짧은 조랑말을 탄 사람이 올라 앉아있는 모습인데 말 엉덩이 위에는 아래로 구멍이 뚫린 등잔이 있고, 앞 가슴에는 물을 따르는 긴 부리가 돌출되어 있어서 비어있는 말의 뱃속을 통해 물을 따를 수 있게 되어 있다.

220. 도기 기마인물형 뿔잔, 국보 제275호(국립경주박물관)

한편, 국보 제275호인 뿔잔은 나팔모양의 받침 위에 직사각형의 편평한 판을 설치하고, 그 위에 말을 탄 무사를 올려 놓았는데, 받침은 가야의 굽다리 접시와 동일한 형태로 두 줄로 구멍이 뚫려 있다.

사람뿐만 아니라 말에도 갑옷을 입혔는데 표현이 매우 사실적이고, 말 등에는 투구와 갑옷을 입고 오른손에는 창을 그리고 왼손에는 방패를 들고 있는 무사를 앉혀 놓았다. 특히 아직까지 실물이 전하지 않는 방패를 사실적으로 표현하고 있어 주목된다.

한편 국보 제91호가 말의 엉덩이 위에 등잔을 올려놓았다면 국보 제275호는 말의 엉덩이에 큰 두개의 뿔잔을 올려놓아 크게 대비가 된다.

월지관

월지관은 경주 동궁과 월지(안압지)에서 발견된 유물들 중에서 엄선한 약 천여 점의 문화재를 주제별로 전시하여 통일신라의 문화, 특히 왕실의 생활문화전반을 이해할 수 있도록 구성되어 있다. 그 중에서도 보물로 지정된 2개 유물과 국가지정문화재는 아니지만 관람객들에게 가장 인기를 끌고 있는 전시물 하나를 살펴보자.

221. 금동 초심지 가위, 보물 제1844호(국립경주박물관)

경주 월지 금동 초심지 가위(보물 제1844호)

이 가위는 경주 궁성에서 인접한 월지(月池, 안압지)에서 출토된 생활 금속공예품 가운데 하나로, 일반적인 가위와는 달리 초의 심지를 자르는 특수한 형태의 심지 가위다. 가위 전면에 새겨진 섬세한 어자문(魚子紋, 물고기알 모양의 무늬)을 통해 제작시기를 대략 8세기로 추정하고 있는데, 주로 회화나 부조에서 쓰이던 당초문(唐草紋, 덩굴풀 무늬)을 손잡이 부분에 반영하여 입체화시킨 조형성과 독창성은 신라인의 창의적 미감을 잘보여준다는 평가를 받고 있다.

아울러 동판재를 단조한 성형기법과 주문양을 부각시키기 위해 바탕에 어자문(魚子紋) 기법을 쓴 장식기법 등은 통일신라시대 금속공예 특징을 잘 보여주고 있고, 금동제품에 군청색 안료를 도포함으로써 황금색과 청색의 조화를 보인 매우 화려한 금공예품이라는 점이 주목받고 있다.

마지막으로 이 가위는 일본 쇼소인[正倉院, 나라(奈良)현 도다이사(東大寺)에 있는 왕실 유물 창고]에 소장되어 있는 금동가위의 생산지를 밝혀준 근거유물로서, 8세기 무렵 한일간의 문화교류사에서 매우 중요한 위치를 차지하고 있다.

안압지 출토 금동판 불상 일괄(보물 제1475호)

이 유물들은 1975~1976년의 안압지 발굴작업에서 발견되었는데 금동판불(金銅板佛)과 원불상(圓佛像) 외에도 여러 개의 광배편과 화불(化佛), 보주(寶珠), 천개(天蓋), 금동으로 된 부처의 귀 등도 함께 출토되어 2006년 9월에 일괄 보물 제1475호로 지정되었다. 구체적으로는 작은 금동판에 불보살 등을 표현한 금동판불 삼존상 2구와 보살독존좌상 8구이다.

형태는 거신광배(擧身光背)가 연화대좌 위에 결가부좌한 불신을 둘러싼 모습으로 0.3㎝ 가량의 두께로 조각되어 있는데, 양식적으로는 7세기 말 통일신라와 중국, 일본을 포함한 국제적인 조각양식 특징을 잘 보여주는 것으로 평가받고 있다.

이 10점의 상들은 구성적인 면에서 봤을때 하나의 삼존불상과 4보살상이 한 세트로 보이며, 두 종류의 소형목제 불감과 같은 구조물에 부착되어 예배된 것으로 추정된다.

목제 주령구(酒令具)

신라주사위라고도 불리는 주령구는 1975년 경주 안압지에서 출토된 정사각형면 6개와 육각형면 8개로 이루어진 14면체 주사위인데 확률은 거의 1/14로 균등하게 되어 있고 재질은 참나무다. 각 면에는 다양한 벌칙이 적혀 있어 신라인들의 음주 습관 및 풍류를 보여주고 있는데 그 중 재미있는 몇가지를 들어보면 다음과 같다.

1. 금성작무(禁聲作舞): 소리없이 춤추기
2. 중인타비(衆人打鼻): 여러사람 코 두드리기

222. 안압지 출토 금동판 불상 일괄, 보물 제1475호(국립경주박물관)

3. 음진대소(飮盡大笑): 술을 다 마시고 크게 웃기

4. 삼잔일거(三盞一去): 한번에 술 석 잔 마시기

5. 유범공과(有犯空過): 덤벼 드는 사람이 있어도 가만히 있기

6. 자창자음(自唱自飮): 스스로 노래 부르고 마시기

223. 목제 주령구, 복원품(국립경주박물관)

7. 곡비즉진(曲臂則盡): 팔뚝을 구부려 다 마시기

8. 농면공과(弄面孔過): 얼굴 간질러도 꼼짝 않기

9. 임의청가(任意請歌): 누구에게나 마음대로 노래시키기

'삼잔일거'를 현대어로 번역하면 3잔 한꺼번에 원샷, '곡비즉진'은 러브샷 정도에 해당되겠다.

옥외전시장 - 성덕대왕신종(국보 제29호, 에밀레종)

국립경주박물관 경내의 뜰에는 약 1,100여점의 각종 전시물이 여러 곳에 분산전시되고 있다. 그 중에서 반드시 놓치지 말고 봐야 할 2개는 바로 국보 제29호인 성덕대왕신종과 국보 제38호인 고선사지 3층석탑이다. 그런데 고선사지 3층석탑은 앞서 '경주에 있는 8개의 국보 석탑 비교하기'에서 충분한 설명이 되었으므로 여기서는 성덕대왕신종을 집중적으로 살펴보기로 한다.

성덕대왕신종은 우리나라에 남아있는 가장 큰 종으로 높이 3.75m, 입지름 2.27m, 두께 11~25㎝이며, 무게는 1997년 국립경주박물관에서 정

224. 성덕대왕신종, 국보 제29호(국립경주박물관)

밀측정한 결과 18.9톤으로 확인되었다.

성덕대왕신종을 만드는 방법

그럼 지금으로부터 무려 1,250년 전에 이 큰 종을 도대체 어떻게 만들었을까? 기록되어 전해지는 정확한 자료가 없는 관계로 꼭 집어서 말하기는 어렵지만 대체로 두 가지 방법중에 하나를 사용했을 것으로 판단된다.

첫째로는 납형주물(蠟型鑄物)방식인데

1. 안거푸집에 해당하는 것을 흙으로 빚어 대강의 형태를 만든다.
2. 그 위에 구리 두께만한 밀랍(蜜蠟)을 입혀서 세밀한 원형을 만들고

틀 고정쇠를 박는다.

3. 밀납의 원형위에 겉거푸집이 될 진흙을 씌워 겉거푸집을 만든다.

4. 겉거푸집이 굳어지면 숯불에 구워 겉거푸집과 안거푸집 사이의 밀납을 녹여 제거한다.

5. 밀납이 제거된 빈 공간으로 쇳물을 부어 넣는다.

6. 쇳물이 식으면 진흙으로 된 겉거푸집을 부숴 제거한다.

7. 최종 수작업으로 표면을 다듬는다.

이 납형주물은 완성효과가 독특한 부드러움을 가져 아름다운 것이지만 고가의 밀납을 다량 사용해야 하는 것이 단점이다.

둘째로는

1. 나무나 흙으로 세밀한 원형을 만든다.

2. 그 위에 찰흙을 함유한 모래로 형을 떠서 겉거푸집을 만든다.

3. 다시 겉거푸집의 안쪽에 찰흙을 메워 원형과 같은 형태의 것을 만든다.

4. 겉거푸집을 원형을 유지한채 임시로 제거한다.

5. 안쪽에 있는 원형의 찰흙 표면을 구리 두께만큼 깎아 안거푸집을 만든다.

6. 안거푸집을 겉거푸집 안에 넣어 움직이지 않게 고정시킨다.

7. 겉거푸집과 안거푸집 사이의 빈 공간으로 쇳물을 부어 넣는다.

8. 쇳물이 식으면 겉거푸집을 부숴 제거한다.

9. 최종 수작업으로 표면을 다듬는다.

이 종은 워낙 크고 무거웠기 때문에 원래 봉덕사에 걸었던 것을 세조 6년인 1460년 영묘사(靈妙寺)에 옮겨 걸었는데, 홍수로 절이 떠내려가는 와중에서도 종만 남았다고 한다. 그 이후로는 현 봉황대(鳳凰臺) 옆에 종각을 짓고 보존하다가 1915년 경주박물관으로 옮겼다.

성덕대왕신종의 탄생배경

225. 경주 불국사 법고

이 성덕대왕신종은 별명이 참 많다. 원래 신라 제35대 경덕왕이 아버지인 성덕왕의 공덕을 널리 알리기 위해 종을 만들려했으나 살아생전 뜻을 이루지 못하고 사망하자, 그 뒤를 이어 아들 혜공왕이 771년에 완성하여 성덕대왕신종이라고 불렀다. 그런데 이 종은 처음에 봉덕사에 달았다고 해서 봉덕사종이라고도 하며, 아기를 시주하여 넣었다는 전설로 아기의 울음소리를 본따 에밀레종이라고도 한다.

여기서 우리가 눈여겨 볼 부분은 이 성덕대왕신종을 처음 만들고자 했던 사람이 바로 신라 제35대 경덕왕이라는 사실이다. 경덕왕 때는 통일신라 최고의 문화전성기로 이 때 김대성에 의해서 불국사와 석굴암도 만들어졌고, 성덕대왕신종보다 4배나 더 큰 황룡사 동종도 만들어졌다. 그런 문화적인 배경이 있었기에 성덕대왕신종과 같은 걸작품이 탄생하게 된 것이다.

불전사물로서의 범종

사찰의 종은 경종(鯨鐘), 당종(撞鐘) 등으로도 불리지만 제일 널리 불리는 이름은 범종(梵鐘)이다. 범종은 불전사물(佛殿四物) 또는 간단히 사물(四物)이라고 하여 불교의식 때 사용하는 대표적인 범음구인 범종, 법고, 목어, 운판 중의 하나이다.

226. 경주 불국사 운판

법고(法鼓)는 글자 그대로 불법을 전하는 북이라는 뜻이다. 일반적으로 법고는 암소와 숫소의 가죽으로 양면을 만드는데, 이것은 음양의 조화를 의미하는 것이고 소가죽으로 만드는 의미는 짐승을 비롯한 땅에 사는 모든 중생의 구제를 뜻한다.

운판(雲板)은 청동 또는 철로 만든 구름무늬 모양의 넓은 판인데 두드리면 맑고 은은한 소리가 나지만 사물중에서는 사람들에게 가장 알려지지 않았다. 이 운판은 모양에서도 알 수 있듯이 공중을 날아다니는 미물들과 허공을 헤매며 떠도는 영혼의 천도를 목적으로 하고 있다.

227. 경주 불국사 목어

목어(木魚)는 나무를 깎아 물고기인 잉어 모양으로 만

228. 목탁

들어서 뱃속을 파 내고 난 뒤에, 그 속을 두드려서 소리를 내는 불교의식용구다. 물고기는 밤낮으로 눈을 감지 않기 때문에 수행자로 하여금 항상 자지않고 깨어있으면서 도를 닦으라는 의미를 가지고 있고, 또한 물속에 사는 모든 수중 중생을 구제한다는 뜻도 함께 가지고 있다. 스님들이 가지고 다니는 목탁은 목어의 휴대용 버전(version)이다. 목탁의 갈라진 앞부분의 긴 홈은 물고기의 입모양이고 입 옆의 둥근 두개의 구멍은 물고기 눈을 상징화 한 것이다. 즉 구도자가 물고기처럼 항상 자지않고 깨어있으면서 도를 닦으라는 것을 상징한다.

마지막으로 범종은 이승이 아닌 저승의 중생들까지 구제한다는 것을 뜻한다.

한국 범종은 Korean Bell이라는 학명을 가지고 있다.

이 세상에서 종이 없는 나라는 없다. 그럼에도 불구하고 한국 범종은 Korean Bell(한국종)이라는 학명(學名)으로까지 불릴만큼 독자적인 양식을 지니고 있다. 특히 한국 범종 중에서도 최고의 위치는 역시 신라시대 범종이 차지하고 있다.

성덕대왕신종은 국보 제36호인 상원사 동종과 더불어 한국종의 전형적인 양식을 가장 잘 나타내고 있다.

한국종의 가장 큰 특징은 바로 음관이다. 음관(音管)은 종의 최상부 용뉴 옆에 부착된 대롱형태의 긴 관인데 종의 몸통 속으로 뚫려있다. 이 음관의 역할은 가설만 존재할 뿐 정확히 알려진 바는 없지만, 잡소리를 내보내어 종소리를 깨끗하게 정화하거나 음향을 조화시키고, 여운을 은은히 끌기 위한 것이라는 설과 신라의 만파식적(萬波息笛)을 형상화했다는 설이 있다. 중국이나 일본 종에서는 전혀 찾아볼 수 없는 것이기도 하다.

여기서 만파식적은 고전(古典)에 전하는 신라의 신령스런 피리인데, 왕이 이 피리를 불면 나라의 모든 근심과 걱정은 해결되고, 쳐들어오던 적군이 물러갔다고 한다.

또 다른 한국종의 특징은 유곽(또는 연곽)과 유두(또는 연뢰)이다. 유곽은 종의 최상부를 한바퀴 감는 띠 모양의 상대(上帶) 바로 아래쪽 네 곳에 붙어 있는 네모난 테두리이고, 그 유곽속에는 3단 3열로 9개의 유두가 달려있다. 이 유두는 종의 울림을 조금 더 오래 잡아주는 기능을 한다고 하는데 중국종에서는 전혀 찾아볼 수 없고, 일부 일본종에서는 볼 수가 있지만 우리 종처럼 규격화 되거나 유두의 숫자가 일정하지가 않다. 그런데 성덕대왕신종은 유두가 볼록 튀어나와 있는 다른 한국종과는 달리 유두가 연꽃모양의 그림으로만 남아있는 것이 특징이다.

종을 치는 당목을 고래모양으로 조각하는 이유

그리고 종은 아무 곳이나 치는 것이 아니라 당좌(撞座)라는 특정한 위

229. 삼각산 호계사 범종의 당좌와 당목

치를 치게끔 표시가 되어 있다.

　당좌부분을 쳐야만 종소리가 가장 잘 나기 때문이다. 당좌에서 첫글자 '당'은 한자로 '칠 당(撞)'자인데, 당구할 때의 그 당자다. 그리고 당좌를 쳐서 종소리를 내는 나무를 당목이라고 하는데, 다른 말로는 고래 경자를 쓰는 경목(鯨木)이라고도 한다. 그리고 이름만 경목이라고 붙이는 것이 아니라 실제로 나무를 고래 모양으로 조각하기도 한다. 그럼 왜 고래모양일까?

　종의 가장 꼭대기를 살펴보면 용 모양을 한 '용뉴'라는 것이 있다. 용 한마리가 허리를 잔뜩 구부린 채로 종의 몸체를 움켜잡고 있는데, 그냥 장식용이 아니라 실제 종을 매달기 위한 고리역할을 하고 있다. 중국종이나 일본종은 대개 쌍룡을 사용했는데 한국종은 단룡을 썼다. 중국종이나 일본종은 두마리가 무거운 종을 매달고 있는데 비해, 우리는 한마리가 종을 매달고 있으니, 그만큼 우리종이 튼튼하게 만들어졌다는 증거이기도 하다.

그런데 민간속설에 의하면 그 용의 이름이 '포뢰'다. 포뢰는 용왕의 아홉아들 중에서 셋째아들인데, 바다에 사는 고래를 가장 무서워했다고 한다. 그래서 고래를 볼 때 마다 무서워서 고래고래 소리를 질렀다고 하는데 그래서 '종을 치는 당목을 고래 모양으로 깎고, 이름까지 경목으로 하면 종소리가 훨씬 더 크고 오래간다' 라는 민간속설이 있다.

성덕대왕신종만의 특징

성덕대왕신종 몸체 맨 위쪽에는 당초문(唐草紋, 덩굴풀 무늬)을 두른 어깨띠(肩帶, 견대)가 있고 그 아래에 4개의 유곽(乳廓) 안에 가로세로 3개씩 각각 9개, 총 36개의 연꽃이 유두를 대신하고 있으며, 그와 대칭으로 보상화(연꽃과 비슷한 상상속의 꽃)무늬와 연꽃으로 된 당좌(幢座)가 있다.

비천상(飛天像)은 양각된 종명을 사이에 두고 2구씩 상대한 4구가 연화좌(蓮花座) 위에 무릎을 꿇고 손잡이가 달린 향로로 향공양하는 공양상(供養像)이다. 그 주위로 보상화(寶相華)가 구름처럼 피어오르고 있는데 이는 종의 명문에서 볼 수 있는 것처럼 성덕대왕의 명복을 빌기 위해 제작된 것인 만큼 성덕대왕의 극락왕생을 간절히 염원하는 모습을 담았다고 볼 수 있다.

맨 아래쪽 종구(鐘口, 종의 아가리) 부분 역시 여덟 번의 굴곡을 이루도록 변화를 준 점이 다른 한국종과 비교했을 때 독특한 부분이다. 이에 따라

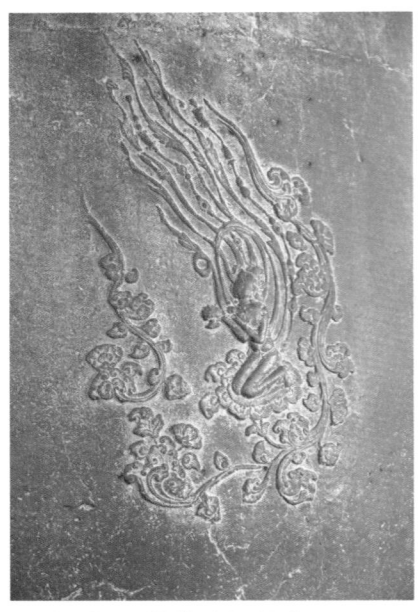

230. 성덕대왕신종 비천상(국립경주박물관)

그 위에 장식되는 하대(下帶) 부분도 여덟 모서리의 굴곡이 생기고, 굴곡을 이루는 골마다 당좌같은 원형의 연꽃무늬를 여덟 군데에 새겼으며 그 사이를 당초무늬로 연결시켜 한층 화려하게 꾸미고 있다. 이는 중국에서 만들어져 국내로 유입된 보물 제393호 강화 전등사 범종에서도 확인할 수 있듯이 중국 범종들이 종구를 물결모양으로 만든 것을 보고 그것을 응용하여 만든 것으로 해석이 된다.

한편, 비천상 사이의 2군데에는 이 종의 유래와 종을 만들 때 참가한 사람 및 글쓴이의 이름이 적힌 종명이 있어 신라사를 연구하는 데 좋은 자료가 된다.

부록: 경주지역 문화재 일람표

종목	명칭	소재지
국보 제20호	경주 불국사 다보탑	진현동 불국로 385, 불국사
국보 제21호	경주 불국사 삼층석탑	진현동 불국로 385, 불국사
국보 제22호	경주 불국사 연화교 및 칠보교	진현동 불국로 385, 불국사
국보 제23호	경주 불국사 청운교 및 백운교	진현동 불국로 385, 불국사
국보 제24호	경주 석굴암 석굴	진현동 불국로 873-243, 석굴암
국보 제25호	경주 태종무열왕릉비	서악동 844-1번지
국보 제26호	경주 불국사 금동비로자나불좌상	진현동 불국로 385, 불국사
국보 제27호	경주 불국사 금동아미타여래좌상	진현동 불국로 385, 불국사
국보 제28호	경주 백률사 금동약사여래입상	인왕동 일정로 186, 국립경주박물관
국보 제30호	경주 분황사 모전석탑	구황동 분황로 94-11, 분황사
국보 제31호	경주 첨성대	인왕동 839-1번지
국보 제37호	경주 황복사지 삼층석탑	구황동 103번지
국보 제38호	경주 고선사지 삼층석탑	인왕동 일정로 186, 국립경주박물관
국보 제39호	경주 나원리 오층석탑	현곡면 라원리 676
국보 제40호	경주 정혜사지 십삼층석탑	안강읍 옥산리 1654번지
국보 제112호	경주 감은사지 동·서 삼층석탑	양북면 용당리 55-3, 55-9번지
국보 제199호	경주 단석산 신선사 마애불상군	건천읍 송선리 단석산길 175-143
국보 제207호	경주 천마총 장니 천마도	인왕동 일정로 186, 국립경주박물관
국보 제236호	경주 장항리 서 오층석탑	양북면 장항리 1083번지
국보 제312호	경주 남산 칠불암 마애불상군	남산동 산36-4번지
보물 제61호	경주 불국사 사리탑	진현동 산1-1번지
보물 제62호	경주 서악동 마애여래삼존입상	서악동 서악4길 80-100
보물 제63호	경주 배동 석조여래삼존입상	내남면 용장리 65-1번지
보물 제64호	경주 보문사지 석조	보문동 848-16번지
보물 제65호	경주 서악동 삼층석탑	서악동 705-1번지
보물 제66호	경주 석빙고	인왕동 449-1번지
보물 제67호	경주 효현동 삼층석탑	효현동 419-1번지

보물 제68호	경주 황남동 효자 손시양 정려비	황남동 240-3번지
보물 제69호	경주 망덕사지 당간지주	배반동 964-2번지
보물 제70호	경주 서악동 귀부	서악동 1006-1번지
보물 제121호	경주 굴불사지 석조사면불상	동천동 산4번지
보물 제122호	경주 율동 마애여래삼존입상	율동 두대안길 69
보물 제123호	경주 보문사지 당간지주	보문동 856-3번지
보물 제124호	경주 남산동 동·서 삼층석탑	남산동 227-3번지
보물 제125호	경주 무장사지 아미타불 조상 사적비	암곡동 산1-9번지
보물 제126호	경주 무장사지 삼층석탑	암곡동 산1-7번지
보물 제127호	경주 삼랑사지 당간지주	성건동 129-1번지
보물 제136호	경주 남산 미륵곡 석조여래좌상	배반동 산66-2번지
보물 제168호	경주 천군동 동·서 삼층석탑	천군동 550-2번지, 550-3
보물 제186호	경주 남산 용장사곡 삼층석탑	내남면 용장리 산1-1번지
보물 제187호	경주 남산 용장사곡 석조여래좌상	내남면 용장리 산1-1번지
보물 제198호	경주 남산 불곡 마애여래좌상	인왕동 산56번지
보물 제199호	경주 남산 신선암 마애보살반가상	남산동 산36-4번지
보물 제201호	경주 남산 탑곡 마애불상군	배반동 산72, 산79
보물 제411호	경주 양동 무첨당	강동면 양동리 양동마을안길 32-19
보물 제412호	경주 양동 향단	강동면 양동리 양동마을길 121-75
보물 제413호	경주 독락당	안강읍 옥산리 옥산서원길 300-3
보물 제415호	경주 기림사 건칠보살반가상	양북면 호암리 419번지 기림사
보물 제442호	경주 양동 관가정	강동면 양동리 양동마을길 121-47
보물 제581호	경주 골굴암 마애여래좌상	양북면 안동리 산304번지
보물 제633호	경주 황남동 금제 드리개	인왕동 일정로 186, 국립경주박물관
보물 제634호	경주 황남동 상감 유리구슬	인왕동 일정로 186, 국립경주박물관
보물 제635호	경주 계림로 보검	인왕동 일정로 186, 국립경주박물관
보물 제665호	경주 낭산 마애보살삼존좌상	배반동 산18-3번지
보물 제666호	경주 남산 삼릉계 석조여래좌상	배동 남산순환로 341-126
보물 제833호	경주 기림사 대적광전	양북면 호암리 기림로 437-17, 기림사
보물 제907호	경주 남사리 삼층석탑	현곡면 남사리 234-2번지

보물 제908호	경주 용명리 삼층석탑	건천읍 용명리 856-7번지
보물 제909호	경주 남간사지 당간지주	탑동 858-6번지
보물 제910호	경주 보문사지 연화문 당간지주	보문동 752-2번지
보물 제911호	경주 석굴암 삼층석탑	진현동 불국로 873-243
보물 제912호	경주 마동 삼층석탑	마동 101-2, 101-3
보물 제913호	경주 남산 용장사지 마애여래좌상	내남면 용장리 산1-1번지
보물 제958호	경주 기림사 소조비로자나삼불좌상	양북면 호암리 420번지 기림사
보물 제959호	경주 기림사 소조비로자나불 복장전적	양북면 호암리 420번지
보물 제1152호	경주 죽동리 청동기 일괄	인왕동 일정로 186, 국립경주박물관
보물 제1188호	경주 남산 천룡사지 삼층석탑	내남면 용장리 875-2번지
보물 제1427호	경주 원성왕릉 석상 및 석주일괄	외동읍 괘릉리 산17, 611-4
보물 제1429호	경주 원원사지 동·서 삼층석탑	외동읍 모화리 산12-3번지
보물 제1523호	경주 불국사 석조	진현동 불국로 385, 불국사
보물 제1611호	경주 기림사비로자나삼불회도	양북면 호암리 420번지 기림사
보물 제1615호	경주 왕룡사원 목조아미타여래좌상	
보물 제1727호	경주 향교 대성전	교동 17-1번지
보물 제1744호	경주 불국사 대웅전	진현동 불국로 385, 불국사
보물 제1745호	경주 불국사 가구식 석축	진현동 불국로 385, 불국사
보물 제1797호	경주 불국사 영산회상도 및 사천왕 벽화	진현동 불국로 385, 불국사
보물 제1844호	경주 월지 금동초심지가위	인왕동 일정로 186, 국립경주박물관
보물 제1867호	경주 남산 창림사지 삼층석탑	
보물 제1870호	경주 황룡사 구층목탑 금동찰주본기	
사적 제1호	경주 포석정지	배동 454-3번지
사적 제6호	경주 황룡사지	구황동 320-1번지
사적 제7호	경주 망덕사지	배반동 956번지
사적 제8호	경주 사천왕사지	배반동 935-2번지
사적 제15호	경주 흥륜사지	사정동 281-1번지
사적 제16호	경주 월성	인왕동 387-1번지
사적 제17호	경주 남고루	황오동 원효로207번길 28-1
사적 제18호	경주 동궁과 월지	인왕동 26번지
사적 제19호	경주 계림	교동 1번지

사적 제20호	경주 무열왕릉	서악동 842번지
사적 제21호	경주 김유신묘	충효동 산7-1번지
사적 제22호	경주 남산신성	인왕동 산56번지 외 10필
사적 제23호	경주 경덕왕릉	내남면 부지리 산8번지 덕천리 산7
사적 제24호	경주 진덕여왕릉	현곡면 오류리 산48번지 임야
사적 제25호	경주 부산성	건천읍 송선리 산195-2번지
사적 제26호	경주 원성왕릉	외동읍 괘능리 산17번지
사적 제27호	경주 구정동 방형분	구정동 산41번지
사적 제28호	경주 성덕왕릉	조양동 산8번지
사적 제29호	경주 헌덕왕릉	동천동 80번지
사적 제30호	경주 흥덕왕릉	안강읍 육통리 산42번지
사적 제31호	경주 감은사지	양북면 용당리 55-1번지
사적 제43호	경주 금척리 고분군	건천읍 금척리 192-1번지
사적 제45호	경주 장항리 사지	양북면 장항리 1081번지
사적 제46호	경주 원원사지	외동읍 모화리 2번지
사적 제47호	경주 명활성	보문동 천군동, 보문동
사적 제82호	경주 천군동 사지	천군동 548-1번지
사적 제88호	경주 성동동 전랑지	성동동 4번지
사적 제96호	경주 읍성	북부동 1번지
사적 제138호	경주 서출지	남산동 남산1길 17
사적 제142호	경주 서악동 고분군	서악동 750번지
사적 제154호	경주 옥산서원	안강읍 옥산리 옥산서원길 216-27
사적 제158호	경주 문무대왕릉	양북면 봉길리 앞 해중(대왕암)
사적 제159호	경주 이견대	감포읍 대본리 661번지
사적 제161호	경주 동부 사적지대	황남동 104-1번지
사적 제163호	경주 낭산 일원	보문동 214-2번지
사적 제172호	경주 오릉	탑동 67번지
사적 제173호	경주 일성왕릉	탑동 산23번지
사적 제174호	경주 탈해왕릉	동천동 산17번지
사적 제175호	경주 미추왕릉	황남동 89-2번지
사적 제176호	경주 법흥왕릉	효현동 63번지

사적 제177호	경주 진흥왕릉	서악동 산92-2번지
사적 제179호	경주 헌안왕릉	서악동 산92-2번지
사적 제180호	경주 진평왕릉	보문동 608번지
사적 제181호	경주 신문왕릉	배반동 453-1번지
사적 제182호	경주 선덕여왕릉	보문동 산79-2번지
사적 제183호	경주 효공왕릉	배반동 산14번지
사적 제184호	경주 효소왕릉	조양동 산8번지
사적 제185호	경주 신무왕릉	동방동 660번지
사적 제186호	경주 정강왕릉	남산동 산53번지
사적 제187호	경주 헌강왕릉	남산동 산55번지
사적 제188호	경주 내물왕릉	교동 14번지
사적 제190호	경주 전 민애왕릉	내남면 망성리 산40번지
사적 제219호	경주 배동 삼릉	배동 73-1번지
사적 제220호	경주 희강왕릉	내남면 망성리 34번지
사적 제221호	경주 지마왕릉	배동 30번지
사적 제222호	경주 경애왕릉	배동 산73-1번지
사적 제241호	경주 화산리 회유토기 요지	천북면 화산리 942-1번지
사적 제245호	경주 나정	탑동 700-1번지
사적 제246호	경주 재매정	교동 89-7번지
사적 제263호	경주 동방동 와요지	동방동 343-4번지
사적 제311호	경주 남산 일원	
사적 제328호	경주 용강동 고분	용강동 1130-2번지 3필
사적 제340호	경주 천관사지	교동 244번지
사적 제350호	경주 구정동 고분군	구정동 불국로 61
사적 제390호	경주 보문동 사지	보문동 848-6번지 외
사적 제419호	경주 용강동 원지 유적	황성동 251-28번지, 용강동181외
사적 제430호	경주 손곡동과 물천리 유적	천북면 물천리 일원
사적 제457호	경주 춘양교지와 월정교지	인왕동 921-1번지 외, 교동 274 등
사적 제476호	경주 황성동 고분	황성동 906-5번지
사적 제502호	경주 불국사	진현동 불국로 385
사적 제512호	경주 대릉원 일원	노동동 261 등

사적 제517호	경주 진지왕릉	서악동 서악4길 80-100
사적 제518호	경주 문성왕릉	서악동 서악4길 80-100
중요민속문화재 제27호	경주 교동 최씨고택	교동 69번지
중요민속문화재 제189호	경주 양동마을	강동면 양동리
유형문화재 제94호	경주 남산입곡석불두	배동 산86-3번지
유형문화재 제95호	경주 동천동 사방불탑신석	동천동 770-3번지
유형문화재 제112호	경주 침식곡석불좌상	내남면 노곡리 산125-1번지
유형문화재 제113호	경주 열암곡 석불좌상	내남면 노곡리 산123번지
유형문화재 제114호	경주 약수계곡 마애입불상	내남면 용장리 산1-1번지
유형문화재 제191호	경주 향교	교동 17-1번지
유형문화재 제192호	경주 구황동 당간지주	구황동 315-2번지
유형문화재 제194호	경주 동천동 마애삼존불좌상	동천동 산4번지
유형문화재 제195호	경주 배리 윤을곡마애불좌상	배동 산72-1번지
유형문화재 제447호	경주 남산 국사곡 제4사지 삼층석탑	남산동 산 37-1
유형문화재 제448호	경주 남산 비파곡 제2사지 삼층석탑	내남면 용장리 산1-1
유형문화재 제449호	경주 남산 지암곡 제3사지 삼층석탑	남산동 산 35
기념물 제34호	경주 능지탑지	배반동 621-1번지
문화재자료 제2호	경주 사마소	교동 재매정길 47
문화재자료 제5호	경주 벽도산 석불입상	율동 산73번지
문화재자료 제6호	경주 남산동석조감실	남산동 산58번지
문화재자료 제7호	경주 남사리 북삼층석탑	현곡면 남사리 313-4번지

문화재자료 제8호	경주 황오동 삼층석탑	성동동 41-1번지
문화재자료 제10호	경주 교동 석등	교동 교촌안길 15-3
문화재자료 제11호	경주 노서동 석불입상	노서동 156-8번지
문화재자료 제12호	경주 서부동 석불좌상	인왕동 일정로 186, 국립경주박물관
문화재자료 제92호	경주 안계리석조석가여래좌상	강동면 안계리 산8-4번지
문화재자료 제93호	경주 오야리 삼층석탑	천북면 오야리 산31번지
문화재자료 제96호	경주 활성리 석불입상	외동읍 활성리 385-2번지
문화재자료 제98호	경주 근계리 입불상	안강읍 근계리 산131번지
문화재자료 제301호	경주 기림사소장유물	양북면 호암리 420번지 함월전시관
문화재자료 제312호	경주 안심리암각화	내남면 안심리 14번지
문화재자료 제329호	경주 단고사강당	강동면 검단리 788번지
문화재자료 제345호	경주 유연정	강동면 왕신리 310번지
문화재자료 제497호	경주 도봉서당	
문화재자료 제600호	경주 남산 지암곡 제2사지 삼층석탑	남산동 산 36-1
문화재자료 제601호	경주 남산 포석계 기암곡 제2사지 동삼층석탑	배동 산 42
문화재자료 제604호	경주 두산서당	양북면 송전리 149-1
문화재자료 제613호	경주 북산서사	강동면 호명큰골길 33-40 (북산서사)
문화재자료 제618호	경주 귀후재	안강읍 옥산서원길 301-2

사진 촬영 협조 및 사진 제공

경주남산연구소 김구석소장님
(www.kjnamsan.org)
배리 삼존불상 두상부분 348
경주 남산 삼릉계곡 선각마애여래상 368
경주 약수계곡 마애여래대불입상 369
경주 남산 용장사곡 절골 석조약사여래좌상 382

신라역사과학관
(www.dadm.or.kr)
경주 석굴암 모형 257, 263
요네다 묘오지의 석굴암 실측도면 258
경주 석굴암 의형 모형 259
경주 석굴암 주실 모형 261
경주 석굴암 금강역사 모형 268
경주 석굴암 비도부분 모형 270
경주 석굴암 주실 모형 275
경주 석굴암 주실(좌·우) 모형 278, 279
경주 석굴암 십일면 관음보살 282
군위삼존석굴 모형 287

국립경주박물관
경주 황룡사 모형 305, 404
삼화령 석조미륵삼존불상 349, 406, 407
국립경주박물관 배치도 387
토우장식 장경호 390
교동금관 391
새날개모양 금제관식 392
금관총 출토품 394, 395
천마총 출토품 396, 397
이차돈 순교비 399
임신서기석 401
신라 왕경 모형 402
뼈항아리와 뼈그릇 403
백률사 금동약사여래입상 409
도기 기마인물형 뿔잔 411
금동 초심지 가위 412
안압지 출토 금동판 불상 일괄 414
목제주령구 415
성덕대왕신종 416, 424

선휴 스님
(blog.naver.com/sumano00)
산치대탑 094

양병주 사진작가 zenphoto
(www.zenphoto.kr)
경주 불국사 대웅전 삼세불 218
경주 불국사 비로전의 비로자나불 224
경주 불국사 관음전의 관음보살상과 후불탱화 228
경주 불국사 극락전 불상과 탱화 233
경주 석굴암 본존불 284

국립중앙박물관
기마인물형 토기-주인상, 하인상 410

문화재청
속리산 법주사 팔상전 내부 사천주 101
안동 법흥사지 7층전탑 112
충남 서천의 비인 5층석탑 126
남원 실상사 3층석탑(동쪽) 상륜부 128, 210
경주 나원리 5층석탑 151
경주 황복사지 3층석탑 153
경주 장항리 서5층석탑 156
경주 장항리 서5층석탑 문비형과 인왕상 158
경주 남산 선각육존불 전경 167
경주 불국사 3층석탑(석가탑) 팔방금강좌 213
경주 불국사 대웅전 조각상(용, 원숭이) 221
강화 전등사 대웅전 처마 원숭이 222
경주 남산 삼릉계곡 선각육존불(서편) 357

노경영 사진작가 rohspace
(www.rohspace.com)
그 외 사진들

발췌

조선고적도보
석굴암 사진 246